Gebrauchsanweisung
für Stuttgart

Elisabeth Kabatek

Gebrauchsanweisung für Stuttgart

Piper München Zürich

www.cpibooks.de/klimaneutral

Mehr über unsere Autoren und Bücher:
www.piper.de

Dank an den Theiss Verlag für die Abdruckerlaubnis für den Auszug aus
Heinrich Steinfests Roman »Wo die Löwen weinen« (2011) auf S. 53; an
das Fritz-Erler-Forum Baden-Württemberg / Landesbüro der Friedrich-
Ebert-Stiftung für die Genehmigung zum Abdruck eines Auszugs aus
Heinrich Steinfests Vortrag zur Halbhöhe auf S. 57; an den Schmetterling
Verlag für die Abdruckgenehmigung der Textpassage von Klaus Teichmann aus seinem Buch »Hier drin ist eine Welt für sich« auf S. 185 / 186;
und an Anna Katharina Hahn für die Erlaubnis zum Abdruck ihres 2010 in
der *ZEIT* erschienenen Textes auf S. 47.

ISBN 978-3-492-27614-6
© Piper Verlag GmbH, München 2012
Redaktion: Antje Steinhäuser, München
Satz: le-tex publishing services GmbH, Leipzig
FSC-Papier: Munken Premium von Arctic Paper
Munkedals AB, Schweden
Druck und Bindung: CPI – Clausen & Bosse, Leck
Printed in Germany

Für Eva, die für Stuttgart
in Leidenschaft erglüht

Inhalt

Stuttgart

oder: slow love

Heute kann ich es laut sagen. Ich werde dabei nicht rot, senke nicht die Stimme und schäme mich nicht: Ich liebe die Stadt, in der ich seit Ende der Neunzigerjahre lebe. Nicht in jedem Moment und nicht uneingeschränkt. Aber ich möchte nicht mehr weg von hier. Das war nicht immer so.

Stuttgart ist nicht gerade eine Stadt, die die Menschen zum Hyperventilieren bringt. »Neulich war ich in Stuttgart... da ist es vielleicht schön! Diese verwinkelte Altstadt, diese lauschigen Plätze und schnuckeligen Cafés! Was für eine Atmosphäre! Ach, und diese offenen, kommunikativen Menschen mit ihrem entzückenden Dialekt, hängen überall ein -le hintendran. Das ist ja soo niedlich!« Nein, das wird man wohl eher selten hören. Das Stendhal-Syndrom – jener wahnhafte Zustand, in dem die Touristen in Florenz und anderen buchstäblich bezaubernden Metropolen ohnmächtig darniedersinken, weil sie von der Fülle an Kunst- und Kulturschätzen überwältigt werden, ist in Stuttgart gänzlich unbekannt. Der Marktplatz von Stuttgart sucht an Nüchternheit seinesgleichen. Die wenigen Altstadtgässchen, die vom Krieg verschont geblieben sind, beherbergen das Rotlichtviertel. Und was die Sprache angeht, so ermittelte das Institut für Demoskopie in Allensbach, dass Schwäbisch bei siebzehn Prozent der Bevölkerung in Deutschland Aversionen auslöst. Tja.

»Das Schönste an Stuttgart ist die Autobahn nach München«, lautete der wenig schmeichelhafte und leider ziemlich bekannt gewordene Ausspruch von Ex-VfB-Star Thomas Strunz. In der Tat dürften sich Touristen und Zugezogene schneller in die bayerische Landeshauptstadt verlieben als ins spröde Stuttgart.

Stuttgart braucht Zeit. Es braucht Zeit, sich umzusehen in dieser Stadt, es braucht Zeit, sie kennenzulernen. Das liegt auch an der Topografie. Die Kessellage setzt die Rahmenbedingungen fest und zwingt zum stetigen Hinauf und Hinunter. Das ist mit dem Auto nervig, wegen der Staus und Parkplatzprobleme, mit dem Fahrrad schweißtreibend und zu Fuß zwar ganz wunderbar, denn Stuttgart ist grün und waldreich – aber das dauert. Und Zeit braucht es auch, sich einzuleben. Stuttgarter verbrüdern sich nicht am Kneipentresen wie etwa die Rheinländer.

In der Stadtbahn belauschte ich einmal zwei ältere Frauen, die sich offensichtlich nicht kannten.

»Sie sen abr au net vo Schduagerd«, sagte die eine.

»I ben vom Hohelohische, abr scho fuffzig Johr en Schduagerd«, antwortete die andere.

»Ond – hen Se sich gud eiglebt?«, fragte die erste Frau ehrlich interessiert.

Nach fünfzig Jahren gefragt zu werden, ob man sich gut eingelebt hat, nach Jahren zum ersten Mal von den Nachbarn gegrüßt zu werden, das sind Dinge, die einem in Stuttgart passieren können. Es kann aber auch ganz anders laufen.

Ich bin in Stuttgart geboren, aber ein paar Kilometer entfernt in einer Kleinstadt mit sehr dörflichem Charakter aufgewachsen. Stuttgart war immer nur »die Stadt«. Erst die Einkaufsstadt, samstags mit den Eltern, und später die Ausgehstadt, die Stadt der Kinos, Kneipen und Restaurants. Die große weite Welt zunächst, aber das hielt nicht lange vor. Stuttgart war zu eng, zu vermieft, zu spießig, zu pietistisch. Egal wohin, nur nicht nach Stuttgart, sagte ich mir, lebte im In- und Ausland, reiste viel und landete – Ironie des Schicksals – 1997 doch ausgerechnet da, wo ich am allerwenigsten hinwollte. Von Barcelona. Vorübergehend, sagte ich mir. Ähem. Von Barcelona also. Dort war der Himmel blau und das Licht warm, die Menschen lebten auf der Straße, es gab einen Strand mitten in der Stadt, man quatschte mit jedem und traf sich um zehn zum Abendessen in billigen kleinen Restaurants mit großartiger mediterraner Küche. Und dann Stuttgart.

Es war Herbst, der Himmel war grau, ich kannte kein Schwein, und in meinem Mietshaus lebten Kehrwochenfetischisten, die jeden Samstag hemmungslos ihrer Leidenschaft frönten. Dabei konnte ich mich gar nicht daran erinnern, dass es in meiner Kleinstadt die Kehrwoche gegeben hatte! In Barcelona ließen sich die Leute gegenseitig in Ruhe, Diskretion war eine vornehme Tugend. In Stuttgart dagegen lebten hässliche kleine Gnome, die sich hinter Fußgängerampeln versteckten. Ging man morgens um drei bei Rot über die Ampel, sprangen die Gnome hervor, auch wenn kilometerweit kein Auto zu sehen war, und zischten einen auf Schwäbisch an, dass man das Leben und die Moral unschuldiger Kinder gefährdete, weil man ihnen ein schlechtes Vorbild war.

Ich will ehrlich sein: Es dauerte Jahre, bis ich mich in Stuttgart einlebte. Lange Zeit sehnte ich mich zurück ans Mittelmeer und verfluchte meine Entscheidung. Aber dann wurden aus Bekannten allmählich Freunde, gute, enge Freunde, und ich fand mich immer besser zurecht. Ich bekam heraus, wo man toll essen kann und wo es gute Musik gibt, ich entdeckte wunderschöne Spazierwege mitten in der Stadt und lernte ihren unvergleichlichen kulturellen Reichtum schätzen. Dann begann ich Romane zu schreiben, die in Stuttgart spielten, und lernte bei meinen Recherchen auch den letzten und kuriosesten Winkel der Stadt kennen. Ja, und dann kam der Streit um Stuttgart 21 und veränderte die Stadt auf ganz eigene Weise. Aber davon soll später die Rede sein.

Die ersten Jahre lebte ich mit der Gewissheit, dass Stuttgart nur eine Zwischenstation sei. Ständig sagte ich mir, dass ich niemals ausgerechnet an dem Ort hängen bleiben würde, an dem ich nie hatte leben wollen. Und dann entdeckte ich voller Erstaunen, dass sich ganz allmählich, über die Jahre, ein Gefühl von Heimat eingestellt hatte und ich meinen Frieden mit der Stadt gemacht hatte. Und sollte mir der Kessel doch mal wieder auf die Nerven gehen und zu eng werden – hey, ich bin in der Mitte Europas! Frankreich, Schweiz, Österreich, Italien, alles ruckizucki in ein paar Stunden mit dem Zug erreichbar, ein Flughafen liegt vor der Tür und ein zweiter, der Frankfurter, nur eineinviertel Stunden entfernt (der Schwabe würde übrigens »femfviertelschdond« dazu sagen).

Eines ist sicher: Stuttgart ist momentan eine der spannendsten Städte der ganzen Republik. Das graue Entlein schickt sich an, ein stolzer Schwan zu werden, es schüttelt Tiefstapelei, Minderwertigkeitskomplexe und Nabelschau ab. Die Stuttgarter selber merken das schon lange, in der Wahrnehmung von außen wird es wohl noch ein bisschen dauern. Wenn Sie also dieses Büchlein geschenkt bekommen haben, weil es Sie aus irgendwelchen Gründen nach Stuttgart verschlagen hat oder noch verschlagen wird, und Sie deshalb ziemlich panisch reagieren, weil diese Entscheidung keine freiwillige war, dann tätschle ich Ihnen jetzt mal auf diesem Wege beruhigend den Arm. Don't panic. Sie werden Stuttgart erst schätzen und dann lieben lernen – immer vorausgesetzt, Sie lassen sich darauf ein und hören nicht auf die Freunde, die Ihnen ihr herzliches Beileid aussprechen.

Wenn Sie sich darauf einlassen, dann entdecken Sie eine Stadt mit allerlei Besonderheiten. Sie richtet eins der größten Schaustellerfeste in Europa aus, das Cannstatter Volksfest. In keiner anderen deutschen Großstadt wird zwischen ganz unten und ganz oben ein solcher Höhenunterschied gemessen. Sie hat mit einer Gesamtlänge von mehr als dreißig Kilometern die meisten Staffeln (das sind Treppenanlagen). Sie ist die einzige Stadt Deutschlands, die ein Schriftstellerhaus ihr Eigen nennt. Auf der Uhlandshöhe entstand die erste Waldorfschule Deutschlands, im Stuttgarter Westen der erste Verkehrsübungsplatz. Der erste Tierschutzverein wurde hier gegründet, der Fernsehturm war der weltweit erste, das Planetarium das europaweit erste. Die Seilbahn in Heslach war 1929 die erste Standseilbahn Deutschlands mit automatischer Steuerung. Die Wilhelma ist der einzige zoologisch-botanische Garten Deutschlands. Der Tagblattturm war einst das höchste Hochhaus Deutschlands und das erste Gebäude, das in Sichtbeton errichtet wurde. Der Schwabtunnel war der erste Innenstadttunnel Europas. Die Zahnradbahn ist die einzige in Deutschland, die nicht touristischen Zwecken dient. Die Württembergische Landesbibliothek besitzt die größte Bibelsammlung Europas. Der erste deutsche Astronaut, der im Space Shuttle ins All flog, kam aus Stuttgart. Das Staatstheater ist mit Ballett, Schauspiel und Oper das größte Dreispartenhaus der Welt. Stuttgart ist die einzige Großstadt Deutschlands, die ein städtisches Weingut ihr Eigen nennt, die einzige Stadt auf der Welt, in der eine Zahnradbahn die Nächte in einem Theater verbringt, und die Stadt mit dem größten Mineralwasservorkommen in Westeuropa. Außerdem ist Stuttgart die einzige Stadt in Europa, die ein Skateboard-Museum vorweisen kann und seit einiger Zeit das größte Schweine-Museum der Welt! Außerdem stehen die Chancen gut, dass Sie bei einem Besuch in Stuttgart keinen Regenschirm brauchen. Stuttgart wird im Westen vom Schwarzwald und im Süden von der Schwäbischen Alb abgeschirmt und gehört damit zu den sonnenreichsten, wärmsten und niederschlagsärmsten Orten in Deutschland.

Ich habe mich mit Stuttgart längst versöhnt. Sei mir also nach, wenn dies ein extrem distanzloses das in keinster Weise den Anspruch erhebt, unparteiisch zu sein. Je länger ich nachgedacht, recherchiert und geschrieben habe, desto mehr ist mir eingefallen, was mir in Stuttgart lieb und wichtig ist. Aus Platzgründen hat es nicht alles ins Buch geschafft. Das müssen Sie dann eben für sich entdecken: Hoppenlau-Friedhof und Lapidarium, Wagenhallen und »Kultur unterm Turm« mit Theater tri-bühne, Figurentheater FITZ und Jugendtheater JES, die Jazztage im Theaterhaus, die Kinothek in Obertürkheim, das Café Weiss, die Karlshöhe. Die Krimi-Hochburg Stuttgart mit Lehmann, Schorlau, Steinfest, die Migrantenstadt Stuttgart.

Meine Lieblingszeit in Stuttgart ist der Mai, wenn die Kastanien im Schlossgarten und auf den Plätzen blühen. An einem lauen Sommerabend vor dem Staatstheater, das bei uns nur »Großes Haus« genannt wird, geht mir bei den letzten Sonnenstrahlen das Herz auf. Ich warte das ganze Jahr ungeduldig auf das Sommerfestival der Kulturen auf dem Marktplatz, auf die Konzerte, die tanzenden Menschen vor der Bühne, die Multikulti-Atmosphäre und das leckere Essen an den Ständen der Migrantenvereine, wo man sich durch die halbe Welt futtern kann. Im Herbst gehe ich an den Bärenseen spazieren, freue mich am bunten Laub und hoffe, dass es einen strengen Winter gibt und man auf den Seen Schlittschuhlaufen kann.

Und ich denke: Ja, es ist schön in Stuttgart. Und deshalb: Leserin oder Leser, kommst du nach Stuttgart, so gebrauche diese Stadt. Gebrauche sie nach Herzenslust, und möge dir dieses Büchlein dabei von Nutzen sein. Und wenn dir im Zuge dessen ein paar Vorurteile und Klischees über uns Schwaben verloren gehen, umso besser. Herzlich willkommen!

Stuttgart ist viel cooler als Berlin

Einstiegshilfe vom Geischt

Ich stelle mir jetzt einfach mal vor, ich sei Amerikanerin oder Chinesin oder Afrikanerin und hätte noch nie in meinem Leben von Stuttgart gehört und nicht die geringste Vorstellung, wie es dort aussieht. Beim Kelleraufräumen kommt mir eine verstaubte Weinflasche in die Hände, der Name auf dem Etikett sagt mir gar nichts, er lautet vielleicht »Cannstatter Zuckerle« oder »Rotenberger Riesling«, ich öffne die Flasche neugierig, und schwuppdiwupp kommt ein Flaschengeist mit Kittelschürze herausgezischt. Der Geist verbeugt sich ehrfürchtig vor mir und sagt: »Du hosch mi befreit on zom Dank schenk i dir jetz a subbr Wochaend.« Beam-me-up-mäßig lande ich im sommerlichen Stuttgart, ohne zu wissen, wo ich bin. Der Geischt würde mit mir über die Königstraße schlendern, wir würden das Kunstmuseum besuchen und anschließend, auf den Treppen neben dem gläsernen Kubus sitzend, ein riesiges Eis schlotzen (übrigens »schlotzt« man nicht nur Eis, sondern auch Viertele, also Viertele Wein, was aber nicht bedeutet, dass man am Weinglas leckt). Von dort spaziert er mit mir durch den Schlossgarten zum Mineralbad Leuze am linken Neckarufer, wo wir uns ins prickelnde Mineralwasser legen, danach essen wir irgendwo afrikanisch, türkisch oder italienisch und ziehen uns dann fürs Ballett um, und natürlich haben wir mindestens Karten im zweiten Rang, wenn nicht sogar im Parkett. In der Pause stehen wir mit einem Glas Sekt auf dem Balkon der Oper und schauen inmitten der fröhlich plaudernden, festlich gekleideten Menschen hinaus auf den Eckensee, der gerade im warmen Licht der Abendsonne schimmert. Die Ballettvorstellung hat wie immer Weltklasseniveau, und das Publikum applaudiert warmherzig und frenetisch. Anschließend führt mich der Geischt in eine Weinstube im Bohnenviertel oder auf die Terrasse eines Cafés am Schlossplatz, ohne dass wir auf dem Weg dorthin überfallen werden, und dort fragt er mich: »Ond, wie hot dir jetz die Stadt gfalla?«, und ich antworte: »Was für eine wunderschöne, spannende Stadt mit einer großartigen Kultur! Sicher ist dieser Ort berühmt in der ganzen Welt, und die Menschen, die dort leben, sind voller Stolz.«

Sie ahnen es bereits, denn davon, dass Stuttgart vom Stendhal-Syndrom nicht betroffen ist, war ja bereits die Rede: Im richtigen Leben kommt das so gut wie nie vor. Im richtigen Leben wird man so gut wie nie hören, dass jemand aus Stuttgart seine eigene Stadt lobt, womöglich noch ohne jede Bescheidenheit. »Frisch hierhergezogen? Und, wie findest du Stuttgart? Toll, nicht?« Nein. Man hält den Ball flach. Man könnte ja als Lokalpatriot gelten, und den Eindruck will man auf jeden Fall vermeiden. Zu viel Selbstbewusstsein verdirbt den Charakter. Eigenlob stinkt. Bescheidenheit ist eine Zier. Das färbt natürlich auch auf diejenigen ab, die aus beruflichen Gründen nach Stuttgart kommen. Man wird sehr selten hören: »Ich wollte unbedingt nach Stuttgart, weil die Stadt so toll ist. Das Kulturangebot ist unglaublich. Und dann noch der ganze Wald drumrum, die Nähe zum Schwarzwald und zur Alb.« Nein. »Ich bin nach Stuttgart gekommen, weil man mir hier ein gutes Jobangebot gemacht hat. Super Aufstiegschancen, und das Geld stimmt auch. Blöd nur, dass es ausgerechnet Stuttgart ist. Viel lieber wäre ich in meiner Heimat geblieben. Aber an den Wochenenden fahre ich zu meiner Familie und den Freunden.« Niemand wird so in München reden. In München würde man sagen:»Ich bin wegen des Jobs hier, und dann hatte ich noch das Riesenglück, dass es München ist! Super Stadt, und am Wochenende fahre ich an den Starnberger See oder in die Berge.«

Vor Jahren machte ich Urlaub in Irland. Fast jeder Ire, den ich traf, und es waren eine Menge, fragte,»How do you like Ireland?«, und wartete dann gespannt und schon fast ein bisschen ängstlich auf meine Reaktion. Natürlich rechnete der Ire oder die Irin mit einer positiven Antwort, und natürlich würde man niemals sagen:»Tja, das Guinness schmeckt ganz lecker, und wenn man zwei oder drei getrunken hat, kann man großzügig darüber hinwegsehen, dass es eigentlich ein ziemlich scheußliches Land mit überwiegend doofen Leuten ist, ihr auf der falschen Seite Auto fahrt und es meistens regnet.«

In Stuttgart fragt man Touristen oder Besucher nicht, ob sie Stuttgart schön finden, weil man die Antwort ja bereits kennt. Heidelberg ist schön, Freiburg ist schön, Esslingen (mittelalterlich) oder Ludwigsburg (barock) ist schön. Aber Stuttgart? Stuttgart ist reich. Stuttgart ist mächtig. Stuttgart ist in den Schlagzeilen. Ansonsten muss man sich ein bisschen dafür entschuldigen, ein bisschen dafür schämen. Diese Wahrnehmung kommt von außen, teilweise aber auch von innen. Warum viele Stuttgarter so eine negative Wahrnehmung von ihrer Stadt haben? Warum sie ihr Licht so unter den Scheffel stellen? Die Antwort mag mal wieder mit der schwäbischen Mentalität zusammenhängen.»Net gschempft isch gnug globt« – hochdeutsch: nicht geschimpft ist genug gelobt.

Symptomatisch hierfür: Der Stuttgarter Tatort, der den behäbigen und dauerschwäbelnden Bienzle vor einigen Jahren ablöste. Da ermitteln der Hamburger Thorsten Lannert und der Stuttgarter Sebastian Bootz in einem seltsam unwirklichen

Stuttgart. Die Fernsehkritikerin Sybille Simon-Zülch schrieb nach der Ausstrahlung der ersten Folge: »Der Ruch des behäbig Schwäbischen weht hier nicht. Aber es wird auch kein Versuch unternommen, Stuttgart mit selbstironisch-liebevollem Blick für die regionale Unverwechselbarkeit ins Visier zu nehmen«, und prophezeite für weitere Folgen »Dutzendware ohne eigenes Profil«, womit sie dann leider recht hatte. Ein schwäbelnder Quoten-Pathologe ist alles, was man sich an Ortsbezug gestattet. Sogar das Polizeipräsidium ist Kulisse. Auch hier gilt also: Man steht nicht so wirklich zu dieser Stadt.

Langsam, ganz langsam ändert sich allerdings das Bild. Das fing mit der Fußball-WM an und setzte sich mit dem Widerstand gegen Stuttgart 21 fort. Bei der Fußball-WM wurde durch den gleichnamigen Song der Spruch »Stuttgart ist viel schöner als Berlin« geprägt. Das klang aber schon fast trotzig. So, als ob man selber nicht so richtig dran glaubt.

Stuttgart und Berlin, das ist denn auch ein schwieriges Verhältnis. Wer in Stuttgart etwas geworden ist, der bleibt nicht hier, sondern geht in die Hauptstadt, weil hierbleiben mit dem Selbstbild und Erfolg auf Dauer nicht zu vereinbaren ist. Stuttgart ist provinziell, Berlin ist aufregend. In Stuttgart wird gekehrt und geschippt, in Berlin können sich Hunde- und Schneehaufen frei entfalten. Stuttgart ist spießig, Berlin ist große weite Welt und wahre Freiheit ohne Nachbarschaftskontrolle. Die »Fantastischen Vier«, Pioniere des deutschen Hip-Hop, gaben im Jugendhaus Heslach unter dem Namen »Terminal Team« ihr erstes Live-Konzert und hoppelten dann, als sie bekannt wurden, ab nach Berlin. Auch der Rapper Max Herre von »Freundeskreis« stammt aus Stuttgart und ging – nach Berlin. Selbst der Drehbuchautor Eberhard Hungerbühler, besser bekannt unter dem Namen Felix Huby, zog Ende der Achtzigerjahre nach Berlin. Der schwäbischste aller prominenten Exilschwaben erfand den schwäbischsten aller Kommissare, den bereits erwähnten Bienzle, und schrieb unzählige Tatort-Folgen.

Nicht nur Menschen – ganze Institutionen übersiedeln nach Berlin, der Hauptstadt mit dem großen, eben auch politischen Sogfaktor. Das Diakonische Werk der Evangelischen Kirche hatte bisher seinen Hauptsitz in der Stuttgarter Stafflenbergstraße. Seit 2005 verlagert die Diakonie immer mehr Stellen nach Berlin und zwingt so unzählige Mitarbeiter, sich zwischen schwäbischem Häusle und Lebensmittelpunkt und Umzug nach Berlin zu entscheiden. Dort beziehen Diakonie und Evangelischer Entwicklungsdienst im Herbst 2012 ein neues Haus und fusionieren zum »Evangelischen Werk für Diakonie und Entwicklung«, dem auch die Hilfsorganisation »Brot für die Welt« und die »Katastrophenhilfe« angehören. Konkurrenz auch hier, denn es gibt kritische Stimmen, die befürchten, dass sich der Umzug negativ auf die Spendenbereitschaft Stuttgarter Großspender auswirken wird, die bisher stolz auf »ihr« Diakonisches Werk waren.

Leider sind die Migranten mit dem schwäbischen Hintergrund aus Berliner Sicht gänzlich unerwünscht und saumäßig unbeliebt, luchsen sie doch den armen, arglosen Berlinern ihre alten Häuser am Prenzlauer Berg für ein Äpfele und ein Ei hinterhältig ab, um diese daraufhin von ausnahmslos schwäbischen Handwerkern zu superschicken Lofts umbauen zu lassen, in denen sie dann entweder selber wohnen und sie nach und nach mit einer grauenhaft schwäbisch schwätzenden Kinderbrut füllen, oder für eine schweinemäßige Miete an die bettelarmen Berliner zurückvermieten. Mit dem Geld, das sie dabei machen, hocken sie faul in den Cafés am Prenzlberg herum, trinken Latte macchiato, blicken wohlwollend auf ihre Brut und verpesten die gute Berliner Luft mit ihrem schlimmen Dialekt.

Dafür werden sie dann aber auch bestraft, was mehr als gerecht ist, mit bösen Sprüchen an den Häuserwänden zum Beispiel, »Stoppt die Besetzung des P-Bergs durch Schwaben«. Ja, im August 2011 wurde gar ein Zeitungsausträger aus Berlin-Neukölln festgenommen, der elf Brandanschläge auf unschuldig in Hausfluren abgestellte Kinderwägen verübt haben sollte. Bei seiner Vernehmung sagte der Mann: »Diese ganzen Schwaben kotzen mich an.« Es ist doch erstaunlich, was für ein Feindbild die Schwaben offensichtlich abgeben, und man fragt sich, wofür diese platte Projektion letztlich eigentlich steht, für Sozialneid, für das Herabschauen auf die zweifelsfrei identifizierten Spießer? Oder liegt es einfach nur daran, dass die Schwaben mit 34 Prozent die größte Gruppe der aus anderen Teilen Deutschlands Zugewanderten stellen? Die Berliner Journalistin Katja Bauer relativiert es ein wenig. Sie sieht das Wort »Schwaben« als Synonym für »eine Gruppe solventer Zuzügler, die günstige Szenebezirke mit Altbausubstanz und lauten Clubs in sanierte und von der Szene befreite Kieze verwandelt«. Ihrer Meinung nach könnten die Schwaben ebenso Hamburger oder Bayern sein.

Wie einfach es offensichtlich ist, in die Klischeefalle zu stürzen, bewies sogar der in Berlin lebende Autor Wladimir Kaminer, der sich in einer Kolumne in der in weiten Teilen Baden-Württembergs erscheinenden Sonntagszeitung *Sonntag Aktuell* genüsslich darüber ausließ, dass seine neuen schwäbischen Nachbarn die total spontane, lässige Berliner Hausgemeinschaft mit ihrer Ordnungsliebe, ihrer Putzwut und ihren permanenten Reorganisationsvorschlägen auf dem Anzeigenbrett tyrannisierten. ›Was wunderst du dich, das sind die Kehrwochen, die ihr durchmacht‹, klärte mich ein Freund auf, der in Stuttgart gelebt hatte«, schreibt Kaminer. Da frage ich mich doch, ob jemand, der das offensichtlich arg luschdig findet, sich darüber im Klaren ist, dass die, die das lesen, die angeblichen Kasperle sind, über die er schreibt.

Gerne würde ich Herrn Kaminer auch von dem Gespräch berichten, das ich einmal in Österreich in einer Sauna belauschte. Nackte Menschen, nackte Tatsachen: Eine nicht mehr ganz junge Berlinerin erzählte ihrer ebenfalls aus Berlin stammenden Freundin, vor einiger Zeit sei eine indische Familie über ihr eingezogen. Erst sei sie ja gar nicht begeistert gewesen. Aber dann habe die indische Frau bei ihr geklingelt, sich sehr freundlich vorgestellt und höflich nachgefragt, ob es im Haus irgendwelche Sitten gebe, die es zu beachten gelte, weil sie als Ausländerin schließlich nichts falsch machen wollte. Die Berlinerin lobte das Bestreben der Inderin, sich kulturell anzupassen, als moralisch einwandfrei und erzählte ihrer Freundin, sie habe der Frau gesagt, eigentlich sei es ein tolerantes Haus, bloß zwischen eins und drei habe absolute Mittagsruhe zu herrschen, und da sie ja drei kleine Töchter habe ... Und in der Tat, zwischen eins und drei sei kein Mucks von oben zu hören!

Ich stellte mir daraufhin vor, wie die indische Mutter ihre drei Töchter jeden Mittag um eins ins Wohnzimmer aufs Sofa scheuchte, ihnen den Mund mit Klebeband verschloss und sie zu viert zwei Stunden lang bewegungslos verharrten, um nur ja nichts falsch zu machen.

Wundern kann man sich auch, dass sogar Menschen, denen man theoretisch einen etwas weiteren Horizont zutraut, wie zum Beispiel dem Berliner Volksbühnen-Intendanten Frank Castorf, anlässlich des 3. Oktobers 2011 in einem Interview verlauten lassen, dass Berlin vor dem Mauerfall »heiß und cool« war, sich dies aber leider grundlegend geändert habe, woran allein die Schwaben Schuld haben: »Jetzt aber ist die Stadt durch ihre Verschwäbelung lau geworden.« Das tut uns jetzt aber ganz arg leid, Herr Castorf, vielleicht wünschen Sie sich ja auch die Mauer zurück?

Noch mehr leid tut uns der designierte Stuttgarter Schauspielintendant Armin Petras, der seinen Dienst am Stuttgarter Staatstheater zur Saison 2013/14 antreten wird. Petras, Ossi wie sein Vorgänger Hasko Weber, kommt vom Maxim Gorki Theater in Berlin, und als sein Wechsel bekannt wurde, ging ein Aufschrei durch die Republik. Mit Verlaub, Herr Petras, man macht sich nicht besonders beliebt an seinem neuen Dienstort, wenn man auf die Frage der *Berliner Zeitung*, warum man nach Stuttgart geht, antwortet: »Vielleicht bin ich einfach verrückt.« Ja, nach Stuttgart zu gehen, das ist ungefähr so, wie wenn man zu den Hottentotten geht, auch wenn man ein sauber bestelltes, frisch renoviertes und gut finanziertes, deutlich größeres Haus bekommt, und ich habe laut »Bravo!« gebrüllt, als ich die Replik der Stuttgarter Journalistin Adrienne Braun las: »Genau deshalb wollen wir ihn – weil er verrückt ist. Das fehlt uns Stuttgartern, da wir immer nur Geld scheffeln, Häuser bauen und nie über Schiller hinausgekommen sind. So sind wir halt, nichts als Trollinger trinkende Trolle, Schwäbischschwätzer, Kesselfurzer. Das große Theater haben wir nur durch Zufall.«

Da fragt man sich doch sehr ernsthaft, wie Stuttgart im Rest der Republik wahrgenommen wird. Und grinst sich gleichzeitig einen.

So bleiben wir mit unserem grandiosen Kulturleben ein Geheimtipp, und die Berliner kommen nicht nach Stuttgart, um in Stuttgart-West oder -Ost Lofts aufzukaufen und uns gnadenlos zu verberlinern. »Die Schwabenkinder wohnen in Prenzlauer Berg, jetzt gehe ich mal die Eltern in Stuttgart besuchen.« Tun Sie das, Herr Petras, und am besten helfen Sie diesen Eltern gleich noch bei der Kehrwoche.

Stuttgart ist nicht cool. Und ist es gerade deshalb, weil es nicht cool sein will und es keinem auffällt, dass es cool ist, zumindest nicht, wenn er von außen kommt. Irgendwie also eine Insel der Glückseligen. Alles klar? Ach, und glücklicher als die Berliner sind wir sowieso. Im ersten Glücksatlas Deutschlands liegen die Württemberger auf Platz 8 der Glücksskala. Okay, die Badener sind noch glücklicher, was die alte Konkurrenz belebt, aber Berlin liegt ganz weit hinten auf Rang 15 von insgesamt 19 Plätzen. In der Bürgerumfrage 2011 sagten 85 Prozent der Befragten, sie würden gerne in Stuttgart leben, nur sieben Prozent würden gerne woanders wohnen. Irgendwann wird es eine Rückreisewelle aus Berlin geben, da bin ich ganz sicher. Es gibt sie ja schon, die umgekehrte Bewegung.

Die Schauspielerin Corinna Harfouch beispielsweise schätzt in einem Interview mit der *Stuttgarter Zeitung* »das Leben in Hochkonzentration«, wenn sie zu Gast am Stuttgarter Schauspiel ist, während ihr in Berlin »so viel um die Ohren« fliegt. Auch Harald Schmidt, der in Nürtingen aufgewachsen ist und in Stuttgart seine Schauspielausbildung absolviert hat, kehrt regelmäßig zu Gastauftritten ans Staatstheater Stuttgart zurück. Wie auch die amerikanische Sängerin Helen Schneider, die die guten Bedingungen für Kultur und Künstler in Stuttgart besonders schätzt.

Das Unaufgeregte kennzeichnet auch die Stuttgarter Promis. Davon gibt es in Stuttgart wenige, und wenn welche auftauchen, dann lässt man sie in Ruhe. Schickeria verbindet man nicht mit Stuttgart, und wenn man sich so anschaut, was in der Oper oder der Liederhalle, den Orten der Hochkultur also, so getragen wird, so ist der Anteil an braven Blüschen, Perlenketten und Stolas ausgesprochen hoch. Kennen Sie glamouröse Promis? Fällt Ihnen ein Stuttgarter Starfriseur ein, eine hippe Schauspielerin, die regelmäßig in Skandale verwickelt ist? Der hipste Schauspieler, den wir haben, heißt Walter Sittler, einer der bekanntesten hier lebenden Autoren ist der Wiener Weltbürger Heinrich Steinfest, und beide zeichnen sich nicht gerade durch Skandale aus, wenn man einmal davon absieht, dass sie sich gegen Stuttgart 21 engagieren und Sittler deshalb öffentlich unsäglich diffamiert und abgewatscht wurde. Andere Promis sind Fußballspieler oder Balletttänzer, aber wer erkennt die schon auf der Straße? Nina Hoss kommt aus Stuttgart, Natalia Wörner, Lisa Martinek, der Literaturkritiker Denis Scheck. Jürgen Klinsmann zog als Vierzehnjähriger nach Stuttgart-Botnang, wo seine Eltern immer noch die legendäre Bäckerei Klinsmann betreiben.

Aber die sind alle nicht geblieben und werden nur selten gesichtet. Wo auch? Total angesagte Restaurant-Adressen, Schickimicki-Clubs, vor denen die Fans und Paparazzi herumlungern? Da fällt mir jetzt so gar nichts ein. Das Bobbele lässt sich manchmal blicken, aber der ist ja sozusagen ein berufsmäßiger Ichlassmichblicker. Und wenn sich in Stuttgart die Promis treffen, dann vielleicht in gehobenen, aber nichtsdestotrotz gediegenen schwäbischen Weinstuben wie der Kiste, dem Fröhlich oder dem Schellenturm, oder beim einen oder anderen Szene-Italiener, oder beim Private Dining in der Edelkneipe YoSH auf dem Killesberg oder auf dem Cannstatter Volksfest.

Richten wir den Blick auf die, die sich ganz für Stuttgart entschieden haben und nicht nach Berlin oder sonst wohin äugen. Es gibt ja nun durchaus Menschen, die freiwillig dorthin zurückkommen – der Kabarettist Peter Grohmann zum Beispiel. Manche reisen in die Stadt. Warum tun sie das? Sie haben ein Meeting bei einem Automobilzulieferer. Sie wollen auf die Messe. Sie sehen sich die Protestbewegung gegen Stuttgart 21 an. Sie haben Verwandte in Waiblingen. Sie sind aus der Schweiz und besuchen den Weihnachtsmarkt.

Jahr für Jahr fallen die Schweizer in der Weihnachtszeit mit Reisebussen für einen Tages- oder Wochenendausflug in der Stadt ein. Ein seltsames Phänomen ist das. Keine Sorge, es ist nicht so, dass man die Schweizer nicht mag, im Gegenteil, sie sind höflich, im Gegensatz zu auswärtigen Fußballfans selten besoffen, reden so lustig und bringen Umsatz, weil sie nicht nur Glühwein trinken, sondern auch ihre Weihnachtsgeschenkeliste in Stuttgart abarbeiten, wo es billiger ist als in der Schweiz, und irgendwie hat man sich an sie gewöhnt. Seltsam ist es deshalb, weil die Stuttgarter selber gar nicht so recht verstehen, warum sie denn eigentlich kommen, die Eidgenossen, was sie denn an diesem Weihnachtsmarkt finden, dass sie sich deshalb die Mühe machen, extra hinzufahren. Sicher, er ist groß, die Stände sind hübsch dekoriert. Es ist nicht etwa so, dass man in Stuttgart Weihnachtsmärkte an sich meidet. Es gibt ja einen schönen in Esslingen (mittelalterlich) und einen noch schöneren in Ludwigsburg (barock). Da fährt man gern hin. Aber in Stuttgart fehlt wegen der Kriegszerstörung das historische Ambiente weitgehend, mal abgesehen vom Schillerplatz und vom Alten Schloss. Und über dem Marktplatz ins Schwärmen zu geraten, nein, da hört selbst bei mir der Lokalpatriotismus auf.

In Stuttgart geht man zum Weihnachtsmarkt, weil er nun mal vor der Haustür liegt, weil man sich dort zum Glühweintrinken verabreden und sich über die vielen Schweizer wundern kann. Man geht auch gerne zu den Finnen, die seit einigen Jahren auf dem Karlsplatz zu Hause sind, dort ein Lappenzelt aufgebaut haben, am offenen Feuer gegrillten Lachs und Glögi (die finnische Variante des Glühweins) und sehr schönes und sehr teures Kunsthandwerk verkaufen. Aber in Entzückensschreie »Ach, wie ist er mal wieder prachtvoll, unser Weihnachtsmarkt! Der schönste weit und breit. So was kriegen wir eben nur in Stuttgart hin!«, nein, in diese Art von Schreie brechen wir nicht aus, weil wir eben nicht zum Selbstlob und zum Enthusiasmus neigen.

Ein weiterer Grund für eine eher touristische Reise nach Stuttgart ist für viele Menschen das SI-Centrum vor den Toren der Stadt. Musicals wie »Tanz der Vampire«, eine Badelandschaft mit dem schönen Namen »SchwabenQuellen« und ein Kasino ziehen überregionale Besucher an. Doch auch hier gilt: Viele Stuttgarter ignorieren die Kunstwelt vor ihren Toren weitgehend. Vielleicht gehen sie dort mal in die Sauna oder sehen sich ein Musical an. Aber ohne Anlass wird man sich da oben nicht zum Essen verabreden. Zu weit weg, zu künstlich, zu teuer, zu wenig Bezug zur Stadt. Dann gibt es natürlich noch den Cannstatter Wasen. Das Volksfest auf dem Festgelände am Neckarufer erfreut sich bei Einheimischen und Auswärtigen zunehmender Beliebtheit und schickt sich an, dem Oktoberfest Konkurrenz zu machen. Aber das ist eine relativ neue Entwicklung. Für viele VfB-Fans schlägt das Herz sicherlich im Fußballstadion, auch wenn mancher treue Anhänger in den letzten Jahren eher an Herzrhythmusstörungen litt wegen des ständigen Auf und Abs seines Vereins. Und für den einen oder anderen schlägt es vielleicht bei Daimler oder Porsche oder Bosch, weil er dort schafft oder als Tourist das Daimler- oder Porschemuseum besucht.

Darüber hinaus gibt es im geografischen Herzen der Stadt einen Ort, an dem die Stuttgarter ihre Bescheidenheit wegwerfen, in Leidenschaft erglühen und sich grenzenlos begeistern lassen. Es gibt wohl wenig, was die Stuttgarter so mit Stolz und Begeisterung erfüllt wie »ihr« Ballett. Das ist seit Jahrzehnten so, und es sieht nicht so aus, als ob sich das schnell ändert. Seit Jahrzehnten löst die Ankündigung einer Premiere, eines Festivals, einer Gala ein Jagdfieber aus, das seinesgleichen sucht. »Staatstheater Stuttgart – Kartenservice, Sie werden gleich verbunden«, den Klang dieser weiblichen Stimme kennt jeder, der Punkt zehn Uhr die 202 090 wählt, um telefonisch Karten zu reservieren – um dann festzustellen, dass er leider nicht der erste Anrufer ist. Obwohl die Karten mittlerweile auch im Internet zu haben sind, obwohl man auch schriftlich vorbestellen kann, wer Ballettkarten will, greift in der Regel am ersten Vorverkaufstag zum Hörer, hört sich wieder und wieder das Belegtzeichen an, drückt die Wiederholungstaste, erbittert, immer ungeduldiger, wütend auf die anonymen anderen, die die Leitung blockieren und die Karten kriegen, die man selber gerne hätte, bis man endlich in der Warteschleife landet, triumphierend und wissend, dass es jetzt nur noch eine Frage von Minuten ist, bis die Karten reserviert werden können, von denen die besten – also zum Beispiel die mit guter Sicht im bezahlbaren dritten Rang – natürlich schon längst von anderen Jägern weggeschnappt worden sind. Im Februar 2011 feierte das Stuttgarter Ballett sein fünfzigjähriges Bestehen mit einem großen Jubiläumsprogramm. Der Kartenvorverkauf für alle Veranstaltungen innerhalb dieses Jubiläums begann am 4. Januar. Schon am ersten Vormittag waren viele der Vorstellungen restlos ausverkauft. Vor vielen Jahren, vor dem Umbau des oberen Schlossplatzes, gab es dort das Kartenhäusle. Die Schlangen für Ballettkarten waren legendär, vor den Erstverkaufstagen übernachteten sogar Leute davor.

Die Stuttgarter lieben ihr Ballett, und nirgends geraten sie so aus dem Häuschen wie dort. Konservativ-bürgerlich ist ein Großteil des Publikums, man sieht das an den Seidenblüschen, den Kostümen, deren Röcke über das Knie gehen, den Anzügen und Krawatten. Konservativ gekleidet sein heißt nicht, dass man nicht frenetisch applaudieren könnte. Früher wurde man in Jeans schräg angeguckt, die Zeiten sind vorbei. Aber man sieht auch wenig Schrilles und wenig, das wirklich sexy ist. Und trotzdem ist konservativ nicht gleichzusetzen damit, dass man sich nicht begeistern könnte für Neues. Und weil das Ballett so eine wichtige Rolle spielt in Stuttgart, muss es noch in einem eigenen Kapitel gewürdigt werden.

Nun besteht das Staatstheater nicht nur aus Ballett, sondern auch aus Schauspiel und Oper. Fast ehrfürchtig geht das Publikum mit »seinem« Staatstheater um, das allgemein nur »Großes Haus« (Oper) und »Kleines Haus« (Schauspielhaus) genannt wird, weil beide Häuser direkt nebeneinanderliegen. Das Königliche Hoftheater wurde 1909 bis 1912 von Max Littmann als Doppeltheater erbaut. Im »Großen Haus« werden Opern, Konzerte und die ausstattungsintensiven Handlungsballette aufgeführt, im »Kleinen« Theater und Ballettabende. Weit mehr als tausend Menschen arbeiten insgesamt hier im größten Dreispartenhaus der Welt, eine fantastische Maschine. Staunend lassen sich die Zuschauer bei Führungen hinter den Kulissen durch die labyrinthartigen Gänge der Oper führen, die nahtlos in die des Schauspiels übergehen. Hier verbergen sich Werkstätten und ein riesiger Malsaal, hier quetschen sich wunderschöne Kostüme auf endlosen Garderobenstangen, hier wird geschreinert und genäht und nicht zuletzt ausgebildet. Hier wird Ballett, Oper und Theater gemacht, und das erfüllt die Räume mit einer ungeheuren Magie, selbst wenn diese Räume ganz schön marode sind. Künstlergarderoben hätte ich mir jedenfalls glamouröser vorgestellt …

Auch wenn man den Menschen bessere Arbeitsbedingungen wünschen würde – dass hier Ballett, Oper und Theater »gemacht« wird, ist fast mit den Händen zu greifen. Ein unglaublicher Kulturreichtum ist dies, ein Glücksfall für Stadt und Land, die das Staatstheater je zur Hälfte finanzieren.

Im März 2008 veröffentlichte die Stadt Stuttgart die Ergebnisse einer Umfrage. In fünfzig europäischen Städten hatte man die Bürger nach der Zufriedenheit mit ihren kulturellen Einrichtungen befragt. Stuttgart landete auf dem siebten Platz noch vor Paris und Helsinki. Am positivsten wurde die sogenannte Hochkultur beurteilt – Ballett und Theater lagen gleichauf, dicht gefolgt von klassischer Musik und Oper. Die besondere Qualität der Kultur hat sich wohl, abgesehen vom Ballett, noch nicht so richtig außerhalb der Stadtgrenzen herumgesprochen. Auch wenn die Oper nicht den Weltrang des Balletts hat – achtmal innerhalb von zwölf Jahren wurde der Staatsopernchor Stuttgart unter seinem grandiosen Opernchordirektor Michael Alber, der den Chor seit 2001 leitet, von der Fachzeitschrift *Opernwelt* zum »Opernchor des Jahres« gewählt, und man kann nur hoffen, dass diese Erfolgswelle anhält, da Alber zum Sommer 2012 eine Professur für Chorleitung an der Staatlichen Musikhochschule in Trossingen übernommen hat. Mit dem Intendanten Jossi Wieler jedenfalls, der zur Spielzeit 2011/12 antrat, ist die Oper auf dem besten Wege, wieder in der ersten Liga mitzuspielen. Die *Süddeutsche* nannte seine erste Inszenierung, »Die Nachtwandlerin«, »ein ans Herz gehendes Wunder im Zusammenspiel von Bühne und Orchester, von Gesang und Spiel«.

Das Schöne dabei: Es wird trotz finanziell schwieriger Zeiten immer noch investiert. Und ständig passiert Neues. Das Theater »Depot« im Stuttgarter Osten wurde zum Ende der Spielzeit 2009/10 geschlossen, stattdessen eröffnete im Dezember 2010 die Studiobühne im Zentrum Nord am Löwentor mit einer fulminanten Premiere des Shakespeare-Klassikers »Romeo und Julia«. Im August 2010 schloss das Schauspiel, also das »Kleine Haus«, und wurde für 24 Millionen Euro saniert – Theaterraum, Foyer, sanitäre Anlagen und Shop. In anderen Städten hätte man wahrscheinlich einfach pausiert, in Stuttgart wurde für das Überbrückungsjahr die ehemalige Mercedes-Niederlassung in der Türlenstraße für zwei Millionen Euro zu einer Interimsspielstätte mit drei Bühnen umgebaut, die kein bisschen provisorisch wirkte, und in der sich Theatermacher und Publikum so wohl fühlten, dass sie die Übergangsspielstätte nur mit großem Bedauern wieder hergaben.

Nichtsdestotrotz nahmen die Theatergänger ihr umgebautes Schauspielhaus mit dem bunten Sternenhimmel im Theatersaal im Februar 2012 euphorisch wieder in Besitz, und daran konnte auch die Tatsache nichts ändern, dass der Umbau von Verzögerungen und Pannen begleitet wurde und die Zuschauer auf provisorischem Gestühl Platz nehmen mussten. Leider waren die Baumängel letztlich so massiv, dass das Schauspiel im Herbst 2012 noch einmal für mehrere Monate ins abgelegene Probenzentrum Nord umziehen muss – aber man kann sicher sein, dass die treuen Stuttgarter ihren Weg auch dorthin finden werden. Die Maschinenhalle am Löwentor war schon vorher für 28 Millionen Euro zum Probenzentrum umgebaut worden. Sechs Probenräume am gleichen Ort, je drei für Oper und Schauspiel, gibt es nun anstatt über die Stadt verteilte Räume. In der Theaterpassage beim Bahnhof wurde 2011 ein Kundenzentrum für Oper, Ballett und Theater eröffnet, das eine halbe Million Euro verschlang. Weitere 28 Millionen sind für die dringend fällige Renovierung des Opernhauses veranschlagt, die über mehrere Jahre jeweils in der Spielpause im Sommer erfolgen soll.

Endlich geplant ist zudem der Neubau der maroden John Cranko Schule. Die weltweit renommierte Ausbildungsstätte für das Ballett mag eine hervorragende Ausbildung bieten, sie befindet sich jedoch in einem desolaten Zustand. 35 Millionen Euro wird der Neubau kosten. Zusammengerechnet sind das

117,5 Millionen Euro, die je zur Hälfte von Stadt und Land getragen werden. Eine Menge Geld ist das, in Zeiten, wo Städte wie Wuppertal ihr Stadttheater schließen. Also kommen Sie möglichst bald und genießen Sie, solange das Geld noch da ist, weil wir ja nicht wissen, wie viel Geld Stuttgart 21 noch verschlingen wird.

Nun könnten Sie hämisch fragen, wer sich diese Kultur denn leisten kann? Nun, die billigsten Karten im Staatstheater kosten acht Euro. Mittwochs und samstags ist der Eintritt in die Staatsgalerie frei, und seit 2010 gibt es eine Bonuskarte Kultur für sozial Schwache, überwiegend Hartz-IV-Empfänger. Sie bekommen bei rund fünfzig Einrichtungen in Stuttgart kostenlosen Eintritt. Dazu gehören Museen wie das Kunstmuseum oder das Naturkundemuseum, kulturelle Einrichtungen wie das Theaterhaus, das Merlin, das Renitenz-Theater oder der Jazzclub Bix. Und es sind nicht einmal Stehplätze oder Plätze auf den hinteren Rängen, sondern Karten in allen Kategorien. Stuttgart mag also eine reiche Stadt sein, aber es ist nicht nur eine Stadt für die Reichen.

Wofür Tausende Stuttgarter ebenfalls leidenschaftlich kämpfen, liegt nur ein paar Meter vom Staatstheater entfernt, im Schlossgarten und am Bahnhof. Nirgends gibt es mehr Leidenschaft und mehr Kreativität als hier. Aber davon soll in einem anderen Kapitel die Rede sein.

Ja, wo kehren Sie denn?

Klischees über Stuttgart und was an ihnen dran ist

Wir haben uns schon ein bisschen an die Stuttgarter herangetastet, und sicher wollen Sie jetzt genauer wissen, wie die denn so sind. Nehmen wir mal an, Sie sind neu in Stuttgart, haben ein paar nette Leute kennengelernt, die aus der Gegend stammen, und sind jetzt in einer Kneipe verabredet. Wenn Sie Ihre neuen Bekannten ganz schnell wieder loswerden wollen, dann breiten Sie mit viel Liebe zum Detail alle Klischees und Vorurteile aus, die Sie über Stuttgart und die Schwaben kennen. Erzählen Sie, dass Ihnen Ihre Freunde in Norddeutschland oder Berlin zum Abschied einen Besen geschenkt haben und Sie es unendlich bedauern, weil Sie in die Hauptstadt der Spießer umsiedeln mussten. Äußern Sie sich mit möglichst viel Erstaunen darüber, dass Ihnen freundliche Menschen in Stuttgart den Weg gewiesen haben. Fragen Sie nach, wie viel Zeit in der Woche Ihre Bekannten der Kehrwoche widmen, ob sie etwas anderes zu sich nehmen als Laugenbrezeln, Maultaschen und Kässpätzle, ob sie ihr Geld auf dem Sparbuch wie einen Augapfel hüten und sich schon ein eigenes Häusle gebaut haben. Überhaupt, brechen Sie bei jedem

»-le«, das Ihre neuen Freunde an ein Wort hängen, in Entzückensschreie aus, ahmen Sie es konsequent nach und beweisen Sie damit Ihren Integrationswillen.

Es könnte allerdings sein, dass ein leicht säuerliches Schweigen oder gar ein lautes Stöhnen die Antwort ist. Nur wenige Themen, Stuttgart 21 gehört auf jeden Fall dazu, polarisieren in Stuttgart so schnell wie die sich im Rest der Republik hartnäckig haltenden Klischees über Kehrbesenschwinger und Spardosenliebhaber. Weltoffene und tolerante Stuttgarter (ja, es gibt sie) distanzieren sich von Kehrwochenwahn und Treppenhaus-Überwachungs-Stasi und sind es leid, sich permanent gegen dieselben Vorurteile wehren zu müssen. Wenig hilfreich sind in diesem Zusammenhang die »Let's putz«-Anfeuerungsrufe aus dem Rathaus, die jedes Jahr zum Sauberkeitswettbewerb zwischen den Stadtteilen animieren wollen. Gewinner ist der Stadtteil, der am meisten Teilnehmerinnen und Teilnehmer für gemeinsame Putzaktionen mobilisieren kann, und laut städtischer Homepage geht es vor allem »um viel Spaß beim gemeinsamen Putzen«. Das Ansinnen mag löblich (und der Spaß dahingestellt) sein, aber Aktionen dieser Art sorgen erfolgreich für weiteren Hohn und Spott, daran ändert auch das Pseudo-Englisch nicht das Geringste. Spätestens im Frühjahr 2011 ging der Schuss nach hinten los, als die Stuttgart-21-Gegner bei der Großdemo unter dem Motto »Let's putz« zum Kehraus gegen die Obrigkeit aufriefen. So hatte es der Oberbürgermeister sicher nicht gemeint.

Andererseits sammelte eine besonders engagierte Stuttgart-21-Gegnerin regelmäßig die von Regen und Wind ramponierten bunten Plakate am legendären Bauzaun am Nordflügel des Bahnhofs ein, trug sie nach Hause, säuberte und bügelte sie dort und hängte sie dann wieder fein säuberlich an den alten Platz zurück. So viel Umsicht gibt es nur in Stuttgart! Das Haus der Geschichte, das im Herbst 2010 alle Plakate abhängte, um sie im Dezember 2011 im Museum auszustellen, kann ihr dankbar sein.

Es gibt wohl wenige Städte in Deutschland, über die jeder, der sie nicht kennt, so genau Bescheid weiß wie Stuttgart, und es ist schon erstaunlich, wie festgezimmert diese Klischees sind. Die *Stuttgarter Zeitung* porträtierte eine 32-Jährige, die von Berlin nach Stuttgart zog, weil ihr Freund dort einen neuen Job gefunden hatte (allein schon die Tatsache, dass dies einen Artikel wert ist!) und zitierte sie mit folgenden Worten: »Ich dachte, jetzt kommst du in die Provinz. Alles ist piefig und hässlich, ein architektonischer Sündenfall und eine kulturelle Wüste mit unfreundlichen, unkreativen Menschen.«

Ja, es kann einem passieren, dass die Verkäuferin in einer Bäckerei in Gablenberg süffisant anmerkt: »Ha, Sie sen abr au net von hier«, wenn Sie Schrippen, Wecken oder Brötchen statt Weckle ordern. Ja, es gibt die Kehrwoche. Und nein, es gibt sie nicht – ja, was denn nun? Und wie sieht er/sie denn nun aus, der oder die typische Stuttgarter/in?

Die typische Stuttgarterin, nennen wir sie Hannelore, ist 75 und wohnt mit ihrem Mann im eigenen Häuschen mit Garten in Stuttgart-Degerloch. Als das erste der drei Kinder kam, hat sie ihren Beruf aufgegeben. Sie hat die Kinder großgezogen, ihrem Mann den Rücken freigehalten und sich in der evangelischen Kirchengemeinde engagiert. Der Mann ist Tag für Tag zu Bosch oder Daimler ins G'schäft gegangen, hat nie die Stelle gewechselt, sich nie etwas zuschulden kommen lassen, war selten krank und hat nie seine Frau betrogen. Mittlerweile sind die Kinder aus dem Haus. Vor einiger Zeit hat das Ehepaar das Obergeschoss des Häuschens vermietet, mit Balkon, aber ohne Gartenanrecht. Die Kehrwoche war Bestandteil des Mietvertrags. Am Samstag geht Hannelore auf den Markt und tratscht, kontrolliert anschließend, ob die Mieter die Kehrwoche ordentlich gemacht haben, beschwert sich danach beim Schwätzle am Gartenzaun bei der Nachbarin, dass es ja heutzutage so schwierig ist, Mieter zu kriegen, die ordentlich die Kehrwoche machen, und backt dann einen Zwetschgenkuchen mit den Zwetschgen aus dem eigenen Garten, weil am

Sonntag nach dem Kirchgang die Kinder mit den Enkeln zum Braten mit handgeschabten Spätzle und anschließendem Kaffee kommen. Abends streitet sich das Ehepaar wie jeden Sonntag darüber, ob es Tatort gibt oder den Liebesfilm im Zweiten. Seit dreißig Jahren verbringen die beiden ihren Sommerurlaub in der gleichen Ferienwohnung in Südtirol, er fährt den Daimler mit Hut, und seit vierzig Jahren gehen sie einmal die Woche morgens ins »Neuner«, ins Mineralbad Berg. An Alkohol kommen nur einheimische Gewächse ins Haus, Trollinger, Lemberger, Dinkelacker oder Hofbräu.

Der typische Stuttgarter ist Anfang dreißig, Ingenieur und wäre lieber woanders. Er kommt aus dem Rheinland, aus Thüringen oder Norddeutschland und arbeitet entweder in der Automobilindustrie oder bei einem Autozulieferer. Er hat eine kleine Wohnung im Westen oder Süden, vielleicht auch in Vaihingen, ist wegen der Arbeit hier und fasst nur schwer Fuß. Meist fährt er am Wochenende nach Hause zu seiner Freundin oder der Familie. Einmal die Woche geht er zum Rheinländer-Stammtisch oder einem anderen Stammtisch mit Leidensgenossen, die ebenfalls nicht von hier sind. Dort heult man sich gegenseitig die Ohren voll, dass Job und Geld der einzige Grund sind, in so einer Spießerstadt zu wohnen, in der die Bewohner nicht mal richtig Deutsch können, und ist sich einig, dass man das Weite sucht, sobald sich eine andere Jobmöglichkeit auftut.

Die typische Stuttgarterin heißt Ayse, Giuliana oder Nazmin. Sie wohnt in Stuttgart-Nord, ist das Kind von Gastarbeitern, spricht sowohl Deutsch als auch ihre Muttersprache perfekt und erledigt für die Eltern, die nicht so gut Deutsch können, den Behörden- und Formularkram. Im Sommerurlaub fühlt sie sich in Izmir, Sizilien oder Marokko genauso fremd wie ein deutscher Tourist. Dass die Eltern mit der Rente zurückmöchten in ihr Herkunftsland, quittieren Ayse, Giuliana oder Nazmin mit Unverständnis und Kopfschütteln. Sie fühlen sich in Stuttgart zu Hause, hier haben sie ihre Freunde, ihre Ausbildung, ihren Job, ihre Bars und Discos und nicht zuletzt ihre Freiheit und ihren Frieden.

Ja, und was stimmt denn nun? Wie sieht er denn aus, der typische Stuttgarter? Schwingt er am Samstag den Kehrwochenbesen und lehnt anschließend auf einem Kissen aus dem Fenster und beobachtet die Nachbarn? Blickt er mit Hochmut herab auf alle Fremden, die sich aufgrund mangelnder Schwäbischkenntnisse sofort als Reigschmeckte (Zugezogene) outen, und will nichts mit ihnen zu tun haben? Bewacht er Tag und Nacht sein Sparbuch und spricht nur Einladungen aus, die so lauten: »Kommad doch nocham Kaffee, noo senr zom Obendessa wieder drhoim.« (Kommt doch nach dem Kaffee, dann seid ihr zum Abendessen wieder daheim.)

Ja, natürlich gibt es die Kehrwoche! Leugnen ist zwecklos. Und es gibt wunderbare Gruselgeschichten über sie, die das Leben lustiger machen, vorausgesetzt, man ist nicht selber betroffen. Es gibt Mietshäuser (das weiß ich aus eigener Erfahrung und aus unzähligen Berichten von Freunden und Bekannten), die so sehr dem Klischee von Treppenhausüberwachung und Kehrwochenstress entsprechen, dass es wehtut.

Eine Journalistin berichtete mir einmal von einer Vermieterin in Kaltental, die einen Rückspiegel am Fenster angebracht hatte, um besser überwachen zu können, wer im Haus ein und aus ging. Kein Witz. Es gibt die Alten, die, auf ein Kissen gelehnt, hinunter auf die Straße spähen (und dann von oben mit großer Sachkompetenz Einparkmanöver kommentieren) tatsächlich.

Ich selber lebte fünf Jahre lang in einem Mietshaus in der Reinsburgstraße im Stuttgarter Westen, das mir später als Kulisse und Inspiration für meinen Roman »Laugenweckle zum Frühstück« diente. In diesem Haus gab es eine Frau, die für zehn Mark im Monat (wir schreiben Ende der Neunzigerjahre) sämtliche Kehrwochenpflichten erledigte. Kleine Kehrwoche, große Kehrwoche, Keller, Kandel (Rinnstein), das volle Programm. Einschließlich Hundehaufen vom Bürgersteig kratzen, den man hier übrigens halb französisch Trottwar nennt. Ich hatte den Verdacht, sie hätte es auch umsonst erledigt, weil sie (berechtigterweise) an meinen Kehrwochen-Kernkompetenzen zweifelte. Wenn sie es machte, konnte sie sich wenigstens darauf verlassen, dass sie mit dem Ergebnis zufrieden war. Ob sie tatsächlich die Klingelknöpfe putzte, wie es das graue Kehrwochenschild im Flur verlangte, ist nicht überliefert.

Das ist die eine Seite von Stuttgart. Genauso gibt es aber auch tolerante Mietshäuser, beispielsweise im Heusteig oder im Westen, in denen sich Menschen unterschiedlichster Herkunft und Berufe tummeln und sich kein Mensch um die Kehrwoche schert. Wer im hippen Heusteigviertel lebt, arbeitet in einer Architektengemeinschaft oder designt Mode. Mittags geht er oder sie in eine Tagesbar, isst dort einen Salat oder ein asiatisches Gericht und trinkt anschließend im Herbert'z einen Kaffee im Stehen. In so einem Lebensstil hält sich die Begeisterung für die Kehrwoche in Grenzen. Und schließlich sind gut 25 Prozent der Stuttgarter Migranten. Sie haben ihre Kultur mitgebracht, ihre Religionen, ihre Musik, ihre Restaurants und Clubs und ihre Gewohnheiten, die nicht unbedingt die Kehrwoche einschließen. Wobei die schwäbische Leitkultur durchaus abfärben kann. Meine türkischen Nachbarn haben das gepflegteste, bestgemähte, aufgeräumteste Hinterhofgärtlein weit und breit, und die italienischen Nachbarn sind ihnen dicht auf den Fersen. Man bewegt sich also auf wackligem Boden, wenn man versucht, klare Aussagen zum Reizthema Kehrwoche zu machen.

Und wo ist sie denn nun zu finden, die Hochburg der Kehrwochenfetischisten? Wo treffen sie sich, vergleichen die Qualität von Kutterschaufel und Kehrwisch und beklagen den Verfall der Sitten? Was sagt der Kehrwochen-Stadtplan? Nun, es mag solche Ecken in Gablenberg oder in Gaisburg geben; aber schon der direkt anschließende Stadtteil Stuttgart-Ost ist ein bunter Stadtteil, in dem sich alteingesessene Stuttgarter,

Migranten, Studenten der Musikhochschule und zugezogene Familien mischen, weil die Mieten hier günstiger sind als im Westen. Nein, ein eindeutig abgegrenztes Kehrwochen-Territorium zu definieren ist unmöglich.

Was man dagegen sicher sagen kann: Beim Thema Kehrwoche prallen in Stuttgart Welten aufeinander. Und das geht nicht ohne Konflikte ab, wenn die eine Seite den Umgang miteinander mithilfe äußerer Ordnung regeln will und ein Abweichen von dieser Ordnung als Verfall der Sitten betrachtet und die andere Seite dies als spießig, kleinkariert und maßregelnd empfindet. Da ruft beispielsweise der konservative Vermieter morgens um sieben bei seinem Mieter an, der am Freitagmorgen um vier vom Feiern auf dem Boulevard Theo nach Hause gekommen ist, und macht ihn darauf aufmerksam, dass eineinhalb Zentimeter Schnee gefallen und schleunigst vom Gehweg zu räumen sind, weil sich die 82-jährige Frau Kächele aus dem Nachbarhaus sonst um Punkt halb acht den Oberschenkelhals bricht, wenn sie zum Briefkasten geht, und er, der Mieter, muss dann dafür haften, es ist ja nur zu seinem Besten, an Wochentagen bis sieben Uhr, gell, Sie wissad scho.

Schneeräumen gehört nämlich auch zu den Kehrwochenpflichten, und zwar zu den offiziellen, die in der »Satzung über das Reinigen, Räumen und Bestreuen der Gehwege in Stuttgart« ganz genau definiert sind. Das ist deshalb ziemlich fies, weil sich der Schnee in Stuttgart in den letzten Jahren auf wenige Tage beschränkt hat, dann aber meistens am Stück gefallen ist. Wenn es einen erwischt, dann aber richtig.

In der Stadtbahn erzählte eine Frau einer anderen von ihrem barfuß schippenden Nachbarn, was ihre Gesprächspartnerin achselzuckend mit den Worten kommentierte: »Er soll sich halt a Halsdüchle rombenda.«

Meiner ganz persönlichen Einschätzung nach ist die Kehrwoche ein Brauch, der überwiegend von älteren Mitbürgern gepflegt wird und deswegen zwar nicht akut, aber grundsätzlich vom Aussterben bedroht ist. Deshalb soll hier für die Nachwelt und alle, die die Kehrwoche nicht kennen, festgehalten werden, wie die Kehrwoche entstanden und mit welchen Pflichten sie verbunden ist. Und wer aufstöhnt bei diesem Thema, blättert einfach ein, zwei Seiten weiter. Schließlich soll das eine Gebrauchsanweisung sein auch für die armen Schweine, die blöderweise in ein Haus eingezogen sind, in dem mit Leidenschaft gewischt wird. Im Idealfall haben Sie schon vor Unterschreiben des Mietvertrags vorsichtig Auskünfte darüber eingeholt, wie sich die Kehrwochenkultur in Ihrem neuen Domizil gestaltet, und erleben nicht im Nachhinein eine böse Überraschung.

Interessanterweise wurde die Kehrwoche schon 1492 von Graf Eberhard im Bart eingeführt. Während anderswo neue Welten entdeckt wurden (Kolumbus), fingen die Stuttgarter an zu kehren. »Damit die Stadt rein erhalten wird, soll jeder seinen Mist alle Wochen hinausführen«, hieß es im Stuttgarter Stadtrecht. Dass sich die Kehrwoche gerne an Ereignisse von weltpolitischem Rang dranhängt, zeigte sich auch im Januar 1989. Im Jahr des Mauerfalls kam es zu einer Stuttgarter Revolution. Unter Oberbürgermeister Manfred Rommel, der trotz seiner konservativen Grundhaltung erstaunlich tolerante Züge aufwies, fiel ein entscheidender Satz in der städtischen Satzung über das Reinigen, Räumen und Bestreuen der Gehwege. Dort heißt es in Paragraf 4: »Die Reinigung der Gehwege und der sonstigen in § 1 genannten Flächen umfaßt die Beseitigung der durch die gewöhnliche Benutzung oder auf andere Weise verursachten Verschmutzung, insbesondere die Beseitigung von Schmutz, Unrat und Laub. Sie ist nach Bedarf vorzunehmen.« Nach Bedarf! Vorher galt, dass die Kehrwoche mindestens einmal wöchentlich gemacht werden musste, ansonsten drohten Geldbußen. Das erklärt, warum einige Vermieter noch heute darauf bestehen, dass auch eigentlich saubere Gehwege aus Prinzip gekehrt werden müssen. Sie haben die Reform von 1989 einfach nicht mitbekommen.

Noch heute wird zwischen der kleinen (KKW) und großen Kehrwoche (GKW) unterschieden. Bei der KKW wird in der Regel die Treppe von der eigenen Wohnung bis zum nächsten Treppenabsatz geputzt. Gibt es mehrere Wohnungen auf dem gleichen Stockwerk, dann natürlich abwechselnd. Die GKW umfasst hingegen Gemeinschaftsräume wie Flur am Eingang, Kellertreppe und Keller, Höfe und Trottwar (so heißt passenderweise die Stuttgarter Straßenzeitung). Zum ganz korrekten Kehren gehört schließlich noch der Kandel. Der Kandel ist der Straßenrand, der Rinnstein, die Stelle, wo sich Bordstein und Straße treffen. Den Dreck vom Gehweg oder Trottwar (in Stuttgart redet man nie von Bürgersteig) einfach auf die Straße zu fegen gilt unter Kehrwochenprofis nämlich als äußerst unfein.

Zu einem Haus, in dem die Kehrwoche ernst genommen wird, gehört übrigens unbedingt ein ordentliches Kehrwochenschild, das im Flur am Wohnungseingang hängt und nach korrekter Durchführung der Reinigungsarbeiten an den nächsten Mieter weitergereicht wird. Sie brauchen also eine Aufhängemöglichkeit. Wenige Dinge im Leben verschaffen einem so viel Befriedigung, wie das Schild nach getaner Kehrwoche dem nächsten armen Schwein an die Tür zu hängen. Auf dem steht im Idealfall nicht nur deutlich lesbar das Wort »Kehrwoche«, sondern es sind auch die Kehrwochenpflichten aufgelistet. Für die kleine Kehrwoche brauchen Sie natürlich noch ein Schild, wenn Sie direkte Nachbarn haben. Das wandert dann hin und her. Basteln Sie doch selber eines. Mit einem kleinen Schäufele drauf, zum Beispiel. Das ist eine hübsche Beschäftigung für einen langen Winterabend.

Apropos Schäufele. Ich empfehle Ihnen dringend, sich für die Kehrwoche mit dem richtigen Gerät auszurüsten. Richtig heißt, Sie besorgen sich neben Besen, Eimer und klassischem Lappen, den man gebückt von Hand auswringen muss (bloß kein neumodischer Wischmopp!), eine Kutterschaufel und einen Kehrwisch. Das ist auf Hochdeutsch ein Kehrblech mit Handfeger. Lange Freude hat man an einem Kehr-wisch aus Holz mit echtem Rosshaar. Auch die Kutterschaufel sollte nicht aus Plastik, sondern aus Metall sein. Das macht nämlich mehr Krach, und es sollen ja alle mitkriegen, dass Sie Ihre häuslichen Pflichten brav erfüllen. Und zwar zur idea-len Kehrwochenzeit am Samstagvormittag. Sonntag ist ver-pönt. Samstagvormittag ist deshalb empfehlenswert, weil in der Regel viel Bewegung im Treppenhaus ist. Sie werden garantiert alle Nachbarn treffen, die zum Einkaufen gehen und sich freuen, mit Ihnen ein Schwätzle zu halten, weil Sie ihnen ja im Treppenhaus wehrlos ausgeliefert sind. Dieses Gespräch wird in der Regel so eingeleitet: »Au, jetzt hen Sie grad gwischd, des dud mir aber leid.« Daraufhin richten Sie sich mühsam aus Ihrer gebückten Haltung auf, streichen Ihre Kittelschürze mit Blümchenmuster, die sie vor zwanzig Jah-ren in der Kaufhalle erworben haben, nach unten und die ver-schwitzten Haare aus dem Gesicht, zucken freundlich-resig-niert mit der Schulter und antworten korrekterweise: »Koi Problem. I gang eh nomol driber.« Damit beweisen Sie, wie ernst es Ihnen mit der Kehrwoche ist: Sie haben sowieso vor-gehabt, noch mal drüberzugehen und mindestens zweimal zu wischen, es macht also nichts, wenn sämtliche Nachbarn über die nasse Treppe latschen.

Auf der Internetseite »Frag Mutti« gibt es noch eine wei-tere Empfehlung, die ich Ihnen nicht vorenthalten möchte, die »Frühaufsteher-Gewissenhaft-trotz-Handicap-Methode« für den frühen Samstagmorgen: »Am Vorabend deiner Kehr-wochenshow, so etwa gegen 23 Uhr trägst du noch ein paar leere Getränkekisten (ohne Flaschen!) runter. Wohnst du Par-terre, statte einfach jemandem ganz oben einen kurzen Besuch ab (hen Sie mir vielleicht a Tässle Zucker?) und beim Run-tergehen lässt du die leere Kisten fallen und legst dich dane-ben. Wenn nicht gleich alle Türen aufgegangen sind, kannst du ja etwas jammern und evtl. um Hilfe rufen. Bevor jetzt aber jemand den Notarzt oder Abdecker bestellt, rappelst du dich auf: ›schon gut, höchstens ein paar Prellungen und eine verstauchte Hand‹, sagst du nun allen und wünschst ein ›Gut´s Nächtle, hoffentlich kann ich mit den Schmerzen schlafen‹. Du wirst sehen, künftig sind die Gesichter um dich rum viel freundlicher. Und du kannst sicher sein, hintenrum wird erzählt, was du nicht für ein netter junger Mann bist (der wär ebbes für mei Mädle) und überhaupt nicht wehleidig und soooo gewissenhaft.«

Unendlich dankbar müssen die Stuttgarter dem Reutlinger Dominik Kuhn sein, besser bekannt unter seinem Internet-Namen Dodokay, der uns die »Welt auf Schwäbisch« erklärt, indem er Merkel oder Bruce Willis schwäbisch synchronisiert. Sein YouTube-Video mit einem schwäbisch schwätzenden Barack Obama, der in Berlin vor Tausenden von Menschen die Hauseigentümerversammlung der Wilhelmstraße 48 einberuft und beklagt, dass das Thema »Fahrräder abstellen im Hausgang trotz Verbotsschild« den häuslichen Frieden massiv gefährdet, wurde von fast zwei Millionen Menschen angeklickt und beweist: Selbstironie ist die beste Waffe im Kampf gegen Klischees. Auf Dodokays Webseite muss man sich schließlich auch »die Schuhe ausziehen und keinen Dreck machen«.

Bei Wikipedia ist unter dem Stichwort »Schwäbische Kehrwoche« zu lesen, dass ihre Besonderheit »vor allem in einer ausgeprägten Erwartungshaltung der Nachbarschaft hinsichtlich Umfang und Intensität der Reinigungsarbeiten« liegt. Sehr hübsch formuliert. Warum aber, werden Sie jetzt ratlos fragen, erwarten Ihre Stuttgarter Nachbarn überhaupt etwas von Ihnen, während es den Berlinern oder Hamburgern vollkommen schnurz ist, was Sie vor Ihrer Wohnungstür (oder dahinter) treiben? Dass man sich in Stuttgart und Schwaben mehr als anderswo dafür interessiert, was Sie tun und wie Sie es tun, dass die Ansprüche an Sauberkeit und Moral höher sind, dafür finden sich Gründe in der württembergischen Historie.

Von 1642 bis 1891 prägten die sogenannten Kirchenkonvente das Herzogtum Württemberg. Diese Sittengerichte, denen je ein Vertreter der weltlichen und der geistlichen Obrigkeit vorsaß, wollten der Verrohung der Sitten im Dreißigjährigen Krieg entgegenwirken. Sie ahndeten Verstöße beispielsweise gegen die Pflicht zum Gottesdienstbesuch oder das Verbot der Sonntagsarbeit. Verboten waren außerdem Trinken, Tanzen, Kartenspielen, Völlerei, Fluchen oder vorehelicher Geschlechtsverkehr, um nur einige mögliche Missetaten zu nennen. Jeder war verpflichtet, über die Einhaltung der Regeln zu wachen und Vergehen zu denunzieren. Daraufhin wurde der Denunzierte vor den Konvent geladen. Wurde der Sünder zu einer Geldstrafe verurteilt, erhielt der Denunzierer einen Anteil an der Strafe, das sogenannte Anbringdrittel. Noch extremer wirkte sich das Generalreskript von 1781 aus, eine Verordnung gegen die sogenannten Übelhäuser. Ein Übelhaus war eine schlecht geführte und vernachlässigte Landwirtschaft. Auch hier galt das Anbringdrittel. Auf keinen Fall negativ auffallen? Überwachung als Christen- und Bürgerpflicht, für die man sogar belohnt wurde? Man kann sich vorstellen, dass diese zweihundertfünfzig Jahre währende Kontrolle nicht ohne Folgen auf die Mentalität der Menschen blieb.

Die Forschung nimmt an, dass die Kirchenkonvente auf die Ideen und die Initiative von Johann Valentin Andreae zurückgehen, der als Wegbereiter des Pietismus gilt. Das kann man allerdings nicht eindeutig belegen. Ebenso schreibt man die hohe Moral, die in Württemberg herrschte, allein dem Pietismus zu.

Nun gab es aber rein zahlenmäßig gar nicht so viele Pietisten. Es scheint vielmehr so gewesen zu sein, dass sich die weltliche Obrigkeit die hehren Prinzipien des Pietismus zu eigen machte, um moralischen Druck auf die Bevölkerung auszuüben.

In jedem Fall kann man nicht über Stuttgart schreiben, ohne den Pietismus zu erwähnen, dessen Anhänger von seinen Kritikern gerne als »Pietkong« bezeichnet werden. Am 16. Mai 1534 wurde in der Stiftskirche in Stuttgart der erste evangelische Gottesdienst gehalten – die Reformation hielt Einzug, und Württemberg wurde evangelisch. Die Stiftskirche in der Stadtmitte ist die Hauptkirche der Evangelischen Landeskirche Württemberg und bis heute vom lutherischen Pietismus geprägt. Erzkonservative und liberalere Positionen prallen hier aufeinander, was man auch daran sehen konnte, dass mit Matthias Vosseler erst nach endlosen Besetzungsversuchen ein Nachfolger für das Stiftspfarramt gefunden wurde, der den unterschiedlichen Glaubensrichtungen genehm war.

Anderes Beispiel: In der württembergischen Landessynode stellt die stockkonservative pietistische »Lebendige Gemeinde« mit vierzig Sitzen die Mehrheit. Als sich acht Altbischöfe in einem offenen Brief gegen den Beschluss der Evangelischen Kirche in Deutschland aussprachen, Pfarrerinnen und Pfarrern die Homo-Ehe zuzugestehen, dankte die »Lebendige Gemeinde« den Bischöfen »für ihren Mut und ihre Klarheit« und die damit verbundene »wertvolle Orientierung«. Die Bischöfe, unter ihnen zwei Württemberger Pietisten, Gerhard Maier und Theo Sorg, schrieben, dass »die Kirche Homosexualität als widernatürlich und schöpfungswidrig zu beurteilen hat«. Zentrum des extrem fundamentalistischen Pietismus ist die Brüdergemeinde in Korntal, vor den Toren Stuttgarts im Strohgäu gelegen, im Volksmund allgemein als »Heiliges Korntal« bezeichnet.

Und wie hängen Pietismus und Putzen zusammen? Im Pietismus ist ein gottesfürchtiges Leben stets ein arbeitsames; Müßiggang gilt als Laster. Materieller Besitz spielt zwar keine Rolle, weil er nichtig ist und nicht für das Jenseits qualifiziert, er wird dem Menschen aber geschenkt, damit er ihn wertschätzt und mit anderen teilt. Deshalb müssen Haus und Hof in Ordnung gehalten werden. Aber die Achtsamkeit hat ja zudem positive Seiten: Inspiriert von seinem Freund Christian Adam Dann gründete der in Tübingen ausgebildete pietistische Pfarrer Albert Knapp 1837 als Pfarrer an der Leonhardskirche in Stuttgart den ersten Tierschutzverein Deutschlands, weil er der festen Überzeugung war, dass Tiere genau wie Menschen als Geschöpfe Gottes zu achten seien.

Aus der Verpflichtung zum Dienst am Nächsten gingen auch Diakonissenanstalten und Sozialwerke hervor. Seit 1854 engagiert sich die Evangelische Diakonissenanstalt in Stuttgart in der Arbeit mit Kranken und Alten. Das Diakonissenkrankenhaus und das sogenannte Mutterhaus liegen im Stuttgarter Westen in der Rosenbergstraße, hier gibt es sogar einen Diakonissenplatz. Das Anteilnehmen am anderen sieht man auch daran, dass ehrenamtliches Engagement in Stuttgart eine sehr wichtige Rolle spielt. So gibt es seit 1995 die Vesperkirche in der Leonhardskirche, wo bis zu achthundert Menschen sieben Wochen lang eine warme Mahlzeit, medizinische Versorgung oder einen Haarschnitt bekommen. 560 Ehrenamtliche arbeiten dort mit, es gibt kaum genug zu tun für die Hilfswilligen.

Im pragmatischen Geiste des Pietismus konzentrierte man sich auf das Wesentliche. Die schönen Künste waren da nicht unbedingt vorgesehen. Das mag ein Grund dafür gewesen sein, dass 1827 ein Stuttgarter Landtagsabgeordneter die Finanzierung des Baus eines Antikensaals mit den Worten ablehnte: »Mir brauchat koi Konscht, Grombiera braucha mr.« Kartoffeln also statt Kunst. Zum Glück für die Kunst und die Stuttgarter wurde 1836 trotzdem beschlossen, eine »Württembergische Kunstgalerie« zu bauen, die heutige Staatsgalerie Stuttgart. Die erwarb 2011 das Kunstwerk »One Potato Two Potato Three Potato & (More)« von Lawrence Weiner, das sich auf jene hübsche Grombiera-Episode bezieht. Und dass die Kunst bisweilen selbst heute noch unter der strengen Moral leiden kann, zeigte sich im Mai 2011, als die Stadt Stuttgart der renommierten Kunsthalle Tübingen untersagte, Plakatwerbung für die Ausstellung »Evan Penny – Re Figured« zu machen. Grund für die Absage war das Plakatmotiv: ein nackter Mann. Dabei war der Mann auf dem Plakat nicht einmal echt, sondern ein modellierter Kunst-Mann des kanadischen Künstlers Evan Penny. Egal, nackt ist nackt. In Bayern war man übrigens nicht besser. Die *Süddeutsche* weigerte sich, eine Anzeige mit dem Plakat zu drucken.

In der schwäbischen Mentalität sieht auch der Künstler Pablo Wendel die Ursache dafür, dass die Mühlen der städtischen Ämter so langsam mahlen, wenn es um das Verständnis für zeitgenössische Kunstformen und deren Unterstützung geht. Er hat sich nach einem längeren Aufenthalt in London bewusst für die Rückkehr nach Stuttgart entschieden, was nicht heißt, dass er sich leichttut mit dieser Stadt. »Ich bin Künstler.« – »Und wie verdienst du dein Geld?« Das sind die Reaktionen, die er in Stuttgart häufig erntet.

2006 erregte Wendel weltweit Aufsehen, als er sich als Krieger verkleidet zwischen die Figuren der Terrakotta-Armee in China stellte. Erst nach zehn Minuten spürten ihn die Sicherheitskräfte auf. Die waren so verwirrt, dass sie ihn sogar wieder auf seinen Sockel stellten, um ihn abzutransportieren – anzuschauen auf einem sehr vergnüglichen YouTube-Video. Um keine Probleme mit den Behörden zu bekommen, beteuerte Wendel damals, die Aktion sei spontan gewesen, tatsächlich hatte er über vier Monate lang an einem minutiösen Plan getüftelt und wurde im Hintergrund von acht Leuten unterstützt. Als politisches Statement will er die Kunstaktion verstanden wissen, als Plagiatsthema, »der Deutsche kommt und kopiert die Chinesen«. Heute arbeitet Pablo Wendel im Atelierhaus des Württembergischen Kunstvereins. Weit schweift der Blick. Wendel deutet nach unten, auf die Stadt. »Der internationale Wind weht über den Kessel hinweg«, sagt er. Warum dann trotzdem Stuttgart? »Weil man hier etwas bewegen kann. Berlin ist völlig übersättigt. Aber hier ist das Potenzial für die Kunst noch lange nicht ausgeschöpft.« Also kämpft Wendel, der im Gespräch im Minutentakt schräge Ideen duziert, mit missionarischem Bewusstsein weiter gegen die Mühlen der städtischen Bürokratie, wenn er beispielsweise zum Abriss verdammte Gebäude mit Kunst bespielen oder mit dem Aufbau des Stromanbieters »Performance Electrics« »Kunststrom« erzeugen will.

Nachdem Sie nach all den Erklärungsversuchen nun hoffentlich mehr Verständnis für die bisweilen etwas seltsamen Eigenheiten der Stuttgarter aufbringen, müssen wir natürlich unbedingt noch über das Schwäbische sprechen. Möglicherweise verzweifeln Sie manchmal an diesem Dialekt, wenn sich beispielsweise jemand mit Ihnen um »viertelviere« oder »dreiviertelfemfe« verabreden will und Sie nicht wissen, um wie viel Uhr Sie jetzt anrücken sollen. Ist doch ganz einfach: um Viertel nach drei oder um Viertel vor fünf.

Dodokay hat sich nicht nur um die Kehrwochenklischees, sondern auch um das Thema Dialekt verdient gemacht. Er beklagt, dass auf dieser Welt zu viele Leute eine undeutliche Sprache, sprich: kein Schwäbisch sprechen. Wenn Barack Obama die Fahrräder im Hausflur auf gut Schwäbisch als »Göppel« bezeichnet oder Angela Merkel ihre Neujahrsansprache auf Schwäbisch hält, dann finden Schwaben und Nicht-Schwaben im gemeinsamen Lachen erlösend zueinander. Hoffentlich. Wir erwähnten schon, dass Schwäbisch bei vielen Menschen Aversionen auslöst, was ein Grund dafür sein mag, dass schwäbelnde Figuren in der neueren Stuttgarter Tatort-Variante eher als schmückendes Beiwerk auftreten, während bei Bienzle noch hemmungslos geschwäbelt werden durfte. Schwäbisch ist uncool, kein bisschen sexy und deshalb zu vermeiden? Dodokay beweist genau das Gegenteil. Und wenn wir gerade beim Thema sind: Sexy und cool wird man in Stuttgart nicht dadurch, dass man sich bei der Kfz-Zulassungsstelle ein Kennzeichen mit S-EX bestellt. Das gilt als peinlich. Dann schon eher S-UN oder S-KY oder S-PY.

Meine Freundin Andrea aus dem Rheinland erzählt noch heute mit Wonne, wie sie zu Beginn des Studiums eine Mitbewohnerin aus dem Wohnheim in Heidelberg fragte, was sie denn studiere, und die Antwort erhielt: »Anglischdik ond Romanischdik.« In den Seminaren an der Uni schienen es die Schwaben zu sein, die der Hochsprache nicht mächtig waren und unbekümmert dem Dialekt frönten, egal, ob die Hamburger Kommilitonen sie verstanden oder nicht. Mir war's peinlich, ich fand es provinziell und intolerant.

Über die Jahre außerhalb Schwabens gewöhnte ich mir das Schwäbische ab und eine Art Pseudo-Hochdeutsch an (mit dem ich aber keinen Norddeutschen auf Dauer täuschen kann). Dann kam ich nach Stuttgart und wehrte mich anfangs mit Händen und Füßen dagegen, mich wieder an den rückständigen Dialekt zu erinnern. Und plötzlich geschah etwas Seltsames: Ich fiel, ohne es zu wollen und manchmal auch ohne es zu merken, immer häufiger ins Schwäbische. Irgendwann stellte ich erstaunt fest, dass der Dialekt ein Stück Heimat ist, dass es wunderbare Aussprüche gibt, die nur im Schwäbischen funktionieren, und dass er mir Spaß machte! Der Schock war groß. Offensichtlich bin ich damit nicht alleine. So schrieb die in Stuttgart lebende Autorin Anna Katharina Hahn 2010 in der *ZEIT*:

»Scham stand am Anfang, als ich begann, mich erneut auf das Schwäbische einzulassen. War man nicht ein maultaschenfressender, mülltonnenputzender Pietist, benutzte man diese Sprache wirklich, nahm sie wahrhaftig in den Mund, statt nur spitzlippig und genant Diminutivle auszuspucken? Doch nichts ist stärker als der von der ersten Stunde an eingedrungene Klang, nichts bleibt länger kleben als das Honigbad des Dialekts. Es war eine Wonne, die nie vergessenen Wörter einfach zu verwenden und dabei auch noch verstanden zu werden, sich dem Schwäbischen, diesem peinlichen, lange abgeschüttelten Liebhaber, und seinen manchmal so saugroben Pratzen zur Gänze überlassen zu können. ›Ein Pärle Saiten‹ erbitten ohne preußisches Gekicher im Rücken!«

Schön ist es, schwäbischen Politikern zuzuhören. Sie können eben alles, außer Hochdeutsch, und reden immer gleich, also Schwäbisch, egal, ob sie auf einer Hocketse, vor dem Landtag oder Bundestag sprechen, weil sie offensichtlich nur ein sprachliches Register haben. Manche können auch kein Englisch und versuchen es trotzdem, das bringt uns aber fruchtbare neue Erkenntnisse (seit Günther Oettinger wissen wir es endlich: »In my homeland Baden-Wirttemberg we are all sidding in one boat«). Wenn sich Schwaben, die kein Hochdeutsch können, bemühen, Hochdeutsch zu sprechen, dann ist das Ergebnis meist ziemlich lustig. Sie betonen dann nämlich übertrieben die Endsilben, die im Schwäbischen in der Regel verschluckt werden, und glauben dann, ein perfektes Hochdeutsch zu sprechen. Man nennt das Honoratiorenschwäbisch, was sich nicht nur auf Stuttgart, sondern auf städtisches Schwäbisch allgemein bezieht. Das hat ein Gschmäckle, also einen Beigeschmack, weil es impliziert, dass sich die Hauptstädter für etwas Besseres halten und deswegen auch ein (scheinbar) gepflegteres Schwäbisch schwätzen, sich damit aber tatsächlich lächerlich machen.

Sebastian Blau, Fachmann für alle Schwäbisch-Fragen, beschrieb es so: »Zwischen der ›Hochsprache‹ und der bäuerlichen Mundart steht das Honoratiorenschwäbisch, wie wir es nennen. Es ist die Sprache der städtischen Schwaben. So redet man am Wirtstisch und in den Läden, bei Behörden und in der Familie, und im Tübinger Stift diskutiert man darin sogar die heikelsten philosophischen Probleme. Es ist ein wunderliches Gemisch. Das ganze Material der Bildung und der Buchsprache wird unverkümmert und unbekümmert übernommen, nur erhalten alle Ausdrücke schwäbische Lautform, auch die gelehrtesten Fremdwörter und Fachausdrücke.«

Wer ein aktuelles Beispiel dafür will, der schaue sich die Videos zu den Schlichtungsgesprächen zu Stuttgart 21 an. Tanja Gönner, ein wunderbares Beispiel für Fachsimpelei in Honoratiorenschwäbisch: »Lischde, isch, ärschdends, leischdungsfähig, des, was wir hier blanen …« Sebastian Blau hätte seine Freude dran gehabt. Auch anderswo gibt es ganz wunderbare schwäbische O-Töne. Ebenjene Freundin aus dem Rheinland verschlug es einst nach Stuttgart, wo sie folgende Hinterhofkonversation im tiefsten Gablenberg dokumentierte.

Samstagmorgen, 8 Uhr 35. Unterhaltung von Küchenfenster zu Küchenfenster:

»Ha, Frau Vögele, au schoo auf de Fieß?« (Achtung, Fieß ist ein schwäbisches Synonym für Beine. Beine existieren nämlich gar nicht.)

»Ha, s'muaß, s'muaß.«

»Ha noo.«

»Ha ond sonschd?«

»Ha, 's Weiße hängt scho, onds Bunte lauft no.«

Ich selber hörte auf der Straße folgende Konversation von geradezu philosophischer Qualität:

»Ha, sen Sie noo net drhoim?«

»Noi. Ond Sie?«

»Ha, I au no net.«

Nur in Stuttgart kann es zudem ein Musikaliengeschäft geben, das »Lausch und Zweigle« heißt, im Volksmund auch »Horch und Ästle« genannt. Wer sich in Stuttgart gezielt im Schwäbischen üben will, der gehe auf den Markt vor dem Rathaus. Hier hört man richtig schönes Schwäbisch und Redensarten und Wörter, die allmählich aussterben. Mehr darüber lesen Sie im Kapitel »Samstagmorgens in der Stadt«. Oder man geht in eine Weinstube, noch besser: eine Besenwirtschaft, der ich auch ein kleines Kapitel gewidmet habe. Hier ist die schwäbische Volksseele zu Hause, und meist geht es hier so eng zu, dass man mit anderen an einen Tisch gequetscht wird, und wer jetzt glaubt, die Schwaben seien nicht kontaktfreudig, wird sein blaues Wunder erleben!

Wer sich richtig ins Schwäbische hineinstürzen will und vor derbem Humor nicht zurückschreckt, dem sei der Besuch einer Mundartbühne empfohlen. Schwäbische Stücke gibt es zum Beispiel in der Friedenau in Stuttgart-Ost. Dort treten Gruppen wie das Stuttgarter Komödle auf. In Cannstatt sind D'Göschla zu Hause, in Stuttgart-Neugereut das Neugereuter Theäterle, in Rohr die Theaterbühne Rohrer Humorer und in Asperg (das nicht mehr zu Stuttgart gehört) die Schwaben-Bühne. Oft gibt es zum Stück schwäbisches Essen und Wein. Auch die Komödie im Marquardt spielt immer wieder schwäbische Stücke. Derb geht es zudem bei Fräulein Wommy Wonder zu. Das Fräulein ist eigentlich ein Mann und aus der Stuttgarter Kabarettszene, aus Renitenztheater und Friedrichsbau-Varieté nicht wegzudenken, weil es so wunderbar schräg ist. Der Travestiestar verlängert seine sowieso schon beeindruckende Körpergröße nach unten mit hohen Absätzen und nach oben mit riesigen Perücken aus Plastik. Seine bekannteste Rolle ist die der Putzfrau Elfriede Schäufele, und deren zotiger Humor ist nichts für filigrane Gemüter.

Überhaupt, der Humor. Das gehört ja nun auch zu den Klischees: dass die Schwaben über selbigen nicht verfügen. Über andere Klischees kann man streiten, aber in diesem Fall werde ich jetzt mal richtig lokalpatriotisch und sage ganz deutlich: Stimmt nicht! Und ich meine nicht die derbe Variante, sondern den wirklich echten Humor in Stuttgart. Der ist extrem trocken, zutiefst ironisch und damit dem englischen Humor nicht unähnlich. Er setzt nicht auf schnelle Lacher, Pointen und Schenkelklopfer. Der, der etwas Lustiges sagt, verzieht oft keine Miene dabei, sodass die, die zuhören, einen Moment Reaktionszeit brauchen oder gar nicht sicher sind, ob das jetzt ernst gemeint war oder nicht. Das weiß unter Umständen nicht einmal derjenige, der den Witz gemacht hat, und eigentlich ist es ihm auch egal, weil es sowieso vollkommen wurscht ist, ob der Zuhörer lacht oder nicht. Also wieder einmal Understatement pur.

Ich erinnere mich an einen Vortrag im Stuttgarter Rathaus. Da präsentierte Herbert Medek vom Amt für Stadtplanung eine DVD über die Stadtentwicklung Stuttgarts. Klingt trocken? Hunderte von eifrigen, weißhaarigen, geschichtsaffinen Stuttgarter Bürgern waren gekommen, der Große Sitzungssaal platzte aus allen Nähten. Während des Vortrags hing ein Dauerkichern im Saal, weil Medek jedem seiner Sätze einen beiläufigen Halbsatz hinterherschob, der das präzise historische Wissen ironisch kommentierte. Kein Lachen. Nur so ein Kichern. Das Publikum amüsierte sich prächtig und lauschte hoch konzentriert, um nur ja keinen Gag zu verpassen.

Haben wir nun alle Klischees durch? Nein, eines fehlt uns noch: Die Schwaben sind die Könige der Sparbüchse und geizig, dass es kracht. Warum tragen Schwäbinnen keine String-Tangas? Weil man keine Putzlumpen daraus machen kann. 2011 befragte das Junior Business Team der Universität Hohenheim achthundert Haushalte in der Region Stuttgart nach ihrem Konsumverhalten. Nur 20 Prozent der Befragten gaben an, in den kommenden zwölf Monaten sparen zu wollen. 47 Prozent wollten überhaupt nicht sparen und bescheinigten sich selbst ein ausgeprägtes Konsumverhalten. 52 Prozent hatten vor, größere Anschaffungen zu tätigen. Kein Wunder: Die Region Stuttgart ist überdurchschnittlich wohlhabend (was nicht bedeutet, dass es keine Armut gibt). In Stuttgart können Konsumenten im Schnitt 5867 Euro im Jahr im Einzelhandel ausgeben, im Bundesdurchschnitt sind es 5329 Euro. Noch mehr Geld gibt es aber um Stuttgart herum, im sogenannten Speckgürtel, denn wer es sich leisten kann, der zieht aus der Schwüle des Kessels hinaus ins (noch) Grünere. Spitzenreiter: meine Heimatstadt Gerlingen. Dort liegt die Kaufkraft im Schnitt bei 6892 Euro. In der Region Stuttgart kann man sich eben beides leisten: sparen und Geld ausgeben. Tatsächlich legen die Stuttgarter, wenn man der Umfrage einer Bank glauben will, im Durchschnitt 219 Euro im Monat auf die hohe Kante. Damit wird in Stuttgart mehr gespart als in Berlin, Hamburg, München, Köln, Leipzig und Frankfurt. Meine Theorie, dass in Stuttgart aus der sprichwörtlichen schwäbischen Bescheidenheit heraus weniger Pelzmäntel gekauft werden als anderswo, schließlich wird ja auch der Porsche gern mal hinter dem Haus geparkt, konnte ich indes nicht belegen. Früher wurden Pelzmäntel in Stuttgart oft mit dem Pelz nach innen getragen, außen war Popeline. Der Gipfel des gepflegten Understatements: Man kann sich Pelz zwar leisten, hat es aber nicht nötig, dies nach außen zu demonstrieren. Außen pfui, innen hui! Das will Roland Bräuning vom Pelzhaus Enssle nicht bestätigen. In Stuttgart verkauft man nicht weniger Pelze als anderswo, sagt er, und schwerer tut man sich auch nicht damit. Man achtet hier nur mehr auf Qualität und ist bereit, dafür mehr Geld auszugeben, während man anderswo weniger auf Qualität und mehr auf Außenwirkung achtet.

Es ist eben alles nicht so einfach mit den Klischees. Am besten machen Sie Ihre eigenen Erfahrungen, irgendwo zwischen Dialekt und Hochsprache, Kehrwoche, Kutterschaufel und Kandel. Kommen wir noch einmal auf Hannelore zurück. Die Nachbarin hat ihr am Gartenzaun von den Protesten gegen Stuttgart 21 erzählt. Hannelore ist dann einfach mal auf eine Montagsdemo mitgegangen. Jetzt hat sie samstags weniger Zeit zum Kehren, weil oft Großdemos sind. Jeden Abend um 19 Uhr trifft sich Hannelore mit anderen Degerlochern zum Schwabenstreich, haut eine Minute auf einen Topfdeckel von WMF und singt anschließend »Bella Ciao« zur Gitarre. Und vor Kurzem hat sie sich an einer Sitzblockade beteiligt und ist verhaftet worden. Ihr Mann schüttelt den Kopf, aber niemand wundert sich so sehr über die erstaunliche Entwicklung wie Hannelore selbst.

Der große Höhenunterschied macht den kleinen Unterschied

Gebrauchsanweisung für den Kessel

»Tobik wurde klar, daß die Stadt einen lebenden Organismus darstellte, in der Art eines Korallenriffs, eine Lebensgemeinschaft von Architektur, Natur und Mensch. Die spezielle Topographie
der Stadt, der glückliche Umstand der vielen Hang-
lagen und damit die Möglichkeit, oben auf den
Hügeln stehend das Gefüge als Ganzes oder Zusam-
menhängendes betrachten zu können, führte dazu,
daß er Stuttgart als ein lebendiges, atmendes Wesen
begriff.«
(aus: Heinrich Steinfest, »Wo die Löwen weinen«,
Theiss Verlag)

Das Bild des Korallenriffs, das der Wahlstuttgarter Heinrich
Steinfest in seinem Stuttgart-21-Roman »Wo die Löwen weinen« evoziert, ist nicht schlecht. Die Topografie ist eines der
auffallendsten Merkmale Stuttgarts, weshalb es in diesem
Kapitel eine Gebrauchsanweisung für den Kessel gibt, mit
den sich daraus ergebenden Ausflugszielen. Die Ausflugsziele,

die nicht so sehr am oben und unten hängen, finden Sie dann in einem der nächsten Kapitel.

Wer oben steht, sieht den Kessel, in dem die Stadt liegt, nicht wie einen gleichmäßigen Vulkankessel oder einen ausgehöhlten Kürbis, sondern wie ein Korallenriff, in das sich die Hügel wie Finger oder Verästelungen eines Riffs hineinschieben. Die Karlshöhe trennt Stuttgart-West und -Süd, die Uhlandshöhe zwischen Gerichtsviertel, Gänsheide und Stuttgart-Ost hat wegen ihrer exponierten Lage den Spitznamen »Engeleinflugschneise« verpasst bekommen (weil dort so viele Anthroposophen wohnen), die Weinsteige ragt in die Stadt, und ebenfalls die Gaisburger Kirche thront weithin sichtbar auf ihrem ganz privaten Hügel. Schlechte Nachricht für Fahrradfahrer also, denn nicht nur das Strampeln aus dem Kessel heraus ist auf diese Weise eine schweißtreibende Angelegenheit, auch unten zwischen den Stadtteilen kann es anstrengend werden.

Einen ersten faszinierenden Eindruck von diesem Korallenriff bekommt man, wenn man von Degerloch mit dem Auto oder der Stadtbahn die Weinsteige hinunterfährt oder von der anderen Seite in die Stadt gelangt, über die Gäubahntrasse. Dort fahren die Züge, die von Zürich und Singen über den Schwarzwald her in die Stadt kommen. Sie machen einen großen Bogen vom Dachswald mitten durch die Wälder von Heslach in den Stuttgarter Westen und dann am Schlossgarten entlang bis zum Hauptbahnhof. Beide Wege in die Stadt zeigen ganz deutlich, was Stuttgart ausmacht – die Kessellage und die Kombination aus Stadt und Wald, der nahezu überall in die Stadt hineinwächst. 4969 Hektar und damit 25 Prozent der Stadtfläche sind bewaldet. Der Wald lässt die Stadt grün und ländlich wirken und nimmt ihr rein äußerlich das Großstädtische. Niemand wird in Frankfurt daran zweifeln, dass er sich im urbanen Milieu bewegt, und wenn man in den Wald will, muss man hinaus in den Taunus fahren. In Stuttgart reicht schon ein Spaziergang, um mitten im Wald zu sein, und wäre das Verkehrsrauschen im Hintergrund nicht, man könnte glauben, man sei auf dem Land. Das mag auch ein Grund dafür sein, dass viele Leute Stuttgart fälschlicherweise für provinziell halten.

Stuttgart brüstet sich ja nicht gern, könnte aber theoretisch damit angeben, dass es die Großstadt ist, die den größten Höhenunterschied aufweist – in Deutschland. Zwischen dem tiefsten Punkt an der Neckarschleuse in Hofen (207 Meter) und dem höchsten Punkt, der Bernhartshöhe in Vaihingen (549 Meter), liegen sagenhafte 342 Meter. Das ist jedoch fast gar nichts im Vergleich zu La Paz, das fast 1000 Meter Höhenunterschied innerhalb der Stadtgrenzen aufbieten kann. Und noch etwas unterscheidet die bolivianische Hauptstadt grundlegend von der Hauptstadt Baden-Württembergs: in La Paz wohnen die Reichen unten, weil die Luft besser, sprich: nicht so dünn ist, und die Armen oben in El Alto auf 4100 Metern Höhe. In Stuttgart dagegen wohnen die Reichen oben, weil es sich mit der Luft umgekehrt verhält. Die schlechteste Luft ist unten im Kessel, die höchsten Schadstoffe werden regelmäßig am Neckartor gemessen. Dort liegt Deutschlands schmutzigste Kreuzung, womit man nun wirklich gar nicht angeben kann, und alle Aktionspläne, Umweltplaketten und Fahrverbote haben daran nichts geändert, seit Jahren liegen die Feinstaubwerte an mehr als hundert Tagen im Jahr über dem Limit. 2011 klagte deswegen ein Anwohner der Neckarstraße und zwang das Stuttgarter Regierungspräsidium dazu, über ein Tempolimit von vierzig Stundenkilometern auf allen Stuttgarter Hauptverkehrsstraßen nachzudenken. Leider erfolglos, denn das Präsidium urteilte, der Verkehr würde sich dann auf andere Straßen und in Wohngebiete verlagern.

Die beste Luft ist oben, was sich vor allem im Sommer bemerkbar macht, weil es an heißen Tagen fast immer schwül und feucht ist, und vor allem in den dicht besiedelten Stadtteilen wie beispielsweise Stuttgart-West weht dann kaum ein Lüftchen zur Abkühlung, die Leute stöhnen und beneiden die in der Halbhöhenlage. Kracht dann noch ein Gewitter herunter, läuft bei sehr heftigen Regenfällen auch das Wasser von oben nach unten und überflutet die Gullys und Keller der Unten-Wohner, während die Oben-Wohner verschont bleiben. Man wundert sich dann, wo in der wasserarmen Stadt Stuttgart plötzlich all das Wasser herkommt und die Hänge herunterschießt. Ich bin selber einmal zufällig bei einem heftigen Gewitter mit dem Fahrrad in die Fluten des Überlaufbeckens des Nesenbachs in Stuttgart-Heslach geraten. Innerhalb von Minuten verwandelte sich die Böblinger Straße in einen reißenden Strom, zur völligen Überraschung der Autofahrer.

Wo die Halbhöhenlage anfängt, ist Interpretationssache. Vielleicht könnte man es so definieren: Da, wo eine Staffel hinführt, die Stuttgarter Variante von Treppe also, ist Halbhöhe. Man merkt es in jedem Fall an den Miet- oder Immobilienpreisen und am Kürzel HHL für Halbhöhenlage in den Wohnungsanzeigen. Auch was ganz oben auf den Hügeln liegt, ist Halbhöhe, den Begriff Ganzhöhe oder Vollhöhe gibt es gar nicht, vielleicht wieder ein Zeichen für das Understatement in Stuttgart. Halbhöhe wird oft ein bisschen despektierlich verwendet, weil die, die unten wohnen, moralisch herabblicken auf die, die oben wohnen, von denen sie glauben, sie würden sich für etwas Besseres halten, weil sie in der Regel in eigenen Häusern mit Garten drum herum und einer wunderbaren Aussicht auf den Stadtkessel oder das Neckartal oder das Unterland leben. Man könnte es auch als Sozialneid bezeichnen, was die Unten-Wohner weit von sich weisen, weil sie ja nicht mal geschenkt nach oben ziehen würden, zu den Reichen.

An dieser Stelle muss ich noch einmal Heinrich Steinfest zitieren, der ja eigentlich ein Österreicher ist, aber in Stuttgart lebt und der Halbhöhe sogar einen ganzen Vortrag gewidmet hat, was ihre Bedeutung unterstreicht, zumal dieser Vortrag vom zur Friedrich-Ebert-Stiftung gehörenden Fritz-Erler-Forum Baden-Württemberg in Auftrag gegeben wurde:

»Denn ich bin ja kein Bewohner der Halbhöhe, sondern in der Art eines Leider-nein-Millionärs ein Fast-Halbhöhenlagler. Etwas ›fast‹ sein, das ist das Schlimmste. Wer möchte ›fast‹ hübsch‹ oder ›fast gescheit‹ oder ›fast verheiratet‹ sein, dann doch lieber ›richtig‹ hässlich oder ›richtig‹ blöd oder ›definitiv‹ ledig. Aber ich wohne nun mal am Ende der im Stuttgarter Westen gelegenen Forststraße, und zwar genau dort, wo die ohnehin steile Straße sich ein weiteres Mal aufwärtsreckt, wie ein Ertrinkender, der *fast* die Oberfläche erreicht, um dann aber trotzdem abzusaufen. Und frage mich: Wäre es da nicht besser gewesen, unten zu bleiben, in der Tiefe des Meeres mit Würde und Anstand zu sterben, als nach oben zu strampeln, gierig nach dem Leben, um es dann doch nicht zu schaffen und eben bloß *fast* überlebt zu haben? – Das ist mein Zustand in der Forststraße: Ich schaue nach oben und gewahre hinter der lichtbrechenden Fläche – jener dünnen Haut zwischen der Flüssigkeit, in der ich schwimme, und der Luft, die einzuatmen mir verwehrt bleibt – die himmelsnahen Hänge jener privilegierten Bevölkerungsklasse, die das Geld oder das Glück oder der Zufall dorthin gebracht hat.«

Als Inbegriff des Oben-Wohnens und Wohlstandes gilt der Killesberg. Der Bürgerprotest um Stuttgart 21 hat wie so vieles auch dieses Feindbild ins Wanken gebracht, weil viele wohlhabende »Halbhöhenbewohner« plötzlich aus ihren Höhen herabstiegen, um mit »Super-Juchti«-Buttons am Mantel störrisch auf abgasumwehten Kreuzungen herumzusitzen und »Oben bleiben« zu skandieren, als hätten sie ihr Leben lang nichts anderes getan, was man ihnen so ohne Weiteres nicht zugetraut hätte. Sie gerieten dann prompt als neues soziologisches Phänomen in die Schlagzeilen und prägten das Bild der bürgerlichen Demonstranten – der CDU-Regierung ein Dorn im Auge, den Soziologen ein Rätsel, das es mit glühendem Eifer zu erforschen galt. Nach der Landtagswahl, die den Grünen drei von vier Direktmandaten in Stuttgart bescherten, marschierte ein Reporter des SWR über die Halbhöhen, verzweifelt einen CDU-Wähler suchend, was ihm erst nach längerer Zeit gelang – alle anderen Befragten outeten sich unverblümt als Grünen-Wähler.

Wohnlage = politische Gesinnung – dieses Schubladendenken funktioniert nicht mehr, und ruckzuck gerät die Welt aus den Fugen und Stuttgart in die Schlagzeilen. Dass unter den Oben-Bleibern, die im Juni 2011 auf der Baustelle des Grundwasser-Managements randalierten, auch Oben-Wohner in der Gestalt älterer Damen waren, kann man zwar nur spekulieren, würde aber sicher in das Bild von Jörg Nauke von der *Stuttgarter Zeitung* passen, der folgende Beobachtungen gemacht haben will: »Betagte Damen ließen die Luft aus gewaltigen Lastwagenreifen, Familienväter und Rentner halfen einander beim Umwerfen von Paletten.«

Auf jeden Fall lohnt es sich, als Neu-Stuttgarter in der Halbhöhe herumzuspazieren, vorausgesetzt, man kann sich die wunderschönen Häuser, Villen und Gärten ansehen und die immer wieder phantastischen Ausblicke genießen, ohne innerlich von ebenjenem Sozialneid aufgefressen zu werden (denken Sie bloß dran, wie viel die Leit butza missad!). Hauptmannsreute, Doggenburg, Eduard-Pfeiffer-Straße, auch die Halbhöhenlagen von Heslach sind hübsch, oder Sie gehen auf die andere Seite, zum Haigst oder zum Bubenbad oder zur Hasenbergsteige im Westen, dort stehen an der Seite nach Heslach hin Villen mit Türmchen und Erkern, die sich wunderbar als Kulisse für einen düsteren Gruselfilm eignen würden.

342 Meter Höhenunterschied von unten nach oben mag jetzt wenig klingen, wird aber viel für jeden, der den Höhenunterschied aus eigener Kraft bewältigen will. Am schönsten und anstrengendsten ist es zu Fuß. Rund vierhundert Staffeln gibt es, angeblich erreichen alle zusammengenommen eine Länge von mehr als dreißig Kilometern, auch das ist ein bundesweiter Rekord. Staffeln sind nichts anderes als Trep-

penanlagen. Ursprünglich waren die Stäffele Weinbergstaffeln. Die Wohngebiete breiteten sich immer mehr aus, die Weinberge wurden bebaut, aber die Stäffele blieben als Verbindungswege erhalten.

Lange Zeit wurde Stuttgart übrigens mit dem Slogan »Großstadt zwischen Wald und Reben« beworben, was von bösen Buben umgedichtet wurde in »Großstadt zwischen Hängen und Würgen« und in neuerer Zeit auch in »Stuttgart zwischen Macht und Streben«. Nach wie vor gibt es aber in Stuttgart Weinberge, sogar mitten im Stadtzentrum. Das milde, trockene Klima der Stadt bietet hierfür optimale Voraussetzungen. Der Großraum Stuttgart gehört neben dem Oberrhein zu den wärmsten Gebieten Deutschlands.

Man mag es heute kaum glauben, dass der Weinbau den Reichtum Stuttgarts begründete und sich bis ins Jahr 1108 urkundlich zurückverfolgen lässt. Ein Mönch namens Ulrich schenkte damals dem Kloster in Blaubeuren Weinberge, die in Stuttgart lagen. In der wasserarmen Region Stuttgart war Wasser sogar kostbarer als Wein. In einer Chronik aus dem Jahr 1386 heißt es, dass in Württemberg der Mörtel für den Häuserbau mit Wein angerührt wurde. Und als Herzog Ulrich von Württemberg 1511 die bayerische Prinzessin Sabina heiratete, sollen aus den acht Rohren eines Weinbrunnens vor dem Alten Schloss mehr als 4,5 Millionen Liter Wein geflossen sein, nadierlich omsonscht!

Auf einer alten Karte des Stadtmessungsamtes von 1592, der ältesten Ansicht, die von Stuttgart überhaupt existiert, sieht man ein idyllisches, völlig autofreies, komplett von Weinbergen umgebenes Städtchen, und es heißt darauf: »Stutgart im Würtemberger Landt, Die Hauptstatt ist gar wol bekant. Ligt also in eim schönen Thal, Mit Weinbergen ziert überal.«

Nach Wien und Würzburg war Stuttgart im 16. Jahrhundert die drittgrößte Weinbaugemeinde im Heiligen Römischen Reich Deutscher Nation. Nachvollziehen lässt sich das noch heute auf mehreren markierten Weinwanderwegen, der schönste ist zwölf Kilometer lang und führt von Obertürkheim nach Uhlbach, wo es in der Alten Kelter ein Weinbaumuseum zu besichtigen gibt und eine Einkehr im Klassiker »Ochsen« fast schon zwingend ist, und weiter über den Rotenberg nach Untertürkheim. Traumhaft schön ist der Weg an einem sonnigen Herbsttag, wenn die Rebhänge in tausend Gold-, Orange- und Rottönen leuchten.

Seit 1949 gibt es sogar ein städtisches Weingut, das einzige in Deutschland. Siebzehn Hektar Weinberg verteilen sich auf die Innenstadt, Bad Cannstatt, Münster und Ober- und Untertürkheim, die Weine können in einer eigenen Verkaufsstelle in Bad Cannstatt auch käuflich erworben werden. Gerne lässt sich die städtische Politprominenz volksnah mit einer Rebschere in der Hand bei der Weinlese oder mit geschürztem Rock stampfend in einem Zuber ablichten.

Da das städtische Weingut mit seinen zehn Mitarbeitern jährlich zwischen drei- und vierhundertfünfzigtausend Euro Zuschüsse benötigt, geriet es zunehmend unter finanziellen und damit politischen Druck. Im Herbst 2011 wurde deshalb eine Kooperation mit den Weingärtnern Cannstatt beschlossen, um Kosten zu senken und die Qualität zu steigern. Ob das auf Dauer funktioniert, ist fraglich, denn wegen der Topografie sind 4,6 der siebzehn Hektar ökologisch wichtige, aber aufwendig zu bewirtschaftende Steillagen, und den württembergischen Wengertern (Weinbauern) geht es insgesamt wirtschaftlich nicht gerade rosig. Ungünstiges Wetter wie später Frost und Hagel und folglich schlechte Erträge, zu viel Konkurrenz und Kostendruck führten 2011 zu einer beispiellosen Fusionswelle der Weinbauern im Land – mit ungewissem Ausgang.

Weinberge mitten in der Stadt liegen beispielsweise direkt hinter dem Hauptbahnhof am Kriegsberg oder an einer der meistbefahrenen Kreuzungen Stuttgarts am Pragsattel, oberhalb des Polizeipräsidiums. Der Weinberg am Kriegsberg gehört der Industrie- und Handelskammer (IHK). Das wäre an sich nicht erwähnenswert, läge dort nicht auch das legendäre Weinberghäusle. Zwei-dreimal im Jahr lädt die IHK einen illustren und sehr übersichtlichen Kreis von sehr wichtigen Menschen aus Wirtschaft, Politik und Medien, deren Identität nicht preisgegeben wird, in den Gewölbekeller dieses Weinberghäusles ein. Das mächtigste Gerücht, das das Weinberghäusle umrankt, besagt, dass hier Mitte der Neunzigerjahre das Bahnprojekt »Stuttgart 21« ausgeheckt worden sein soll, was jedoch von allen, die möglicherweise dabei gewesen sein könnten, vehement abgestritten wird.

Gegenüber der Journalistin Susanne Stiefel von der Wochenzeitung *Kontext* leugnete IHK-Geschäftsführer Andreas Richter hingegen nicht, dass man sich im Weinberghäusle Gedanken über den Kandidaten für die OB-Wahl 2012 machen werde. Die CDU präsentierte schließlich zwei Kandidaten, Andreas Renner und Sebastian Turner, und man kann nur darüber spekulieren, welche Rolle das Weinberghäusle schlussendlich bei der Entscheidung für den Kandidaten Turner gespielt hat.

Wie Wald und Reben die Stadt umschließen, sieht man am besten an einem der zahlreichen Aussichtspunkte: am Eugensplatz (mit der grandiosen Eisdiele Pinguin) nah am Zentrum, auf der Karlshöhe (mit Biergarten) im Westen, auf der Uhlandshöhe (mit Sternwarte und putzigem Minigolfplatz) im Osten, am Bismarckturm (ohne alles, dafür kann man den Turm besteigen), auf dem wunderbar luftigen Killesbergturm im Höhenpark Killesberg (für Schwindelfreie) oder an der Grabkapelle auf dem Württemberg oberhalb von Untertürkheim. Nicht zu vergessen der Birkenkopf, der mitten im Wald liegt. Auf dem über hundert Jahre alten Bismarckturm ist man bereits auf 429 Meter Höhe, und wenn die weiße Fahne gehisst ist, dann ist einer der achtzehn ehrenamtlichen Türmer vor Ort, und der Turm ist geöffnet, was nur im Sommerhalbjahr und nur am Wochenende und an Feiertagen der Fall ist, für sagenhafte fünfzig Cent Eintritt.

All dies sind beliebte Ausflugsziele und Treffpunkte für die Silvesternacht, zum Feuerwerkgucken. Rauf und runter geht es für die, die sich auskennen, über die bereits erwähnten Stäffele, und wer sie nicht von alleine findet, schließt sich einer organisierten Stäffeles-Wanderung an, die beispielsweise die Stuttgart Marketing oder die Volkshochschule anbietet, oder kauft sich einen speziellen Stäffeles-Wanderführer, und wer dann richtig trainiert ist, nimmt am Stuttgarter Stäffeles-Walk teil, den die AOK einmal im Jahr organisiert. Ein paar Hundert Leute marschieren da über eine Strecke von etwa zwölf Kilometern und bewältigen dabei ungefähr tausend Stufen. Wem das immer noch nicht anstrengend genug ist, der kann einmal im Jahr mit dem Stuttgarter Ableger des Fahrrad-Clubs ADFC den legendären »Alpin Grande« mitradeln – hundert Kilometer und 2000 Höhenmeter an einem Tag … Das kriegen Sie in anderen Städten nicht!

Das Schöne am Stäffele-Wandern sind die wunderbar autofreien Verbindungswege mitten in der Autostadt Stuttgart. Wer hier hinauf- oder hinunterspaziert, staunt immer wieder, dass er mitten in der Großstadt ist, und entdeckt ständig Neues. Stäffele offenbaren ein intimes, idyllisches Stuttgart mit verwunschenen Gärten, Mammutbäumen aus König Wilhelms Zeiten, Eichhörnchen, überraschenden Ausblicken, prachtvollen Häusern und kleinen Plätzen. Die reiche Stadt Stuttgart hatte dem Tiefbauamt im Doppelhaushalt 2010/2011 radikal das jährliche Budget von 800 000 Euro im Jahr auf 320 000 Euro gekürzt, umgerechnet weniger als tausend Euro pro Staffel. Und so verfielen Staffeln mit so klingenden Namen wie Oskar-Heiler-Staffel und Willy-Reichert-Staffel, die an Stuttgarter Originale erinnern, immer mehr, ihre Geländer rosteten und ihre Stufen verwitterten. 2012 fiel dann endlich die Entscheidung, 624 000 Euro in die Sanierung der Stäffele zu investieren. Damit können etwa fünfundzwanzig bis dreißig der rund vierhundert Staffeln saniert werden, und das hoffentlich originalgetreu und nicht mit Baumarktware, wie das in der Vergangenheit aus Spargründen leider immer wieder passiert ist.

Wer sich von ausgetretenen, überwachsenen Stufen nicht schrecken lässt, entdeckt zur Belohnung ganz besonders lauschige Ecken, beispielsweise die Hasenstaffel in Heslach, die wohl schon von 1875 stammt. Von der Hasenstraße geht es geradeaus hinauf, man trifft auf die Baumreute, die rechts Rebenreute heißt, und nun steil nach oben, nicht nach links oder rechts abbiegen (wer links abbiegt, kommt nach dem Anstieg auf eine Brücke über die Gleise der Gäubahn ebenfalls oben an), immer weiter steil nach oben, mit Blick auf die Bahngleise, und dann ist der »Blaue Weg« erreicht, der nicht nur einen romantischen Namen trägt, sondern auch, wenn man sich nach rechts wendet und zurückläuft zur Hasenbergsteige, einen traumhaft schönen Blick auf Heslach bietet. Ja, auf der einsamen Hasenstaffel könnte man wunderbar eine Leiche deponieren oder westernmäßig auf einen Zug der Gäubahn springen (natürlich nur im Stuttgarter »Tatort«, nicht in echt). Eindeutig Kulturgut, die Stuttgarter Stäffele. Und gut zum Trainieren. Seit Jahren rennt Thomas Dold, der in Stuttgart studiert hat, die Treppen zum Empire State Building als schnellster Mann hinauf. Die Stuttgarter dagegen rutschen sie hinunter. Stäffelesrutscher ist ein alter Spitzname für die Bewohner der Landeshauptstadt. Das Stuttgarter Stäffele wiederum ist ein alteingesessenes schwäbisches Lokal im Stuttgarter Westen.

Wer die Höhenunterschiede bequemer überwinden will, nimmt die Stadtbahn zur Haltestelle Ruhbank und läuft in ein paar Minuten hinüber zum Fernsehturm, durch den Wald, natürlich. Am schnellsten oben ist man mit der Linie U7, doch den längeren und schöneren Weg nimmt die U15. Sie fährt nämlich oberirdisch – und das letzte Stück verläuft idyllisch durch den Wald. Wer noch einen draufsetzen will, nimmt die immer sonntags verkehrende Oldtimer-Straßenbahnlinie 23.

Der Fernsehturm ist nicht nur das Wahrzeichen Stuttgarts, sondern, man höre und staune, auch der erste Fernsehturm der Welt, erbaut zwischen 1954 und 1956 vom schwäbischen Tüftler Fritz Leonhardt im Auftrag des Süddeutschen Rundfunks, der heute Südwestrundfunk heißt und noch immer Eigentümer des Turms ist.

Dem Stuttgarter Gemeinderat war der Bau 1954 finanziell zu heiß. Er stieß zudem nicht auf uneingeschränkte Begeisterung, sondern musste sich als »Schildbürgerstreich« und »Schandmal« beschimpfen lassen. Eigentlich müsste man den Fernsehturm mittlerweile umbenennen in Radioturm, denn seit 2006 wird das Fernsehen über den Fernmeldeturm der Telekom in unmittelbarer Nachbarschaft ausgestrahlt. 217 Meter ist er hoch, und man kann mit dem Aufzug in 36 Sekunden hinauffahren. Zu Fuß schafft das Thomas Dold übrigens in schlappen vier Minuten fünf Sekunden. Sind ja auch nur 762 Stufen, während das Empire State Building 1576 Stufen hat, wofür Dold zehn Minuten 28 Sekunden benötigt. Machen Sie sich keine Sorgen, dass Sie im Aufzug stecken bleiben könnten. Dann schickt das Personal nämlich einen zweiten Aufzug nach oben, und man steigt einfach von einem Aufzug in den anderen um.

Auf der oberen Aussichtsplattform ist man dann auf einer Höhe von 635,40 Metern über dem Meeresspiegel und damit definitiv am allerhöchsten Punkt von Stuttgart. Das gehört zum touristischen Pflichtprogramm und ist besonders norddeutschen Besuchern mit Heimweh zu empfehlen, denn nicht nur die Aussicht ist von oben grandios, sondern auch der Wind erreicht Stärken, die so normalerweise in Stuttgart nicht vorkommen. Allen Verheißungen, man könne bei klarem Wetter von oben die Alpen sehen, sollte man jedoch keinen Glauben schenken. Anfang 2011 stellten Wissenschaftler fest, dass das schlichtweg unmöglich ist, weil die Schwäbische Alb im Weg, der Säntisgipfel 564 Meter zu niedrig und die Erde zu gekrümmt ist, worüber der SWR, die Stuttgart

Marketing und die Stadt Stuttgart nicht sehr glücklich sind, weil sie die Alpensicht seit Jahren versprochen und beworben haben, und niemand hat es jemals wirklich infrage gestellt.

Abhalten soll das niemand von einem Besuch, zumal man »Unten« am Turmfuß im gleichnamigen Restaurant und »Oben« in der Cafébar einkehren kann, was vor allem abends phantastisch ist, wenn man hinunterblickt auf die funkelnden Lichter der Stadt, ideal also, wenn man Besuch von auswärts beeindrucken will oder nach einem geeigneten Plätzchen für ein romantisches Date sucht. Wer sich mehr für die technische Seite des Turms interessiert, für den gibt es Führungen hinter den Kulissen. Und für Kulturfreunde wird oben im Turm Theater gespielt, eine große Herausforderung für jede Inszenierung, weil der Theaterraum gekrümmt ist, was die Sichtverhältnisse erschwert und die Zahl der Plätze limitiert, und die Schauspieler durchs Treppenhaus auf- und abgehen müssen.

Am 24. Mai 1965 erhielt der Turm übrigens prominenten Besuch von Queen Elizabeth. Weil der Rollrasen nicht rechtzeitig anwuchs, ließ die Stadt den Rasen um den Fernsehturm herum mit Sprayfarbe behandeln, weil er nicht grün genug war. Definitiv ins Reich der Legende gehört jedoch der Ausspruch »Where are the horses?«, den die Queen angeblich am selben Tag bei ihrem Besuch in der Schillerstadt Marbach tat, weil sie das Gestüt Marbach sehen wollte, das sich jedoch auf der Schwäbischen Alb befindet.

Man kommt aber nicht nur mit der Stadtbahn nach oben, Stuttgart kann auch noch zwei ganz besondere Bahnen bieten. Da ist zum einen die Zahnradbahn, im Volksmund eigentlich nur »Zacke« genannt. Die Zacke fährt vom Marienplatz in Stuttgart-Süd hinauf nach Degerloch, und sie nimmt nach oben sogar Fahrräder mit (runter kann man ja selber fahren, aber Vorsicht, die Strecke direkt neben den Gleisen ist so steil, dass man sie nur mit wirklich guten Bremsen fahren sollte). Die Fahrt mit der Zacke ist sozusagen Stäffele-Laufen für Faule, weil man von der Bahn aus Blicke in wunderhübsche Gärten erhascht und eine grandiose Aussicht genießt. An der Haltestelle Wielandshöhe, mit dem gleichnamigen Stuttgarter Sternelokal von Vincent Klink, bleibt die Zacke stehen und wartet auf ihren Zwilling von oben. Das nennt man Ausweiche. Dann fährt sie weiter zum Haigst, dort lohnt es sich, auszusteigen und die grandiose Aussicht vom Santiago-de-Chile-Platz zu genießen, der erst seit 2006 so heißt und, um der Namensgebung Nachdruck zu verleihen, mit einer Skulptur von den Osterinseln geschmückt ist. Das Gegenstück, die Plaza de Stuttgart in Santiago de Chile, wurde von OB Schuster am 31. August 2010 eingeweiht, wobei dem bemitleidenswerten Stadtoberhaupt, dessen große Reisefreudigkeit oft als Reaktion auf die Konflikte am heimischen Herd gedeutet wurde, selbst die Flucht nach Südamerika wenig nutzte, wurde seine Einweihungsrede doch von Pfiffen und »Oben-Bleiben«-Rufen begleitet …

Die Zacke ist eine Kuriosität. Sie bewältigt eine Gesamtstrecke von 2,2 Kilometern und überwindet dabei auf einer Steigung von bis zu 17,8 Prozent 210 Höhenmeter. Ursprünglich brachte sie Arbeiter von den Fildern hinunter in die Stadt, beförderte Feldfrüchte und Baustoffe. Noch immer ist sie die einzige Zahnradbahn in Deutschland, die nicht primär touristischen Zwecken dient, und sie kann deshalb auch mit einem ganz normalen Fahrschein genutzt werden. Gebaut wurde sie 1884 von den Stuttgarter Unternehmern Emil Kessler und Karl Kühner. Kessler gehörte die Maschinenfabrik Esslingen – dort wurde alles hergestellt, was man für den Bau der Zacke benötigte. Bis 1904 fuhren auf der Strecke Dampfloks, danach wurde sie elektrifiziert. Beinahe wäre die Geschichte der Zacke 1933 wegen der Wirtschaftskrise zu Ende gewesen, doch 1934 kaufte die SSB, die Stuttgarter Straßenbahnen AG, der Stadt die Zacke ab. Ausgerechnet am Heiligabend 2011 sprang die Zacke aus ungeklärten Gründen aus den Gleisen, und die Feuerwehr musste anrücken. Verletzt wurde niemand.

Die Zacke hat übrigens einen ganz speziellen Schlafplatz, und zwar den alten Zahnradbahnhof, ein denkmalgeschütztes Jugendstilgebäude. Das klingt jetzt erst mal ziemlich normal. Wenn Sie aber das Theater Rampe in der Filderstraße besuchen, was ich Ihnen nur empfehlen kann, wenn Sie Zeitgenössisches sehen wollen, dann werden Sie sich möglicherweise in der Pause verwundert die Augen reiben. Um 21 Uhr stellt die Zacke nämlich ihren Betrieb ein und wird von einem Taxiverkehr ersetzt. Und dann schlafen die beiden Bahnen unübersehbar im Foyer des Theaters Rampe, bei dem es sich um das ehemalige Verwaltungsgebäude und die Werkstatt der SSB handelt. Noch immer gehört das Gebäude der SSB, sie hat die Bühne aber 1982 bei sich einziehen lassen. Somit ist die Rampe das einzige Theater weltweit, in dem eine Zahnradbahn parkt.

Wer nun also am Haigst ausgestiegen ist, inmitten einer der schönsten Halbhöhen-Wohngegenden der Stadt, kann einen hübschen Spaziergang machen hinüber zur zweiten besonderen Bahn, der historischen Standseilbahn. Man läuft einfach die Leonorenstraße hinauf und stößt an irgendeinem Laternenpfahl auf das Rössle, das den »Stuttgarter Rössleweg« markiert, auf dem man bei guter Kondition 54 Kilometer um Stuttgart herumwandern kann. Ein Rössle ist ein schwäbisches Pferd, in diesem Fall ein steigendes schwarzes Ross. Es ziert das Stuttgarter Stadtwappen und wird von der ziemlich fiesen Internet-Witz-Enzyklopädie Stupidedia so beschrieben: »Das Wappen zeigt einen alten Klepper (Gaul), der links aus dem Bild fliehen will.«

Immer dem Rössle folgend, führt der Weg in den Wald hinein und wieder hinaus. Links liegt jetzt der Dornhaldenfriedhof. Der lohnt einen Besuch, denn hier wurde Geschichte geschrieben. Begraben sind hier die RAF-Terroristen Andreas Baader, Gudrun Ensslin und Jan-Carl Raspe, die sich am 18. Oktober 1977 im Gefängnis in Stuttgart-Stammheim das Leben nahmen. Die Mutter von Baader und der Vater von

Ensslin, selber evangelischer Pfarrer, hatten den damaligen Oberbürgermeister um eine Beerdigung in einem Gemeinschaftsgrab in Stuttgart gebeten. Der trotz CDU-Parteibuch für seine liberale Grundhaltung bekannte Rommel stimmte zu und prägte den in verschiedenen Varianten überlieferten Satz »Mit dem Tod endet jede Feindschaft«. Natürlich blieben Proteste im damals stockkonservativen Stuttgart nicht aus. Beim Begräbnis am 27. Oktober auf dem Dornhaldenfriedhof trafen sich Familienangehörige, RAF-Sympathisanten, Schaulustige und Journalisten in aufgeheizter Stimmung. Davon ist heute auf dem idyllisch gelegenen Friedhof nichts mehr zu spüren, und auch das Gemeinschaftsgrab in der Abteilung 99 sieht aus wie jedes andere Grab.

Vom Dornhaldenfriedhof geht es weiter über die Straße zum Waldfriedhof. Hier liegen prominente Persönlichkeiten wie der einstige Bundespräsident Theodor Heuss, Bahnhofs-Erbauer Paul Bonatz, der Unternehmer Robert Bosch oder Oberbürgermeister Arnulf Klett begraben.

Ein paar Schritte den Hügel hinunter, und Sie sehen neben dem hübschen Blumenladen den Eingang der zweiten besonderen Bahn, der historischen Standseilbahn, mit der Sie nun wieder hinunterfahren können zum Südheimer Platz in Heslach, von dort aus geht es dann mit der normalen Stadtbahn weiter.

Die Standseilbahn, eigentlich nur Seilbahn genannt, ist ein denkmalgeschütztes Schmuckstück aus Teakholz (außen) und Mahagoni (innen) und eine echte Liebhaberbahn, nicht nur für die Fahrgäste. Ich habe einmal einen Fahrer erlebt, der vor Fahrtbeginn liebevoll Stäubchen entfernte, das Holz polierte und Schräubchen überprüfte. Viel zu tun hat er ansonsten nicht, außer neugierige Fragen zu beantworten. Die Bahn war nämlich schon 1929 bei ihrer Inbetriebnahme die erste Standseilbahn Deutschlands mit automatischer Steuerung, der Fahrer muss nur aufs Knöpfchen drücken. Sie ist zwar technisch modernisiert worden, sieht aber noch genauso aus wie in ihrem Eröffnungsjahr 1929. Das zieht viele Fans an, obwohl die Bahn eigentlich, wie die Zacke, eine Nutzbahn zum Friedhof ist und ebenfalls mit normalem Ticket befahren werden kann. Sie müssen nur Kurzstrecke lösen, weil die Strecke gerade mal 536 Meter lang ist. Im Volksmund trägt die Seilbahn den passenden Namen Erbschleicherexpress, manchmal auch Witwenexpress oder Lustige-Witwen-Bahn.

Jetzt haben wir das Oben und das Unten mit Zacke und Seilbahn abgearbeitet, aber wenn Sie mit der Zacke zum Haigst gefahren sind, kommen Sie zu Fuß auf dem Schimmelhüttenweg runter, und weil das neben dem Blauen Weg auf der anderen, der Heslacher Seite der schönste stadtnahe Spazierweg in Stuttgart ist, soll er hier keinesfalls unerwähnt bleiben. Der Blaue Weg heißt übrigens ganz unromantisch wegen seiner blauen Markierung so, die auf einer Strecke von 27 Kilometern nach Weil der Stadt in den Nordschwarzwald führt. Dagegen ist der Schimmelhüttenweg superkurz. Er beginnt am Schimmelhüttenplatz. Hier steht die Kelter der Degerlocher Wengerter. Am Degerlocher Scharrenberg, einer der kleinsten Einzel-Reblagen in Württemberg, müssen sie mühsam in Steillage werkeln und sind deshalb für ihre Verdienste um den Naturschutz von der Traugott-Armbrüstle-Gesellschaft mit dem Traugott-Armbrüstle-Preis ausgezeichnet worden. Was soll das heißen, Sie wissen nicht, wer Traugott Armbrüstle ist?

Der Wengertersohn war ein Heslacher Universalgenie, das unter anderem in New Orleans den Jazz erfunden hat, weshalb auf vielen alten Noten die Abkürzung TRAD zu lesen ist (Traugott Armbrüstle Deutschland). Seine Existenz ist allerdings genauso wenig amtlich wie der nach ihm benannte kleine Platz neben der Metzgerei Aicheler in Heslach. Verstorben ist er am 1. April 1876 in seinem Heslacher Weinberg nach dem Genuss von siebzehn Viertele Heslacher Trollinger.

Wenn Sie nun also hinunterlaufen durch den Scharrenberg, sehen Sie außer ein paar Häusern von Heslach und einigen

Villen auf der Hasenbergsteige nur Wald und Reben, wie sich das gehört. Man kommt sich kein bisschen vor wie in der Großstadt. Bei schönem Wetter knallt die Sonne auf den windgeschützten Süd-Südwesthang, man kann sich mangels Bänke auf ein Steintreppe setzen, das zu einem Wengerttörle führt, und sich fühlen wie im Süden. Von hier aus blicken Sie auf den Monte Scherbelino, den man daran erkennt, dass er ein Kreuz trägt. Der Monte Scherbelino heißt in Wahrheit Birkenkopf und gehört mit 511 Metern Höhe zu den Ziemlich-weit-oben-Punkten des Kessels. Er wuchs zwischen 1953 und 1957 um 40 Höhenmeter. Aus traurigem Anlass: Fünfzehn Millionen Kubikmeter Trümmerschutt der im Zweiten Weltkrieg stellenweise bis zu 80 Prozent zerstörten Stadt wurden hier aufgeschüttet. Noch immer erinnern Trümmerreste an den Wahnsinn des Krieges. Von dort oben hätten Sie einen phantastischen Panoramablick. Aber Sie sitzen ja gerade am Schimmelhüttenweg. Wenn Sie nun weiter hinunterlaufen, sind Sie leider viel zu schnell hinter dem Marienhospital am Ende des Wegs angelangt. Zum Abschluss noch ein Stäffele, und alles hat seine beste Ordnung.

Nun fehlt uns zu den vielen »Oben am Kesselrand« noch ein Oben mitten in der Stadt. Da gibt es zum einen den Bahnhofsturm, auf den man bequem mit dem Aufzug hinauffahren kann. Das ist aber traurig, weil man hinunterblickt auf den abgeholzten Schlossgarten und sich mit Wehmut an die uralten Bäume erinnert, die der Stuttgart-21-Baugrube weichen mussten. Weitaus spannender und nur über schweißtreibende Treppen und eine steile Holzleiter zu erreichen ist der Stiftskirchenturm, genauer gesagt, der Westturm. Der hat leider nur an wenigen Tagen im Jahr geöffnet, weil die Turmbesteigung mit Ehrenamtlichen gestemmt wird und etwas Besonderes bleiben soll, wie Diakon Nebel verschmitzt anmerkt, schließlich sei es ja nicht die primäre Aufgabe des Diakons, Stiftskirchenpfarrers oder gar des Mesners, auf den Turm zu steigen. Recht so, im Pietismus konzentriert man sich auf das

Wesentliche, und das trifft auch auf den Westturm zu, dessen Bau 1490 begann und erst 1531 beendet wurde und der eigentlich einen spitzen Turm bekommen sollte, doch die Reformation brachte den Bau ins Stocken und das Ergebnis war die schwäbisch-sparsame Flachdachvariante. Der Turm ist zwar nur 61 Meter hoch und damit deutlich niedriger als die anderen Oben-bleiben-Ziele in diesem Kapitel, aber er steht nun mal mitten im Zentrum, sodass man einen phantastischen Blick auf Kunstmuseum, Königsbau, Bahnhof, Schlossplatz und Rathaus hat. Und man sieht sogar die Gartenbahnanlage auf der Dachterrasse von Spielwaren Kurtz.

Sie haben genug von oben und wollen zur Abwechslung nach unten? Da hätte Stuttgart noch das Bunkerhotel am oder besser: unter dem Marktplatz zu bieten. Das wurde 1985 geschlossen und kann leider nur bei seltenen Gelegenheiten besichtigt werden, beispielsweise im Rahmen der »Langen Nacht der Museen«, die einmal im Jahr stattfindet. 1945 wurde aus dem Luftschutzbunker für dreitausend Menschen ein Hotel für hundert Gäste. Ein normales Hotel. Bloß eben unter einer zwei Meter dicken Stahlbetondecke und ohne Fenster.

Samstagmorgens in der Stadt

Der Nabel der Welt

Es gibt für mich in Stuttgart nichts Schöneres als ein Samstagvormittag ohne Schreibtischverpflichtungen. Dann gehe ich
»in die Stadt«. So heißt die Innenstadt, seit ich denken kann.
Schlicht und eindeutig. Niemand sagte in Gerlingen, wo ich
aufwuchs, »Ich gehe nach Stuttgart« (O-Ton: »I gang nach
Schduagert«), sondern »I gang end Stadt«, und jeder wusste,
was gemeint war: die große, aufregende Hauptstadt. Die Ein-
kaufs- und Kulturstadt. Das Traditionskaufhaus Breuninger
am Marktplatz, das legendäre Möwenpick-Café am Kleinen
Schlossplatz, die großen Geschäfte auf der Königstraße, kurz:
der Nabel der Welt (na ja, damals jedenfalls).

Heute ist Stuttgarts Einkaufsmeile Königstraße für mich am
Wochenende ein Paralleluniversum, das ich tunlichst meide.
Besorgungen dort erledige ich unter der Woche. Wenn ich
heute »in die Stadt« gehe, dann samstagvormittags, um wieder weg zu sein, wenn die Menschenmassen aus dem Um-
land kommen. Mein perfekter Samstagvormittag beginnt mit
einem Besuch auf dem Wochenmarkt vor dem Rathaus. Dafür stehe ich sogar selbst nach einer stressigen Woche gern

und freiwillig früh auf, wobei früh relativ ist. Theoretisch könnte ich schon um sieben auf den ältesten Markt Stuttgarts gehen, den es schon seit über zweihundertfünfzig Jahren gibt. Muss nicht sein, Hauptsache, ich bin gegen neun, auf jeden Fall aber vor halb zehn da. Dann ist Luft zwischen den Ständen, man kann in aller Ruhe zwischen Gemüse, Obst und Pflanzen umherwandern und wird bedient, ohne mehrreihig anstehen zu müssen. Vor allem herrscht um diese Zeit eine leichte, vergnügte Atmosphäre, die nicht unbedingt von der Architektur des Platzes rührt. Zu viel Beton, zu wenig Grün, nur ein Brunnen und ein paar Bäume geben dem Marktplatz alles andere als ein mediterranes Flair. Der Marktplatz ist das hässliche Entlein, der Schlossplatz die stolze, schöne große Schwester. Trotzdem ist der Marktplatz der intimere von beiden, vor allem samstagmorgens, wenn die Händler noch Zeit haben für ein Schwätzle und der Markt den Stuttgartern gehört. Hier geht man nicht shoppen, sondern einkaufen, man kann ganz wunderbare Gespräche führen und belauschen und Anekdoten sammeln, in allerschönstem Schwäbisch. Da wird über den VfB gefachsimpelt (»Des han i komma säh!«) oder über den Ackersalat, der anderswo Feldsalat heißt. Über den »muss dr erschde Froschd driberganga sei«, und man kann ihn entweder ungewaschen oder gewaschen kaufen, was man hier auf dem Markt dann als »pflägeleichten« oder »faulen« Ackersalat bezeichnet.

Eine Freundin wollte auf dem Markt eine schwarze Griebenwurst kaufen. »I hätt gern a schwarzes Würschdle«, sagte sie. Das angebotene Würstchen erschien ihr dann aber zu groß. »Hen Sie koin Maa drhoim«, fragte die Marktfrau. Die Frage, haben Sie etwa keinen Mann daheim, bedeutet im übertragenen Sinne natürlich, müssen Sie armes Würstchen die große schwarze Wurst etwa mutterseelenallein essen? Die Freundin verneinte die Frage nach dem Mann, was die Marktfrau mit den knochentrockenen Worten kommentierte: »Noo wissa mr des jetzt au«, dann wissen wir das jetzt auch … Einmal erzählte eine alte Bauersfrau auf dem Markt mit einem seligen Lächeln von ihrer Katze, »die isch 28 Johr alt worda. I hett au net denkt, dass a Katz so alt werda kaa. So a Hockerle hem mir fir se ghett, mitma Deppich druff, do isch se älleweil druffghockt, wo se alt gwä isch.« Kleine Übersetzung am Rande, die alte Katze saß auf dem Hocker nicht etwa auf einem Perserteppich. Bei einem schwäbischen Deppich handelt es sich um eine Wolldecke, was zu Missverständnissen führen kann. Mir berichtete mal eine Frau, die des Schwäbischen nicht mächtig war, sie hätte sich doch sehr gewundert, dass sie zur Schwangerschaftsvorbereitung nicht nur warme Socken, sondern auch einen Teppich mitbringen sollte...

Natürlich kann man auf dem Markt nicht nur schwätzen, sondern auch sehr gut einkaufen, er ist der größte städtische Wochenmarkt. Das Angebot hier ist nicht edel wie in der benachbarten Markthalle, Käse- oder Fischstände oder Bäcker sucht man vergebens. Stattdessen gibt es alte Apfel- oder Birnensorten wie Jakob Fischer, Gute Luise oder das echt schwäbische Geißhirtle, eine klitzekleine, saftige Birne, Blumen und Zweige aus Bauerngärten, im Herbst echte Trollinger-Weintrauben aus den nahen Weinbergen und immer am Samstag vor Muttertag einen Erdbeer- und Spargelmarkt, an dem sich vor den Bruchsaler Spargelständen große Menschenmengen drängeln.

Um zehn ist es schon ziemlich voll geworden auf dem Wochenmarkt, und nicht nur dort, auch die Terrasse des Café Scholz hat sich gefüllt. Das Scholz ist *der* Frühstückstreffpunkt am Marktplatz. Wenn die Sonne scheint, sitzt man hier an Markttagen tapfer schon bei niedrigen Temperaturen im Freien. Drinnen treffen sich miteinander befreundete Familien mit vielen kleinen Kindern, die es sich leisten können, außer Haus zu frühstücken, denn wegen seiner exponierten Lage ist das Café nicht gerade günstig. Abends ist das Scholz drinnen wie draußen Flirt- und Szenetreff, und der Blick aufs Rathaus wird nicht von Gemüselastern verstellt. Die

Gemüselaster stören morgens niemanden, denn vor allem geht es ja darum, die Leute, die am Scholz vorbeimarschieren, zu beäugen und durchzuhecheln, was erleichtert wird durch die Tatsache, dass alle Stühle gen Marktplatz zeigen.

Ohne Markt und Gemüselaster wird der Marktplatz vom Rathaus beherrscht, auf das vor allem die Charakterisierung »viereckig« passt. Kaum zu glauben, dass hier einmal ein luftiges Renaissancegebäude aus dem 15. Jahrhundert stand, umgeben von Fachwerkhäusern. Das musste Anfang des 20. Jahrhunderts einem Neubau im neugotischen Stil weichen, mitsamt 22 alten Häusern, was beweist, dass es in Stuttgart eine lange Tradition des Abreißens gibt, die man bis heute gerne pflegt. Nach den schweren Luftangriffen 1944 lag der Marktplatz in Schutt und Asche, vom Rathaus blieb nur ein Gerippe übrig, und es wurde bis 1956 so wiederaufgebaut, wie wir es heute kennen: Irgendwie ziemlich viereckig, mit quadratischen Fenstern und einem auffallenden Turm, der ein ganz fabelhaftes Glockenspiel beherbergt, das zu etwas seltsamen Zeiten erklingt (11.05, 12.05, 14.35, 18.35 und 21.35 Uhr). Zu Gehör bringt es Volkslieder wie »Aufm Wasa grasat Hasa«, »Droben im Oberland« und »Unten im Unterland«. Samstag ist das Rathaus geschlossen, unter der Woche kann man zu Bürozeiten mit dem Paternoster hinauffahren in das vierte Obergeschoss und vom Panoramafenster aus einen schönen Blick hinunter auf den Marktplatz genießen. Oft gibt es auch Ausstellungen, Vorträge und Konzerte im Rathaus, in der Regel umsonsd.

Die beiden Paternoster im Rathaus dienen den Mitarbeitern als alltägliches Fortbewegungsmittel. Beinahe wären sie der Renovierung des Rathauses 2004 zum Opfer gefallen, doch Rathauschef Wolfgang Schuster setzte sich für ihren Erhalt ein (und ich kann persönlich bezeugen, dass er den Paternoster tatsächlich benutzt). Selbst wenn das Ein- und Aussteigen ein bisschen Übung erfordert, es ist ein großes Vergnügen, mit dem Paternoster zu fahren. Als ich meinen ersten Roman schrieb, erwog ich, eine Liebesszene in den Paternoster zu legen. Also ging ich Probefahren, um mich inspirieren zu lassen, und fragte den Pförtner am Eingang des Rathauses, was denn passiert, wenn man oben den Warnschildern nicht Folge leistet und nicht aussteigt. Der antwortete, ohne mit der Wimper zu zucken: »Doo missad Sie vorher Ihre Wertsache bei mir abgäba, weil oba schdandad Sie auf dem Kopf.« Bestimmt eine Sekunde lang glaubte ich ihm. Aber nein, natürlich steht man weder oben noch unten auf dem Kopf. Man kann ungehindert nach unten fahren, dann wird es dunkel, der Aufzug setzt auf einem Rad um, es rumpelt, und dann fährt man wieder nach oben. Sehr empfehlenswert! Für eine Liebesszene fand ich die Zeit, in der der Paternoster im Untergrund verschwunden ist, dann aber doch zu kurz.

Bekannt wurde das Rathaus auch als Ort der Schlichtung zu Stuttgart 21. Hinter geschlossenen Türen wurde hart gerungen, doch die Kameras übertrugen die Schlichtung nicht nur ins Fernsehen, sondern auch in den Großen Sitzungssaal, wo viele Gegner und wenige Befürworter des Bahnprojekts die Marathonsitzungen mit Applaus, Buhrufen, Pfiffen und Kommentaren begleiteten. Vor den Türen des Rathauses standen Übertragungswagen, Absperrungen markierten die No-go-Areas, Menschen mit umgehängten Ausweisen huschten durch die Gänge, und an jeder Ecke standen Grüppchen zusammen und diskutierten. Damals schien das ganze Rathaus vor Spannung zu beben. Allein, der Hausherr selbst blieb seltsam verschwommen. Wolfgang Schuster kam zwar vollkommen ohne persönliche Skandale durch seine beiden Amtszeiten und brachte bedeutende Kulturprojekte wie das Kunstmuseum auf den Weg. Aber der immer ein bisschen unbeholfen wirkende, schlaksige Schuster wurde nie so richtig warm mit seinem Volk, und in der schwersten Krise, die seine Stadt während seiner Amtszeit durchlebte, als die Polizei am 30. September 2010 im Schlosspark Hunderte Demonstranten verletzte und am Tag danach hunderttausend Menschen in Stuttgart auf die Straße gingen, gelang es ihm nicht, sich seinen Wut- und Mutbürgern empathisch zuzuwenden und in einen wirklichen Dialog zu treten, auch wenn er die Bürgerbeteiligung in der Theorie so oft beschwor.

Samstags ist das Rathaus zu, sodass das Paternosterfahren leider flachfällt. Mit oder ohne Kinder im Schlepptau könnte man sich stattdessen schräg gegenüber bei Spielwaren Kurtz die Modelleisenbahn ansehen. Ein Einkaufsbummel mit Kindern führt sowieso zwangsläufig irgendwann zum Kurtz, dessen Geschichte 1833 als Zinnwarenhandlung begann und der von sich sagt, das größte Spielwarengeschäft Deutschlands und Stuttgarts ältestes Unternehmen zu sein. Auf jeden Fall ist Spielwaren Kurtz in Stuttgart eine Institution. Im zweiten Obergeschoss sind die Modelleisenbahnen, und von hier führt ein Steg hinaus ins Freie. Zwischen den grauen Häuserwänden steht eine idyllische Gartenbahnanlage. Auf Knopfdruck rattert die Lok durch eine immergrüne Buschlandschaft.

Mein samstäglicher Spaziergang führt jetzt weg vom Marktplatz Richtung Schillerplatz. In dieser Ecke liegen die Stuttgarter Edelgeschäfte. Ich muss gar nicht hinschauen, um zu wissen, dass die leicht schiefen Saxofontöne zum Straßenmusikanten mit dem Papagei auf dem Kopf gehören. Jeder kennt ihn und seinen Vogel, der ab und zu schrille Schreie ausstößt. Aus der Holanka-Bar weht Kaffeeduft. Die gehört zur Kaffeerösterei Hochland und ist wie Spielwaren Kurtz eine Stuttgarter Institution. Das Familienunternehmen der Familie Hunzelmann produziert in Stuttgart-Degerloch rund tausend Tonnen Kaffee im Jahr und ist damit die größte Kaffeemanufaktur Deutschlands.

In der kleinen Holanka-Stehbar war ich einmal, als eine ungewöhnlich heitere Atmosphäre, schon fast karibisch, herrschte. Zwei Bedienungen mit kaffeebrauner Haut bereiteten hinter der Theke gut gelaunt und halb tanzend den Kaffee zu, sie schwangen ihre Hüften im Takt der Latino-Musik, und selbst die Geschäftsleute ließen sich davon anstecken.

»Kennen Sie den Song, der gerade läuft?«, fragte ich die beiden Mädels.

»Das ist ein Liebeslied auf Che Guevara«, erfuhr ich.

Neben mir nahm eine ältere Dame gerade ihren Kaffee entgegen. »Des machd nix. Der isch dood. Der hört des nemme«, kommentierte sie.

Hier könnte ich jetzt also meinen Kaffee trinken, aber weil das Wetter so frühlingshaft ist, trinke ich ihn lieber draußen auf der Terrasse des Kunstmuseums. Oder doch auf dem Schillerplatz? Dort ist samstags Blumenmarkt. Der Schillerplatz mit Schiller in der Mitte und Stiftskirche, Musikinstrumentenmuseum im Fruchtkasten, Alter Kanzlei und Altem Schloss drumherum ist für mich einer der schönsten, wenn nicht sogar der schönste Platz in Stuttgart. Stuttgart zeichnet sich ja nicht gerade dadurch aus, dass man an jeder Ecke über lauschige Plätze, Fachwerkhäuser und plätschernde Brunnen stolpert. Der Schillerplatz ist intim, wie der Marktplatz, er ist wegen der historischen Kulisse viel prächtiger, aber nicht so quirlig. Hier lag einmal der »Stuotengarten«, das Gestüt, das Stuttgart seinen Namen verliehen haben soll, was nicht hundertprozentig nachgewiesen werden kann. Ganz sicher ist jedoch, dass Stuttgart ursprünglich eine badische Stadtgründung war, was nicht allen gefällt, die gerne auf der saublöden badisch-württembergischen Konkurrenz herumreiten. Nicht nur samstags beim Blumenmarkt ist der Schillerplatz besonders schön, sondern auch während des Weihnachtsmarktes. Er ist ganz eindeutig der stimmungsvollste Platz. Von hier ist man in wenigen Schritten im Innenhof des Alten Schlosses, das zu Weihnachtsmarktzeiten ganz wunderschön beleuchtet ist, eine Insel im Weihnachtsmarktgetümmel. Leider übersieht man die kleine Stauffenberg-Erinnerungsstätte auf der anderen Seite des Alten Schlosses leicht. Die Familie Stauffenberg wohnte von 1909 bis 1919 im Alten Schloss, der Vater der beiden Widerstandskämpfer diente unter dem letzten württembergischen König.

Ich habe mich nun doch für die Terrasse des Kunstmuseums entschieden, weil die Frühlingssonne hier ganz besonders schön hinscheint. Um diese Zeit bekomme ich noch problemlos einen Tisch, aber das wird sich um die Mittagszeit schnell ändern. Wäre ich für meinen Kaffee verabredet, dann bestimmt am Buchhaus Wittwer unmittelbar neben dem Kunstmuseum, dem Treffpunkt in der Innenstadt schlechthin. Wundern Sie sich also nicht, wenn dort immer Leute herumstehen und warten. Noch ziehen die Einkäufer nicht in Herden von der Königstraße über den Schlossplatz an der Terrasse vorbei, dazu ist es noch zu früh, aber es geht deutlich lebhafter zu als auf dem Marktplatz.

Jeder kennt die Königstraße, auch wenn er oder sie nur zur Stippvisite in Stuttgart war. Sie symbolisiert das offensichtliche, hochfrequentierte Stuttgart der Einkäufer und Stadtbummler. »Mein« Stuttgart liegt eher links und rechts der Königstraße – wobei empfehlenswert in der Unteren Königstraße, also Richtung Bahnhof, das wirklich schöne Café im Haus der Katholischen Kirche ist, das mit der angrenzenden Domkirche St. Eberhard eine lichtdurchflutete architektonische Einheit bildet, und der Ledertaschenladen der Caritas im gleichen Gebäude. Den besten Blick auf die Stiftskirche hat man von der Terrasse des Karstadt-Cafés auf der Oberen Königstraße. Nicht zu vergessen der legendäre Crêpes-Stand am Anfang der Königstraße und ein paar Schritte weiter der Theatershop in der Theaterpassage, wo es nicht nur Karten, sondern auch Devotionalien zu Oper, Schauspiel und Ballett gibt.

Stuttgarts Flaniermeile war einmal die Stadtmauer, der »Große Graben« der Stadt. 1806 ließ Friedrich I. den Graben zuschütten und die Königstraße bis zur Eberhardstraße verlängern. Wenn man heute sieht, welche Menschentrauben sich an Samstagnachmittagen durch die Königstraße schieben, kann man sich kaum mehr vorstellen, dass hier einmal Autos, Fußgänger und Straßenbahn gleichzeitig unterwegs waren.

Erst 1977 wurde die Königstraße im Rahmen der Bundes-gartenschau zur Fußgängerzone, mit 1200 Metern Länge soll sie eine der längsten Fußgängerzonen Europas sein. Auf jeden Fall ist sie Stuttgarts längste Shoppingmeile. Gespannt darf man sein, wie sich die Königstraße weiterentwickelt, wenn sich ab 2014 zwei neue Einkaufszentren mit um die Gunst der Einkäufer streiten, das Gerber an der Paulinenbrücke und das Milaneo an der Wolframstraße im neuen Europaviertel auf dem Stuttgart-21-Gelände. Allein das Milaneo soll das größte Einkaufszentrum der Region werden und täglich dreißigtau-send Menschen anlocken.

Der Schlossplatz teilt die Königstraße in einen unteren und einen oberen Teil. Nach meinem Kaffee endet mein idealer Samstagvormittag mit einem Ausstellungsbesuch. Entweder ich schaue mir mal wieder Schlemmer, Hölzel oder Dix im Kunstmuseum an, oder ich gehe in eine Ausstellung im Würt-tembergischen Kunstverein, das ist das Gebäude am Schloss-platz mit dem auffallenden Hirsch auf dem Dach.

Die Gegner des Bahnprojekts Stuttgart 21 mussten sich ja häufig den Vorwurf gefallen lassen, sie seien städtebaulichen Veränderungen gegenüber nicht aufgeschlossen und ganz all-gemein fortschrittsfeindlich. Das Kunstmuseum der Berliner Architekten Hascher und Jehle ist ein schönes Beispiel dafür, dass Bauprojekte in Stuttgart keinesfalls aus Prinzip zu erbit-terten Auseinandersetzungen führen. Bei seiner Eröffnung 2005 löste es helle Begeisterung aus, erfreut sich hoher Akzep-tanz und Beliebtheit und ist ein absolutes Muss für Stuttgart-Besucher. Wenn Sie Prioritäten setzen müssen, dann setzen Sie sie hier. Wunderbar leicht wirkt der Glaswürfel, der vor allem abends, wenn er hell erleuchtet ist, den Kleinen Schloss-platz und die Silhouette der Innenstadt dominiert.

Gestritten wird hier allenfalls um die Toilette im Unterge-schoss, die sich aus Sicht des Museums zunehmend zur öffent-lichen Bedürfnisanstalt entwickelte, was dann in der Öffent-lichkeit zu einer kuriosen Diskussion über Bedürfnisse im

Allgemeinen und Besonderen führte. Deswegen kostet die Toilette mittlerweile samstags einen Euro, Café- und Museumsgäste natürlich ausgenommen.

Ohne Eintritt zu bezahlen, kann man im Kunstmuseum hinauf ins vierte Obergeschoss, am besten zu Fuß, weil mit jedem Stockwerk die Aussicht besser wird. Hier haben Sie durch die Glasfassade einen der schönsten Blicke auf Stuttgart, auf Bahnhofsturm, Schlossplatz, Neues und Altes Schloss und die Stiftskirche. Auf der anderen Seite blickt man auf den Kleinen Schlossplatz und das Lichtband, das Tageslicht in das darunterliegende Museum bringt und für einen Dauerkonflikt sorgt, weil die Glasplatten ständig ramponiert werden. Noch immer finde ich es schade, dass die Stadtbücherei nicht vom Wilhelmspalais hierher umgezogen ist, mitten ins Herz der Stadt, eine Lösung, die im Gespräch war, bevor man sich dann für einen Neubau auf dem Gelände von Stuttgart 21 entschied. Neues Kunstmuseum neben neuer Stadtbücherei, das wär's gewesen, das hätte starken Symbolcharakter gehabt für den Stellenwert von Bildung und Wissen, aber leider scheint in Stuttgart die Prämisse zu gelten, alte Bausubstanz abzureißen und überall, wo Lücken entstehen, Einkaufszentren hinzuklotzen. Irgendwann wird man ebenfalls die Konsumenten klonen müssen, um all diese Läden mit Käufern zu füllen.

Im vierten Stock des Kunstmuseums ist das Cube, eine der schickeren Restaurant-Adressen in Stuttgart. Abends geht es hier richtig teuer und edel zu, da stehen gegrillte Jakobsmuscheln oder glasierter Rochenflügel auf der Speisekarte, und ohne Reservierung geht gar nichts. Dabei ist es mittags doch viel schöner, weil man den tollen Blick auf den Schlossplatz hat, es gibt Tagesgerichte zu deutlich günstigeren Preisen und freie Tische ohne Reservierung.

Nicht nur Aussicht und Architektur des Museums sind großartig, auch die Sammlung selbst, deren Grundstock 1913 mit den schwäbischen Impressionisten Otto Reiniger und Hermann Pleuer gelegt wurde. Heute umfasst die städtische

Kunstsammlung fünfzehntausend Werke. Von 1961 bis 2005 war sie in der Galerie der Stadt Stuttgart im Kunstgebäude am Schlossplatz untergebracht und litt dort unter massivem Platzmangel und provisorischen Bedingungen. Im Kunstmuseum können Schlemmer, der Nachlass von Willi Baumeister, Nolde, Klee & Co. endlich angemessen präsentiert werden, ergänzt durch spannende Wechselausstellungen. Zeitloser Publikumsmagnet ist natürlich Otto Dix, dessen signalrotes Bildnis der verhärmten Tänzerin Anita Berber zu meinen Lieblingsbildern gehört. 1972 kaufte die Stadt das berühmte »Großstadt«-Triptychon, heute das wichtigste Kunstwerk im Museum, für die sensationelle Summe von einer Million Mark. »Ach Gott, wenn mir kein' Dix mehr hätten! Der hängt jetzt oben«, rief die Dame an der Kasse entsetzt aus, als ich sie fragte, ob der Dix wegen der riesigen Ausstellung des Künstlers Michael Majerus vorübergehend ins Archiv gewandert sei. Nach Plänen von Majerus baute das Kunstmuseum sogar eine Skateboardrampe und stellte sie als benutzbares, nicht-kommerzielles Kunstwerk vor das Museum, was dann wieder einmal die in regelmäßigen Abständen geführte Diskussion entfachte, wem oder was der Schlossplatz gehört, der Kunst, der Kultur oder dem Kommerz.

Immer wieder wird in Stuttgart darüber gestritten, wie viel Remmidemmi der Schlossplatz verträgt. Bei der Fußball-WM 2006 fand hier das »Public Viewing« statt, und die vielen ausgelassenen Fußballfans trugen maßgeblich dazu bei, dass sich der Rest der Republik ungläubig die Augen rieb angesichts der überraschenden Bilder aus der vermeintlichen Kehrwochenmetropole. Auf dem Schlossplatz finden Messen, Aktionen und Demos statt, und in jedem Spätherbst wird eine kleine Eisbahn mit Glühweinbuden aufgebaut. Hier feierte der VfB seinen Meistertitel und die Protestbewegung gegen Stuttgart 21 bei der »Mappschiedsparty« den Wahlsieg der Grünen. Hier veranstalten SWR und Jazzopen große Open-Air-Konzerte. Vor allem der Rasen wird dann in Mitleidenschaft gezogen, weshalb er bei besonders großen Veranstaltungen abgedeckt werden muss. Bei schönem Wetter fühlt man sich auf dem Schlossplatz wie im Süden. Ein paar Sonnenstrahlen genügen, schon gibt es kaum ein freies Fleckchen auf dem Rasen. Hier lagern Cliquen, der Altersdurchschnitt ist niedrig, das Sprachengewirr babylonisch und die Bekleidung knapp. Die Älteren sitzen auf den Bänken, und die ganz Kleinen planschen in den Brunnen. Etwas weniger entspannt wirken die Männer in Anzug und Krawatte – wahrscheinlich aus den Ministerien im Neuen Schloss –, die mit wichtig aussehenden Aktendeckeln unter dem Arm vorüberhasten.

Das Neue Schloss gibt für den Schlossplatz eine prachtvolle barocke Kulisse ab. Bauen ließ es 1746 Herzog Carl-Eugen, der sich ein bisschen Versailles an den Neckar holen wollte, was leider mit sehr viel Geldausgeben verbunden war, sodass die Wiener Reichshofkammer der Verschwendungssucht des Herzogs einen Riegel vorschob. Daraufhin verlegte Carl-Eugen seine Residenz nach Ludwigsburg, und Stuttgart wurde von dort regiert. Erst 1807 war das Schloss dann fertiggestellt.

Im Frühjahr 2012 sah ich mir nach meinem Marktbummel eine Foto-Ausstellung im Kunstgebäude am Schlossplatz an, also eben da, wo früher die Städtische Sammlung untergebracht war. Eben noch hatte ich draußen auf dem sonnigen, prachtvollen Schlossplatz gestanden, da blickte ich schon auf ein Schwarz-Weiß-Foto mit dem Titel »Das Neue Schloss«. Das Schloss nur noch eine Ruine, davor Trümmerhaufen und ein gespenstisch aussehendes Baumgerippe: Eine apokalyptische Szenerie, aufgenommen im Jahre 1944 von dem Fotografen Hannes Kilian. 80 Prozent der Innenstadt Stuttgarts wurden im Zweiten Weltkrieg zerstört, und niemand hat die zerbombte Stadt in emotionalere, verstörendere Bilder umgesetzt als Kilian, der in Stuttgart erst viel später vor allem als Foto-Chronist des Stuttgarter Balletts bekannt wurde. 1944 begann Kilian heimlich, weil es verboten war, Kriegsschäden zu dokumentieren. Ein anderes Foto mit dem Titel »Tafelrunde in Stuttgart« zeigt eine Gruppe Menschen, die auf einem vollkommen in Trümmern liegenden Platz um einen Tisch herumsitzen und essen. Etwas Leichtes, Sommerliches und Hoffnungsvolles hat diese Szene in all dem Grauen der Zerstörung.

Übrigens wäre das Neue Schloss nach dem Krieg beinahe komplett abgerissen worden. Erst 1956 fiel nach scheinbar endlosen Auseinandersetzungen im Landtag die Entscheidung zugunsten des Wiederaufbaus. Die lauschigste Schlossblicklage hat zweifellos das Café Künstlerbund im Kunstgebäude, kein Wunder also, dass hier um die Mittagszeit jeder Platz besetzt ist. Ich finde, man sitzt vor dem Landtag im Café Plenum entspannter, aber für mich wird es sowieso Zeit, aus der Stadt zu verschwinden, denn jetzt wird es mir allmählich zu voll. Auf dem Weg zur Stadtbahn am Charlottenplatz komme ich am Karlsplatz vorbei und kann noch eine Runde über den Flohmarkt drehen. Im Frühjahr und Herbst gibt es den Samstags-Flohmarkt im XL-Format, er verteilt sich dann auf die ganze Innenstadt. Ich mag besonders den »Flohmarkt International« jedes Jahr im Frühsommer, bei dem sich die Stuttgarter Migrantenvereine mit jeder Menge Musik und Tanz präsentieren.

Jetzt biege ich doch noch mal rechts ab. Eine klitzekleine Runde durch die Markthalle, sehen, riechen und genießen: Für viele Stuttgarter hat die Markthalle Kultstatus, und der Markthallenbesuch gehört zur Wochenendroutine. Der Feinschmecker kauft Gojibeeren aus Tibet, Froschschenkel aus Frankreich oder Rucola-Maultaschen aus Stuttgart. Ganz regional und ganz international. Am Ceresbrunnen steht eine schnatternde, nicht mehr ganz junge Frauengruppe und nippt – sehr vergnügt – an einem Gläschen Champagner. Hier trifft sich und kauft ein, wer auf sich hält. Die Markthalle hat viele Stammkunden, die ganz gezielt kaufen, was sie woanders nicht bekommen, weil es entweder besonders exotisch oder von besonderer Qualität ist oder eben einfach nur, weil es Markthalle ist. Auf jeden Fall aber zucken sie nicht vor Schreck zusammen, wenn sie Scheine zücken müssen. Umsonst ist dagegen Flanieren und Gucken im 1911 bis 1914 nach den Plänen des Architekten Martin Elsaesser erbauten Jugendstilbau, und Spaß macht es auch. Die Markthalle sollte übrigens – ahnen Sie's – 1973 abgerissen werden.

Jetzt aber endgültig raus aus der Stadt. Oder soll ich den Vormittag am Charlottenplatz beim Einklang ausklingen lassen? Im wahrsten Sinne des Wortes, denn in diesem auf Jazz und Klassik spezialisierten Plattenladen, der in der ehemaligen Musikbücherei untergekommen ist, bekommt man großartige Hörtipps, die man gleich vor Ort probehören kann. Der Vormittag ist nahtlos in den Mittag übergegangen, ich wollte schon längst zu Hause sein. Und bin doch immer noch hier, in der Stadt…

»To work? I do not have time to work«

Feste und Festivals in Stuttgart

Dem Schwaben haftet ja der Ruf an, er sei immer nur mit Schaffen und Häuslebauen beschäftigt und er gehe nach getaner Arbeit zum Lachen in den Keller. Dem widerspricht vieles, beispielsweise die Tatsache, dass sich seit den Neunzigerjahren Freiluftgastronomien jeglicher Art explosionsartig vermehrt haben und der Stuttgarter an sich einen moralisch äußerst bedenklichen Hang dazu entwickelt hat, untätig in Straßencafés herumzulümmeln und Latte macchiato zu trinken. Das lässt sich ganz einfach nachweisen, denn 1991 genehmigte das Amt für öffentliche Ordnung 284 Straßenwirtschaften, 2004 waren es 404 und 2010 bereits 520 Außengastronomien. Geradezu *shocking* ist der Spruch, der an einer Gebäudeseite des Bosch-Areals angebracht ist, das Kinos, das Literaturhaus und Kneipen beherbergt. »Work? I don't have time to work«, wird hier Oscar Wilde zitiert. Das passt ja nun gar nicht zur pietistischen Arbeitsmoral.

Natürlich gibt es neben einer Zunahme von Mittelmeeranteilen in der Stuttgart-Mentalität, die möglicherweise dem Klimawandel geschuldet ist, über die man aber letztlich nur spekulieren kann, noch einen zweiten und sehr profanen Grund für die steigende Zahl von Außengastronomien, und zwar das LNRschG. Schon 2007 schrieb die IHK Baden-Württemberg: »Mit Inkrafttreten des LNRschG ist eine Zunahme der Außengastronomie zu erwarten.« Da stimmen Sie doch sicher zu – das Landesnichtraucherschutzgesetz hat die obdachlos gewordenen Raucher auf die Straße getrieben.

Der Stuttgarter sitzt nicht nur gerne draußen auf der Straße und vernachlässigt dort sein Häusle, er feiert auch gerne und häufig draußen auf der Gass. Stuttgart ist eine reiche Stadt, die es sich leisten kann, Feste zu organisieren, und ihre wohlhabenden Einwohner verfügen über das nötige Kleingeld, um diese Feste essend und trinkend nach Kräften zu unterstützen. Vor allem im Sommer würden sich Festlesfreunde gerne klonen, weil sich da unzählige Feste knubbeln. Wer also gerne feiert, sollte tunlichst nicht im Juli in Urlaub fahren. An den Juli-Wochenenden kann man sich mit Festle-Hopping wunderbar die Zeit vertreiben, weil alle Veranstalter vom heißen Wetter profitieren wollen, was eigentlich jeglicher Logik entbehrt, weil der Stuttgarter *Summer in the city* ein launischer Geselle ist. Vor allem in den letzten Jahren war es im Frühjahr und Herbst oft wärmer und trockener als im angeblichen Hochsommer.

Seufzend bemerkte Ballettintendant Reid Anderson im Juli 2011 bei der fünften Veranstaltung »Ballett im Park«, dass es bisher leider jedes Mal geregnet habe. In der Merchandising-Palette des Balletts finden sich deshalb mittlerweile sogar Regencapes. Das fanatische Ballettpublikum campiert jedoch auch bei Regen unerschrocken auf der Wiese neben dem Eckensee, genießt beim Picknick die kostenlose Ballettvorstellung auf der Großleinwand und übt in den Pausen unter Anleitung der ehemaligen Prima Ballerina Sonia Santiago vergnügt Ballettpositionen. Wenn dann noch das Opernhaus beleuchtet wird und nach der Vorstellung alle Tänzerinnen und Tänzer auf den Balkon treten und bejubelt werden, ist das Sommermärchen perfekt, selbst wenn das Publikum im Anorak dasitzt.

Im Juli finden zudem die meisten Feste in den Vierteln statt. Die waren bis vor einigen Jahren eher lokale Angelegenheiten. Mittlerweile erleben sie Zulauf nicht nur aus dem ganzen Stadtgebiet, sondern auch von außerhalb, sodass aus dem Heusteigfest, dem Bohnenviertelfest und dem Henkersfest auf dem Wilhelmsplatz mittlerweile mehr Drucketse als Hocketse geworden ist, denn Sitzplätze sind rar. Trotzdem haben diese Feste ihren Charme. Sie werden meist mit sehr viel lokalem, ehrenamtlichem Engagement organisiert. Man kann den Charakter eines Viertels kennenlernen, schöne Musik hören und leckeres, oft internationales Essen probieren. Mit einer Hocketse im klassischen Sinne haben sie nichts mehr zu tun. Hier trifft sich das überwiegend junge, urbane Publikum zu Jazz, Pop und Aperol Spritz.

Vielleicht sind Sie jetzt über das schöne Wort »Hocketse« gestolpert? Bei einer traditionellen Hocketse, wie könnte es anders sein, »hockt«, sprich: sitzt man, und zwar in der Regel auf seinem Hintern auf einer Bierbank, ohne den Hintern vom Fleck zu bewegen, und das im Idealfall mit Leuten, die man kennt, damit einen niemand mit Ansichten behelligt, die man nicht teilt. Dazu gibt es Bier, Apfelschorle und rote Würste. Besonders gut gefällt mir die Wikipedia-Definition:

»Hockete, Hocketse oder auch Hock bezeichnen im *alemannischen* bzw. *schwäbischen Sprachraum* ein Dorffest, bei dem es meist regional traditionelles Essen (zum Beispiel *Rote Würste*, *Zwiebelkuchen* oder *Sauerkraut* mit *Schupfnudeln*) und auch alkoholische Getränke (meist *Wein* oder *Bier*) gibt. Als Veranstalter von Dorffesten und Hocketsen treten heute in den meisten Fällen lokale Vereine und Organisationen (*Musikverein*, *Schützenverein*, *Freiwillige Feuerwehr*) aber auch lokale Arbeitgeber und Geschäfte (*Metzger*, *Bäcker*) an. Häufig ist eine örtliche *Musikkapelle* anwesend, die die Teilnehmer mit ihrer Musik unterhält.«

Ja, so war das früher wohl einmal, als die Welt noch nicht globalisiert und somit in Ordnung war, und in den Stuttgarter Stadtteilen gibt es sie noch, die traditionelle Hockete. Aber sie wird eben zunehmend durch urbanere und sogar multikulturelle Elemente verwässert, plötzlich gibt es nicht nur Rote Würste, sondern auch Falafel, Döner oder afrikanisches Essen, und statt der Musikkapelle spielt eine Rock- oder Jazzband … Auch im Rahmen des CSD, des Christopher Street Day, gibt es eine Hockete, die den Kriterien einer klassischen Hockete nicht so wirklich entspricht.

Der CSD ist ein mehrtägiges Festival und ein Beispiel dafür, dass Stuttgart ganz allmählich offener und toleranter wird und seine große schwul-lesbische Community nicht mehr stigmatisiert. Die CSD-Parade zieht Tausende von Besuchern an, ist schrill und schräg, frivol und frech, zeigt viel nackte Haut und viel Leder.

Kleine Geschichte am Rande: Jahrelang sorgte das Thema »Schirmherrschaften, Ministerpräsidenten und Grußwörter für den CSD« in der Politik für Polemik. Grußwörter (»warme Worte«) wurden mal geschrieben, mal delegiert oder auch mal rundweg abgelehnt. 2005 schrieb Oettinger zwar ein Grußwort. In den Jahren darauf jedoch delegierten Oettinger und schließlich Mappus im Jahr 2010 den sichtlich unliebsamen Job und die Verantwortung ans Sozialministerium, das dann mal grüßte, mal nicht. Unter Mappus natürlich nicht, leider kam die entsprechende Info erst kurz vor Druck des Programmhefts. VfB-Präsident Erwin Staudt hingegen übernahm 2009 die Schirmherrschaft, und 2011 kündigte sich ein echter Paradigmenwechsel an, als OB Schuster die Schirmherrschaft für den CSD übernahm und Ministerpräsident Kretschmann nur eine Woche nach seiner Vereidigung ein Grußwort lieferte. Noch pikanter war jedoch die Affäre um CDU-Sozialminister Andreas Renner, ebenjener Renner, der 2012 Oberbürgermeister von Stuttgart werden wollte. Er hatte 2005 die Schirmherrschaft für den CSD übernommen, war bei der

Eröffnungsgala gewesen und geriet daraufhin in Streit mit dem katholischen Bischof Gebhard Fürst, dem gegenüber ihm die Bemerkung entschlüpfte: »Dann lassen Sie erst mal zu, dass Priester Kinder zeugen.« Sieben Monate nach dem CSD trat Renner zurück.

Aber eigentlich waren wir ja beim Thema Hocken: Eine Renaissance erlebt seit 2010 die Heslacher Hocketse im Stuttgarter Süden, die deshalb erwähnenswert ist, weil sie von einem Verein mit dem erstaunlichen Namen »Tafelrunde des Ritters« organisiert wird. Die Ritter reiten nicht etwa durch Heslach, um Witwen und Waisen beizustehen, sondern sind ein lustiger, nicht mehr ganz junger Haufen, der 2009 um seine Stammkneipe bangte, als der Wirt des Ritterstübles, einer Kneipe in der Hasenstraße im Stadtteil Heslach, seinen baldigen Rückzug ankündigte. Kurz entschlossen gründeten die Stammgäste einen Verein und übernahmen den Ritter – ehrenamtlich, wohlgemerkt. Auf der Homepage der Ritter heißt es: »Und das Beste ist: Niemand wird dabei reich. Alles, was eingenommen wird, geht komplett in die Vereinskasse.« Sympathisch, wie die ganze Rittertruppe und das Ritter selbst. Die Rittersleut organisieren den Kneipenbetrieb, kochen abwechselnd und organisieren Veranstaltungen im Ritter, eben auch die Hocketse auf dem Bihlplatz, deren Programm von Jahr zu Jahr bunter und vielfältiger wird.

Bunt und international geht es auf dem Afrika-Festival auf dem Schoettle-Platz in Heslach zu. Bei schönem Wetter vermittelt der knallheiße Platz echtes Afrika-Feeling. Dieses Festival, nicht zuletzt ein Treffpunkt für die vielen Afrikaner, die in Stuttgart leben, hat sich eine gewisse Intimität bewahrt. Auf der Bühne wird Live-Musik gespielt, man kann tanzen, afrikanisches Essen probieren oder afrikanisches Kunsthandwerk und Kleidung erstehen. Das Afrika-Festival ist ganz wunderbar entspannt und ein weiterer Beweis dafür, wie fröhlich und friedlich Menschen aus aller Welt in Stuttgart zusammenleben.

Was das Afrika-Festival im Kleinen ist, ist das Sommerfestival der Kulturen im Großen. Es findet ebenfalls im Juli statt und ist meine persönliche Lieblingsveranstaltung im ganzen Jahr. Wenn Sie schon meinen Rat nicht beherzigen wollen und meinen, im Juli wegfahren zu müssen, dann aber doch bitte nicht, wenn Sommerfestival ist. Glauben Sie mir, ich will nur Ihr Bestes – es wäre einfach zu schade, wenn Sie dieses wunderschöne Festival verpassen. Gut sechzigtausend Besucher können nicht irren!

Das Sommerfestival wird organisiert vom Forum der Kulturen. Verkürzt gesagt, vertritt das Forum die Stuttgarter Migrantenvereine und macht Integrationsarbeit. Die ersten beiden Jahre fand das Sommerfestival im Innenhof des Alten Waisenhauses am Charlottenplatz statt, bis es 2003 da ankam, wo es hingehört: in das Herz der Stadt auf den Marktplatz. Von Dienstag bis Sonntag gibt es hier Weltmusik vom Feinsten, dazu an den Ständen rund um den Marktplatz köstlichstes Essen der Migrantenvereine. Indische Reisgerichte, argentinische Hamburger, ungarische Lángos – was immer Sie wollen. Konzerte gibt es unter der Woche immer zwei, ein etwas ruhigeres um 18 Uhr und ein lauteres und tanzbares um 20 Uhr. Samstags gibt es sogar drei Konzerte, und am Sonntag präsentieren sich über vierzig Stuttgarter Migrantenvereine mit Tänzen und Musik, bevor dann am Sonntagabend das große Abschlusskonzert folgt. Ach ja, alle Konzerte sind kostenlos. Das soll nicht etwa heißen, dass es hier nur Mittelmaß zu hören gibt. Im Gegenteil – viele große Namen der Weltmusikszene sind schon in Stuttgart aufgetreten, so zum Beispiel Hugh Makesela, Zélia Fonseca, Transglobal Underground, OqueStrada oder Hazmat Modine.

Am besten versuchen Sie erst, einen Platz auf den Bierbänken zu ergattern, futtern sich durch die verschiedenen Leckereien und trinken vor allem kräftig, denn das Festival finanziert sich vor allem durch den Getränkeverkauf, der, wie die meisten Jobs beim Festival, von Ehrenamtlichen geleistet wird. Werden Sie also nicht ungeduldig, wenn es mal ein bisschen länger dauert beim Bierzapfen. An den Biertischen geht es meist sehr eng und kommunikativ zu, wenn man sich gegenseitig fragt, was man denn da gerade Interessantes auf dem Teller hat.

Wenn Sie dann die Musik richtig genießen wollen, bleiben Sie nicht auf den Bänken sitzen, sondern gehen Sie ganz nach vorne direkt vor die Bühne, dahin, wo getanzt wird. Geschlossenes Schuhwerk empfiehlt sich hier auch an heißen Tagen, wenn Ihnen Ihre Zehen lieb sind, denn es wird richtig voll. Es fängt ruckzuck an zu brodeln, vor allem bei den Konzerten am Abend. Wer immer noch einen Beweis dafür braucht, dass Stuttgart nicht spießig und altbacken ist, der findet ihn hier. Hier trifft sich das junge und alte, vor allem aber multikulturelle Stuttgart im besten Sinne des Wortes, schließlich haben etwa 40 Prozent der Stuttgarter Bevölkerung einen Migrationshintergrund. Das ist wie beim Fußball. Wenn Fußball-WM ist, gibt es in Stuttgart jeden Abend Autocorso, da immer irgendwelche in Stuttgart lebenden Menschen nicht-schwäbischer Herkunft gerade das Spiel gewonnen haben. Genauso gibt es zu jeder Nationalität, die auf der Festivalbühne steht, Menschen im Publikum. Treten die Südafrikaner auf, jubeln die Südafrikaner und schwenken ihre Fahne. Machen die Kroaten die Musik, singen die kroatischen Festivalbesucher jeden Song mit, flankiert von den deutschen, türkischen, griechischen oder spanischen Besuchern. So wird jedes Konzert zu einem Volksfest für die entsprechende Nationalität und gleichzeitig zum Fest für alle. Es wird getanzt, gebrüllt, geklatscht und frenetisch gejubelt, friedlich, fröhlich, bunt und mitreißend. Das alles aber immer nur bis 22 Uhr, bitte schön, denn dann ist Zapfenstreich, des Lärmschutzes wegen. Wir sind ja schließlich nicht im Hottentottenland. Und weil es sich Forum-der-Kulturen-Chef und Überzeugungstäter Rolf Graser auf keinen Fall mit der Stadt verderben wollen, die das Festival sponsert, achtet er penibel auf die Einhaltung der Zeiten, auch wenn es ihm sichtlich schwerfällt, weil die Stimmung noch so gut ist, die Band eine Zugabe nach der anderen spielen und das Publikum bis zum Umfallen tanzen würde …

Das Lab-Festival am letzten August-Wochenende ist ebenfalls ein Musikfestival, kleiner und kürzer als das Sommerfestival, aber mit deutlichen Schnittmengen, was Ehrenamtliche und Besucher angeht, und ebenfalls umsonst. Ein Highlight im Sommerloch, treffen sich doch im Schlosspark im Zelt bei den Berger Sprudlern neben einem bunt gemischten Publikum die letzten Überlebenden der Stuttgarter Alternativkultur, eindeutig zu erkennen an langen Haaren und dichten Bärten, denn das Festival wird vom Verein Laboratorium organisiert, und das seit über dreißig Jahren. Das Laboratorium, kurz Lab, ist ein legendärer Musikclub im Stuttgarter Osten, der in seinen Anfangszeiten vor allem Folk, Blues, Jazz und deutsche Liedermacher präsentierte und sich zudem politisch engagiert. Legendär war das Lab auch für seine schlechte Lüftung. Bevor das Rauchverbot eingeführt wurde, war es vermutlich die verrauchteste Spelunke in ganz Stuttgart, was dem Laden etwas Verruchtes gab. Neben dem Lab liegt das Schlampazius, sozusagen die angehängte Kneipe, die bis heute eine echte Kneipe geblieben ist und aus der hoffentlich niemals ein cooler Club wird.

Eine Hocketse de luxe ist schließlich das schlicht »Sommerfest« genannte Fest rund um den Eckensee, Donnerstag bis Sonntag im August. Es zieht mittlerweile gut vierhunderttausend Menschen an. Statt Jeder-sitzt-neben-jedem-Biergarnituren gibt es hier Lounge-Sessel, mit blütenweißen Tischdecken umhüllte Stehtische und elegante Zelte, in denen man diskret speisen kann. Speisen heißt in diesem Fall eben auch nicht Rote Wurst, sondern Krabben und Austern, Cocktails und Champagner, wobei sich mittlerweile der eine oder andere Falafel- oder Wok-Stand dazwischenschummelt. Das Sommerfest lohnt sich aus zwei Gründen: das Ambiente zwischen Neuem Schloss, Oper und Eckensee, wo normalerweise keine Feste stattfinden, ist unschlagbar, und es gibt ein abwechslungsreiches Musikprogramm auf mehreren Bühnen. Jazz, Blues, Operette, Rock, Folk, Salsa, Lokalmatadore wie Grachmusikoff, Agua Loca oder Wirtschaftswunder bieten etwas für jeden Musikgeschmack, sodass man sich an einem (hoffentlich) lauen Sommerabend von der Menschenmenge entspannt von Bühne zu Bühne schieben lassen kann. Keine Angst, wenn Sie beim Ausweichen versehentlich in den Eckensee fallen, werden Sie nicht gleich ersaufen, der ist an seiner tiefsten Stelle nämlich grade mal achtzig Zentimeter tief.

Auf das Sommerfest folgt im Feschtle-Kalender von Ende August bis Anfang September das Weindorf. Es findet in der Stadtmitte auf dem Schillerplatz, den Gassen, die zum Rathaus führen, und dem Marktplatz statt. Dass der Wein schon seit über tausend Jahren eine wichtige Rolle in Stuttgart spielt, habe ich Ihnen ja schon in dem Kapitel über Höhenunterschied und Kessel erzählt. Deswegen ist das Weindorf ursprünglich eine urschwäbische und erzkonservative Angelegenheit. Hundertzwanzig Wirte präsentieren sich und ihre Weine entweder in intimeren Lauben oder an einfachen Biergarnituren und lassen zur Unterhaltung Ziehharmonika-Spieler musizieren. In den letzten Jahren allerdings hat sich das Publikum verändert, und es ist auch für junges, feierfreudiges Volk nicht mehr uncool, zum Laubencheck zu strömen. Damit hat sich der Flirtfaktor gewaltig erhöht und der Altersdurchschnitt gewaltig gesenkt. Entsprechend hat sich das einstmals klassisch schwäbische kulinarische Angebot verändert. Die Jüngeren trinken nicht unbedingt Trollinger aus dem traditionellen Henkelglas, sondern edle Weine aus dem Stielglas und essen statt Maultaschen oder Schupfnudeln lieber Salat mit Scampi oder profan Pommes und Flammkuchen. Nicht geändert hat sich, dass das Weindorf eine äußerst leutselige Angelegenheit ist. Wer an langen Biergarnituren sitzt, kommt schnell mit dem Nachbarn ins Gespräch. Hier zeigt sich der

Schwabe, ähnlich wie im Besen, aufgeräumt und gesprächig. Eine wunderbare Gelegenheit für Auswärtige, echte Eingeborene kennenzulernen, sofern sie über ein Minimum an schwäbischen Sprachkenntnissen verfügen und zum Beispiel auf die Frage »Wo kommsch au du her« antworten können. Ganz modern gibt sich das Weindorf mit dem Weindorf-App fürs iPhone, das über Speisekarten und Standorte informiert.

Übrigens reist das Stuttgarter Weindorf seit 1985 nach Hamburg auf den Rathausmarkt. Von wegen Nord-Süd-Konflikt! Ein echter interkultureller Austausch, denn die Hanseaten schicken im Gegenzug den Hamburger Fischmarkt auf den Karlsplatz. Der Maultaschen überdrüssig, stürzen sich dann im Schnitt dreihunderttausend Stuttgarter jedes Jahr auf Fischbrötchen, Matjes und Labskaus, während die Hamburger über Spätzle und Trollinger herfallen. Kurioserweise haben die Stuttgarter Wengerter den Hamburgern zu ihrem ersten und einzigen Weinberg verholfen. 1996 schenkten die Weindorf-Wirte den Hamburgern weiße und rote Reben, die am Stintfang oberhalb der St.-Pauli-Landungsbrücken angebaut wurden. Mittlerweile wirft der etwa fünfhundert Quadratmeter große Weinberg jedes Jahr bis zu zweihundert Flaschen »Hamburger Stintfang Cuvée« ab, der an Senatoren und ausländische Staatsgäste verschenkt wird. Um die Weinlese kümmert sich der Stuttgarter Wengerter Fritz Currle aus einer alteingesessenen Uhlbacher Winzerfamilie. Der Wein wird in Uhlbach ausgebaut, geht dann zurück nach Hamburg und gilt dort als Kostbarkeit.

Das Fest mit der größten Außenwirkung und dem meisten Tourismus ist das »Stuttgart Beer Festival«, sprich: das Cannstatter Volksfest. So nennt das aber in Stuttgart keiner. Hier geht man umgangssprachlich »aufs Volksfest«, meist jedoch »auf den Wasen«. Offiziell wird mit »Cannstatter Wasen« das Veranstaltungsareal in Bad Cannstatt bezeichnet, das am Ufer des Neckar liegt (von dem man auf dem Wasen aber überhaupt nichts mitkriegt, weil der Fluss ja so herrlich einbetoniert dahinfließt). Der ehemalige Flug- und Zeppelin-Landeplatz wird ganzjährig genutzt: Ende April beginnt das Frühlingsfest, das ist die etwas kleinere Variante des Cannstatter Volksfestes, im Sommer finden große Open-Air-Konzerte statt, im Herbst das Volksfest, und um Weihnachten herum versammeln sich im Weltweihnachtscircus die besten Artisten der Welt.

Interessanterweise hängt die Entstehung des Cannstatter Volksfestes mit der Explosion des indonesischen Vulkans Tambora zusammen. Der Vulkanausbruch im April 1815 war so heftig, dass er im Jahr 1816 für ein »Jahr ohne Sommer« sorgte, das Weltklima bis 1819 nachhaltig beeinflusste und Wintereinbrüche im Sommer und infolgedessen Missernten und Hungersnöte auslöste – besonders stark betroffen war davon auch Württemberg. Daraufhin veranlasste König Wilhelm I. die Gründung eines landwirtschaftlichen Vereins, der im Jahre 1818 zum ersten Mal ein landwirtschaftliches Fest auf dem Wasen ausrichtete, das heutige Cannstatter Volksfest. Noch heute findet alle vier Jahre zeitgleich mit dem Volksfest das Landwirtschaftliche Hauptfest statt. Auch die mit Früchten und Blumen dekorierte, 26 Meter hohe Fruchtsäule erinnert an das Hungerjahr 1818. Sie wurde den Bürgern von Königin Katharina geschenkt und ist bis heute das Wahrzeichen des Wasens und ein guter Punkt, um sich zu verabreden.

Das Cannstatter Volksfest ist das zweitgrößte deutsche Volksfest nach dem Münchner Oktoberfest und beginnt eine Woche nach diesem. Was den internationalen Bekanntheitsgrad, die Zahl der ausländischen Besucher und den Preis für eine Maß angeht (2011 zwischen 8,40 und 8,60 Euro auf dem Wasen, zwischen 8,70 und 9,20 Euro auf der Wiesn), kann das Volksfest mit München nicht mithalten. Es hat jedoch deutlich mehr Fahrgeschäfte als das Oktoberfest und rühmt sich, das größte Schaustellerfest Europas zu sein. Und das mit den Bierpreisen war auch nicht immer so, bis Anfang der Siebzigerjahre war das Bier in Stuttgart sogar teurer als in München. Die Konkurrenz zwischen Oktoberfest und Cannstatter Volksfest besteht aber bis heute, und zu gerne würde das Volksfest einmal die Besucherzahl des Oktoberfestes knacken. Das Jahr 2011 bescherte Stuttgart einen traumhaft schönen Altweibersommer, und endlich übersprang das Volksfest die Hürde von vier Millionen Besuchern, von denen jeder im Schnitt vierzig Euro ausgegeben hat, sodass das Volksfest für Stuttgart einen gewaltigen Wirtschaftsfaktor darstellt. Zwar kommen nur etwa vier Prozent der Besucher aus dem Ausland, doch die Tendenz ist steigend, und Reservierungsanfragen von Besuchern vor allem aus England und Italien nehmen zu. Das Cannstatter Volksfest, so spricht es sich allmählich herum, gilt mittlerweile als gemütlicher, übersichtlicher und weniger überlaufen als die Wiesn, Plätze in den Zelten sind einfacher zu reservieren, und auch Hotels sind in Stuttgart leichter zu bekommen.

Ganz sicher würde im Zuge des wachsenden Selbstbewusstseins der Stuttgarter ein verteidigender Artikel wie der von Klaus Eichmüller in den *Stuttgarter Nachrichten* im Jahr 1993 heute nicht mehr geschrieben werden: »Beim Wettstreit zwischen Stuttgarter Wasen und Münchner Wies'n schneiden immer nur die Bayern fabelhaft ab. Sie haben das größere Fest, die längere Tradition, den höheren Bekanntheitsgrad, mehr Gäste und – in Zeiten wirtschaftlicher Sorgen bei den Konsumenten nicht unwichtig – niedrigere Bierpreise. Während für den Volksfestfreund der Herzschlag der Patrona Bavariae den Takt vorgibt, verharrt Cannstatt in wehleidiger Nabelschau. Am Neckar wird man nicht müde, den Minderwertigkeitskomplex zu pflegen. (…) Das Cannstatter Volksfest soll und kann bleiben, was es immer war: das größte Fest der Schwaben.«

Nein, solch flammende Reden zur Stärkung des Selbstbewusstseins sind heute nicht mehr nötig. Seit einigen Jahren lässt sich ein seltsames Phänomen beobachten, und zwar, dass es zunehmend hipp und angesagt ist, auf den Wasen zu gehen, vor allem bei den Jüngeren, die man eigentlich eher in der Disco als im Bierzelt vermutet. Und nicht nur das: Das Trachten-Virus hat Stuttgart befallen. Und es breitet sich unaufhaltsam aus. Noch vor ein paar Jahren rieb man sich völlig ungläubig die Augen, wenn einem in der Stadtbahn ein blutjunges Mädel begegnete, das nicht etwa ein bauchfreies Top, einen gepiercten Nabel und ein superkurzes Röckchen trug, sondern neckische Puffärmelchen, Kleid und Schürzchen. Das ist mittlerweile nicht nur völlig normal geworden, sondern auch die Zahl der Trachtenträger hat explosionsartig zugenommen. Weil die meisten Leute doch so schlau sind, mit der Stadtbahn oder der S-Bahn zum Wasen anzureisen, lässt sich hervorragend studieren, wie Jahr um Jahr mehr karierte Hemden, Lederhosen und Dirndl in allen Varianten die Bahnen bevölkern, und das quer durch alle Altersschichten. Die Meinungen darüber gehen extrem auseinander, von »Das ist eine total alberne Verkleidung, die überhaupt nicht nach Stuttgart passt« über »Der Dirndl-Trend ist sexistisch und absolut retro« bis zu »Ist doch hübsch anzusehen und macht Spaß«.

Wie auch immer, zwischen Ende September und Mitte Oktober gibt es in Stuttgart reichlich Busen und behaartes und unbehaartes Bein zu sehen (selbst wenn sich nicht jeder Busen und jede Wade dafür eignet). Die Trachtengeschäfte freut's und mittlerweile auch die Kaufhäuser, und die Stuttgart Marketing hat ein kurzes und ein langes Dirndl mit dem Württemberg-Wappen entworfen sowie einen Lederhosen-Dress für die Männer. Am Dirndl-Weltrekordversuch in Grandls Hofbräuzelt 2011 nahmen stattliche fünfhundertsieben Dirndl-Trägerinnen teil. Wahrscheinlich könnte man diese Zahl in München jederzeit locker toppen, bloß ist auf der Wiesn bisher noch niemand auf die Idee gekommen, alle Dirndl zusammenzutrommeln. München, zieh dich warm an, der Wasen holt erbarmungslos auf! Die Wochenzeitung *Kontext* machte aus dem Thema flott und nicht ganz ernst gemeint »Die D-Frage«, sah in der Stuttgarter Verdirndelung den kecken Versuch der Stuttgarter, sich mit der »identitätsstiftenden Modereliquie aller Bayern« anzulegen, und befürchtete gar »neuen Konfliktstoff der Südschiene«. Das Dirndl als Politikum zwischen Stuttgart und München, dabei gibt's jetzt eh Ärger genug wegen der grünen Landesregierung.

Wer den Wasen stressfrei erleben will, sollte unter der Woche gehen. Dann gibt es Platz und Muße zum Bummeln zwischen Krämermarkt, Fahrgeschäften und Bierzelten. Sieben Bierzelte gibt es, in denen Bier aus vier Brauereien fließt (Hofbräu, Dinkelacker, Schwabenbräu und Fürstenberg), dazu zwei Weinzelte. Am Wochenende gibt es endlose Schlangen am Einlass, ohne Reservierung geht oft gar nichts (und die ist mit einem teuren Mindestkonsum verbunden), und der Weg hin zum Wasen und zurück zur Bahn ist mit zahlreichen Alkoholleichen gepflastert. Auch die Fahrt in der Bahn zwischen Strunzbesoffenen ist dann nur noch für die ganz Hartgesottenen ein Spaß.

Wer den Besuch im Bierzelt einigermaßen überleben will (Selbstversuch), der kann nur eines tun: ein paar Freunde mitnehmen und mitfeiern. Dumm dasitzen, sich intellektuell überlegen fühlen, zugucken oder sich über die astronomisch hohen Preise ärgern (im Jahr 2011 9,10 Euro für ein halbes Hähnchen, 8,60 für ein Viertele), die sich nicht unbedingt durch gastronomische Wunder rechtfertigen lassen, oder darüber sinnieren, ob das Göckele artgerecht gehalten wurde, ehe man es in zwei Teile zerlegt hat, oder wie die Arbeitsbedingungen der Bedienungen sind, nein, das geht gar nicht. Entweder man bleibt draußen, oder man stellt sich auf die Bänke und tanzt und grölt sämtliche Lieder mit, von denen man nicht mal wusste, dass man sie kannte. Die Partybands bedienen einen breiten Geschmack, der von Volksmusik-Gassenhauern bis Pop-Mainstream alles abdeckt. Da ist auch für Sie etwas dabei, und jegliche Vorurteile, in Stuttgart könne man nicht ausgelassen feiern, lassen Sie am besten draußen vor dem Bierzelt. Wem das zu blöd ist, der kann sich ja bei den

Fahrgeschäften vergnügen und entweder selbst fahren oder sich die Entsetzensschreie derjenigen anhören, die im Sky Screamer hängen.

Die biertrinkenden Freunde wunderten sich übrigens, dass sie, nachdem sie sich die Maß reingekippt hatten, nahezu keinen Alkoholeffekt verspürten. Das Bier ist dünn. Damit mehr konsumiert wird? Zum Schutz der Jugend wohl kaum.

Viele Firmen laden ihre Mitarbeiter auf den Wasen ein, und in den versteckten Logen wird so manches Geschäft gedealt. Für Politiker und Promis ist der Wasenbesuch mittlerweile Pflicht, man muss sich blicken lassen, und auch die Tagespolitik bleibt nicht vor der Tür der Bierzelte.

Als ich 2011 im Bierzelt war, tauchte plötzlich Ministerpräsident Kretschmann nebst Entourage im Zelt auf. OB Schuster, der das Volksfest traditionell mit dem Fassanstich eröffnet, schaffte es 2011, seine Rede von 2010 gleichsam selber zu kopieren und unter dem Gejohle seiner Anhänger nahezu identische peinliche Sparwitze und Schenkelklopfer über die Stuttgart-21-Proteste abzuliefern. Und am 30. September 2010 machte sich der damalige Ministerpräsident Mappus extrem unbeliebt, als er an einem Tag, der als »Schwarzer Donnerstag« in die Geschichte eingehen sollte, entspannt im Bierzelt Krüge stemmte, während ein paar Hundert Meter weiter im Schlossgarten bürgerkriegsähnliche Zustände herrschten, als die Polizei gewalttätig gegen Stuttgart-21-Gegner vorging.

Feste sind das eine, Festivals das andere, was man in Stuttgart in jährlich wiederkehrender Regelmäßigkeit genießen kann, und zwar vor allem Filmfestivals.

Das Trickfilmfestival (ITFS) gibt es seit 1982, und es ist mittlerweile nicht nur das größte Festival für Trickfilme in Deutschland, sondern auch eines der größten weltweit, und, was noch viel wichtiger ist, es hat sich über die Jahre zu einem der schönsten Festivals in Stuttgart gemausert. Früher fand es in der Alten Reithalle am Rande des Zentrums statt, doch mittlerweile ist es stark gewachsen und längst im Herzen der

Stadt angekommen. Das kostenlose Open-Air-Kino auf dem Schlossplatz ist nicht zu übersehen und hat eine ganz wunderbar entspannte Atmosphäre. Seit 2011 werden die Filme zudem mit ausgefeilter LED-Technik gezeigt, sodass man das Geschehen auf der Leinwand selbst bei Tageslicht problemlos verfolgen kann.

Ansonsten verteilen sich die Filme auf die Innenstadtkinos. Besonders viel Spaß macht der sogenannte Internationale Wettbewerb. Hier treten die weltweit besten Animations-Kurzfilme gegeneinander an. Die Wettbewerbsfilme werden an mehreren Abenden im Gloria-Kino in der Innenstadt gezeigt. Es sind hintereinandergeschaltete Filme von sehr unterschiedlicher Machart und Länge, die einen grandiosen Einblick in das Schaffen der Trickfilmmacher bieten. Die Filme werden von einem Moderator oder einer Moderatorin angekündigt, und nach dem Film wird, sofern anwesend, ein kurzes Interview mit dem Filmemacher geführt. Offensichtlich sind Trickfilmmacher jedoch öffentlichkeitsscheue Menschen, die in einem abgedunkelten Raum, in dem sich Pizzakartons stapeln, 24 Stunden am Tag über mehrere Jahre an einem Dreiminüter arbeiten und es nicht gewohnt sind, im Scheinwerferlicht über ihr Schaffen Auskunft zu geben, was dann zu sehr erheiternden Interviews führt. Ich erinnere mich an eine eifrige Moderatorin, die einen finnischen Filmemacher in holprigem Englisch fragte, was er uns mit seinem Film sagen wolle, was angesichts des äußerst kryptischen Films auch das Publikum brennend interessierte. Der Filmemacher vergrub die Hände in den Taschen seines Kapuzenpullis, starrte in die Weiten des Gloria-Kinos und sagte eine ganze Weile gar nichts. Dann holte er tief Luft und sagte störrisch: »I don't know.«

Jeans, T-Shirts und Kapuzenpullis sind denn auch die Abendroben, Pizza und Cola ersetzen Häppchen und Champagner auf diesem Festival, das im Gegensatz zur Berlinale vollkommen ohne roten Teppich und Glamour auskommt und deshalb vor allem jüngeres Publikum anlockt. Nicht zuletzt ist es ein Branchentreff, Studios und Filmemacher stellen sich, ihre Arbeit und ihre Arbeitstechniken vor.

Stuttgart profitiert beim Trickfilmfestival von der Talentschmiede Filmakademie in Ludwigsburg. 1991 gegründet, kann man hier in vierzehn Studiengängen die ganze Bandbreite des Films erlernen. Immer wieder gehen Preise und Nominierungen nach Ludwigsburg, zuletzt die Oscarnominierung für den grandiosen Trickfilm »Der Grüffelo«. Das Trickfilmfestival findet denn auch teilweise in Ludwigsburg statt. Und so hat es sich mittlerweile den Ruf erarbeitet, das wichtigste Festival seiner Art weltweit zu sein. Und wer sich hineinstürzt in Kurz- und Langfilme, in Animovies oder Tricks for Kids, in Zeichen- und Knetfilme, Cartoons und Computeranimationen, der erlebt eine Vielfalt, die einem den Kopf schwirren lässt und ungeheuer viel Phantasie und Einfallsreichtum transportiert. Ja, es lohnt sich, für dieses Festival im Mai nach Stuttgart zu kommen, auch wenn dies noch nicht so richtig in den Köpfen des Stadtmarketings angekommen zu sein scheint. Viele der Filme sind ja nicht synchronisiert oder kommen ganz ohne Sprache aus, sodass dieses Festival eigentlich mehr internationales Publikum verdienen würde. Stuttgart könnte so richtig raushängen lassen, dass es vielleicht kein bedeutender Verlagsstandort mehr ist, aber ein wichtiger Medienstandort. Tut es aber leider nicht.

Das Trickfilmfestival ist nicht das einzige Festival von überregionaler Bedeutung. Bestimmt haben Sie nicht gewusst, dass in Stuttgart Europas größtes indisches Filmfestival stattfindet – »Bollywood and beyond« präsentiert nicht nur die klassischen Tanz- und Musikfilme und sogar echte Bollywood-Stars, sondern geht mit sozialkritischen Filmen, Vorträgen, Tanzworkshops, Konzerten und Partys eben weit darüber hinaus. Bei sogenannten Tea-Talks werden wirtschaftliche, kulturelle und soziale Fragen thematisiert. Organisiert wird das Festival vom Filmbüro Baden-Württemberg, einem gemeinnützigen Verein, in dem Filmschaffende wie Regisseure und Autoren aber auch Kinobetreiber und Medienpädagogen organisiert sind. Das Bollywood-Festival gibt es seit 2004, und wenn Sie sich jetzt fragen, warum es ausgerechnet in Stuttgart stattfindet, dann liegt das daran, dass die Millionenstadt Mumbai (Bombay) seit 1968 Partnerstadt von Stuttgart ist, worüber man angesichts der gut vierzehn Millionen Einwohner im Vergleich zur halben Million Stuttgarter ebenfalls staunen könnte, aber das ist ein anderes Thema. Leider findet das Festival seit einigen Jahren im SI-Centrum in Möhringen statt, was den Besucherandrang nicht erhöht hat.

Nach Kapuzenpullis und Bollywood zum guten Schluss doch noch ein bisschen Krawatte und knielanger Rock, sprich: Hochkultur, sprich: Helmut Rilling. Rilling, 1933 in Stuttgart geboren, gilt international als ausgewiesener Kenner und Botschafter der Musik Johann Sebastian Bachs. 1954 gründete er den Konzertchor Gächinger Kantorei, 1965 das Bach-Collegium Stuttgart und 1981 die Internationale Bachakademie. Rilling und die Bachakademie, das ist, neben dem Ballett, der Inbegriff der Stuttgarter Hochkultur, verbunden mit internationalem Renommee.

Rilling war und ist mit seinen Gächingern in der ganzen Welt unterwegs und hat nicht nur überall Konzerte gegeben, sondern auch sogenannte Bachakademien durchgeführt, Rillings ganz eigene, ganz spezielle Mischung aus Konzerten, Vorträgen, Meisterkursen für Gesang und Dirigieren und sogenannten Gesprächskonzerten – das sind Konzerte, in denen Rilling die Musik zunächst erläutert, bevor sie zu Gehör kommt. Früher Europäisches Musikfest genannt, heißt das hochkarätige Musikfestival seit 2009 schlicht Musikfest. Von 2012 bis 2014 steht es jeweils unter den Themen Glaube, Liebe, Hoffnung.

Beim Musikfest lässt man zwar schon mal Bachs Musik im Mineralbad Leuze beim Synchronschwimmen erklingen und setzt damit auf Eventkultur. Die eigentliche Heimat Rillings liegt aber für ein ganz spezielles, bürgerlich-gebildetes, eben Krawatte und knielangen Rock tragendes Stuttgarter Publikum in der Liederhalle, das ist *der* Konzertsaal für klassische Musik in Stuttgart, was nicht zuletzt an der ausgezeichneten Akustik liegt. Leider gibt es die wunderbaren Kantatengottesdienste nicht mehr, da konnte jeder, der wollte, mit Rilling samstags eine Kantate einstudieren, die dann am Sonntag aufgeführt wurde. Einmal war ich dabei, zusammen mit unzähligen anderen eifrigen und kulturbeflissenen Sängerinnen und Sängern. Ach, es war eine Wonne, unter Meister Rilling zu singen!

Der scheinbar alterslose, unermüdliche Rilling und die Bachakademie gehören zu Stuttgart wie die Stäffele. Ursprünglich wollte sich Rilling 2013 mit achtzig aus der Leitung der Bachakademie zurückziehen. Leider geriet die Regelung der Nachfolge und die Besetzung des Intendantenpostens zur unschönen öffentlichen Auseinandersetzung Rillings vor allem mit Berthold Leibinger, dem mächtigen Aufsichtsratsvorsitzenden des Maschinenbauunternehmens Trumpf und Vorsitzenden des Bachakademie-Vorstandes. Leibinger war mit Intendant Christian Lorenz nicht einverstanden und blockierte dessen Vertragsverlängerung. Es hieß, dass Lorenz dem bekennenden Pietisten Leibinger nicht christlich genug war. So was ist auch nur in Stuttgart möglich. Im Februar 2012 trat Rilling vom Amt des künstlerischen Leiters der Bachakademie, das er seit 1981 innehatte, mit der Begründung zurück, man habe ihn nicht darüber informiert, dass der Musikmanager Gernot Rehrl neuer Intendant der Bachakademie werden sollte. Die nächsten Jahre werden es weisen, wie es weitergeht mit einer der bedeutendsten kulturellen Institutionen in Stuttgart.

Brezeln machen glücklich

Was man isst, wo man hingeht

Wenn man über Essen in Stuttgart schreibt, dann muss das Kapitel zwingend mit der Laugenbrezel beginnen. Ohne sie geht gar nichts. Sie ist das Grundnahrungsmittel *par excellence*. Das muss an der frühkindlichen Sozialisation liegen, denn kaum können Kinder etwas anderes zu sich nehmen als Muttermilch, bekommen sie in Stuttgart nicht etwa Karottenbrei, sondern eine Brezel in die Hand gedrückt. Die Brezel ist für Kinder klasse: Sie sieht lustig aus, sie hat einen weichen Bauch zum Einspeicheln und krosse Ärmchen, an denen man auch zahnlos herumnagen kann. Kürzlich strahlte mich ein auf einer Brezel herummümmelndes Kind in der Stadtbahn selig an. Weil ich es noch nicht direkt befragen konnte, fragte ich die Mutter: »Brezeln machen glücklich – oder?« Sie nickte. »Immer. Eine gute Erfindung.«

Kinderärzte freilich halten sie für ungesund. Außerdem macht sie lebenslang abhängig.

Um den Ursprung der Brezel ranken sich zahllose Legenden, beispielsweise die des »Uracher Brezelbäcks« aus dem Alb-Städtchen Bad Urach. In allen Geschichten geht es um ein armes Bäckermeisterlein, dem der König die Todesstrafe angedroht hatte. Rettung sollte ihm nur dann beschieden sein, wenn es ein Gebäck herstellte, durch das die Sonne dreimal scheinen konnte. »Back ein Brot, lieber Freund, durch das die Sonne dreimal scheint, dann wirst du diesmal nicht gehängt, das Leben sei dir frei geschenkt«, heißt es beim Brezelbäck. Der Bäcker war ein schwäbischer Tüftler aus dem Bilderbuch und erfand die Brezel. Zum Dank wurde ihm nicht nur die Todesstrafe erlassen, sondern in manchen Versionen zudem noch die liebliche Königstochter angetraut. Eine echte Erfolgsgeschichte also.

Die Brezel ist Frühstück und vor allem Zwischenmahlzeit am Vormittag. Nachmittags oder abends kommt sie nicht so häufig vor. Bundesweite Berühmtheit erlangte die Brezel im Herbst 2010 während der Schlichtungsgespräche zu Stuttgart 21 im Stuttgarter Rathaus. Vermutlich dachte man, dass die Brezel auch auf die erhitzten Gemüter von Erwachsenen beruhigend wirkt. Auf jeden Fall ist es allein der Schlichtungsbrezel, bestimmt mit Butter auf dem Bauch, zu verdanken, dass die Teilnehmer der Marathonsitzungen nicht völlig entkräftet von ihren Stühlen fielen, wenn Heiner Geißler verkündete, er habe noch keinen Mittagessenshunger und erst müsse noch ein bisschen geschlichtet werden.

Welch wichtige Rolle die Brezel im Berufsleben spielt, fiel mir nach langen Jahren außerhalb Schwabens besonders auf. Nahezu keine Tagung, keine Konferenz und keine Besprechung kommt ohne Brezeln aus, und ja, zum guten Ton des Gastgebers gehört die Butter. Im öffentlichen Leben etwas anderes daraufzuschmieren gilt als unfein. Im privaten Bereich gibt es durchaus die Varianten Marmelade, Honig, Salami oder Schinken. Sie sind jedoch höchst umstritten: Gsälz (Marmelade) auf eine salzige Brezel, das passt doch net! Salami als Brezelbelag, igittigitt! Undsoweiterundsofort.

Fragt man Stuttgarter im Exil, was sie am meisten vermissen, fällt nur sehr selten »eine echte Maultasche«, fast nie

»ein Viertele Trollinger«, aber sehr oft seufzend »eine anständige Brezel«. Außerhalb Schwabens, so das harsche Urteil, scheinen Bäcker nicht in der Lage zu sein, Laugenbrezeln zu backen, die den Namen verdienen. Zu lätschig seien sie, das wird am häufigsten kritisiert.

Eine gute Brezel muss in der Tat viele strenge Kriterien erfüllen. Der weiße Bauch soll weich sein, wie ein kleiner gemütlicher Männerbauch, aber eben nicht zu weich. Das unterscheidet die Laugenbrezel übrigens von der bayerischen Brezn, die eher einen knackigen Waschbrettbauch hat. Der schwäbische Bauch muss außerdem breit sein, damit man ordentlich Butter draufschmieren kann. Das Weiße am Bauch nennt sich Ausbund und entsteht dadurch, dass die Brezel eingeschnitten wird. Die Ärmchen müssen beim Essen krachen, aber nicht so, dass man sich die Zähne daran ausbeißt, und auch die Menge des Salzes ist für viele Brezelesser ein entscheidendes Kriterium. Manche grubbeln die Salzkristalle gleich komplett weg. Ach, und glänzen soll die Brezel. Der Glanz entsteht durch die Natronlauge, deren Herstellung und Anwendung für Laien nicht ganz ungefährlich ist, sodass vom Selberbacken der Laugenbrezel Abstand genommen werden sollte. Brezelpuristen halten nichts von Versionen mit Sesam, Mohn oder Kürbiskernen außendrauf und sind der Meinung, dass Bäcker, die dies anbieten, sich anbiedern und nicht auf die reine Brezel vertrauen.

Die Brezel ist leider extrem wetterfühlig, weshalb sie möglichst frisch gegessen werden sollte. Es gibt gute und schlechte Brezeltage. Extreme Kälte ist kein Problem, aber Regen mag sie gar nicht, und noch schlimmer ist feuchtheißes Wetter, da kriegt sie Migräne und wird ruckzuck lätschig, was sich vor allem an den Ärmchen bemerkbar macht. Viele Bäckereien backen deshalb mehrmals am Tag. Brezeln reisen auch nicht gern. Kommen Sie also nicht auf die Idee, Freunde und Bekannte in anderen Landesteilen mit mitgebrachten Brezeln zu beglücken.

Auf dem Lande wird übrigens gerne behauptet, dass die Hauptstädter nicht in der Lage seien, ordentliches Laugengebäck zustande zu bringen, was daran liegen soll, dass es immer weniger Bäckereien gibt, die selber backen. Natürlich gibt es in Stuttgart wie überall große Filialisten, und leider machen immer mehr familiengeführte Bäckereien zu, beispielsweise die alteingesessene Heslacher Bäckerei Dann, die in einem winzigen Verkaufsraum nur Selbstgebackenes verkaufte. Aber erstens gibt es auch regionale Ketten, die gute Brezeln machen, wie zum Beispiel das Stuttgarter Unternehmen Bäcker Lang, der immerhin schon seit 1935 Brezeln backt und lange Jahre im Stuttgarter Osten ansässig war. Und dann gibt es Bäckereien, die als Geheimtipp gehandelt werden, und wo sich am Wochenende lange Schlangen bilden. Hierzu gehört der Biobäcker mit dem schönen Namen Metzger in Stuttgart-Heslach, die Bäckerei Hafendörfer mit Bäckerei in der Heusteigstraße und Café in der Eberhardstraße, die Bäckerei Weible nur wenige Meter entfernt von Hafendörfer, Bäcker Bosch in der Schwabstraße und auch das Café Nast mit mehreren Verkaufsstellen. Eine nicht repräsentative Umfrage im Freundeskreis ergab zudem Folgendes:

»Ich kaufe mir jeden Morgen eine Butterbrezel beim Bäcker Frank. Man sagt, er habe die besten Brezeln Stuttgarts. Also ausschließen will ich das nicht. Und Frau Engelhardt, das freundliche Urgestein hinter der Theke, begrüßt jeden zweiten Kunden mit Namen. Außerdem wurde Vincent Klink schon in der Backstube gesehen … Morgens steht man meist bis auf die Straße in ner Schlange. Der Bäcker ist aber nicht im Heusteig-, sondern im Lehenviertel. Nicht, dass du wieder Unmengen an Leserbriefen deswegen bekommst.«

»Liebe Elisabeth, der Bäcker Trölsch backt die besten Brezeln, die ich kenne; er ist in Feuerbach und Weilimdorf.«

»Zählt denn Stammheim zu den Stuttgarter Stadtteilen? Unser Bäcker Bauer in Stammheim hat die besten Brezeln!«

Man muss kein Insider sein und in die Stadtteile gehen –

gute Brezeln zu ergattern ist auch für Touristen kein Problem, die »Brezelkörble«, kleine Verkaufsstände auf der Königstraße, werden fünfmal am Tag von Bäcker Frank aus Cannstatt mit frischen Brezeln beliefert.

Am Samstag bilden sich beim Bäcker Bosch in der Schwabstraße im Stuttgarter Westen lange Schlangen bis auf die Straße. Unter der Woche werden hier täglich etwa 1300 Brezeln unters Volk gebracht, bis zu 1600 sind es am Samstag. Jede Brezel ist ein handgeschlungenes Unikat. Die Brezelschlinger im Familienbetrieb Bosch, der 2011 hundert Jahre alt wurde, brauchen nur ein paar Sekunden pro Brezel. Wer so schnell schlingen lernen möchte wie sie, sollte etwa ein halbes Jahr Urlaub nehmen.

Eine Bäckerei in Stuttgart geriet im Fußballsommer 2006 in den Blickpunkt der Medien: die Bäckerei Klinsmann in Stuttgart-Botnang. Im elterlichen Betrieb von Fußballtrainer Jürgen Klinsmann traten sich Reporter, Kameraleute und Fotografen bei Mutter Martha gegenseitig auf die Füße. So schlimm wurde es, dass der Bundestrainer sich gar veranlasst sah, offiziell zu verlautbaren: »Seit dem Beginn der Weltmeisterschaft wird der Medienandrang in der Bäckerei Klinsmann immer größer. Bei aller Freude über die WM-Begeisterung hat das inzwischen Ausmaße angenommen, durch die sich meine Familie belästigt fühlt. Deshalb der freundliche Hinweis im Namen aller Familienmitglieder, dass die Medienvertreter bitte ab sofort auf Besuche in der Bäckerei Klinsmann und Interview-Wünsche verzichten.«

Vom Teuro ist die Laugenbrezel übrigens ganz besonders betroffen. Früher kostete eine Brezel fünfzig Pfennig. Daraus wurden mit Einführung des Euro sofort mal fünfzig Cent, und heute haben viele Brezeln die Sechzig-Cent-Marke gesprengt. Trotzdem kaufen echte Laugenbrezel-Liebhaber niemals bei einer Billigkette ein. Die backen nämlich nur Erbärmlinge. So nennt sie jedenfalls mein Kumpel Paul. Kümmerlinge, Mickerlinge, Schrumperlinge, Latschiglinge.

Zum Abschluss kommt jetzt die Liebeserklärung an die Laugenbrezel aus meinem Roman »Brezeltango«: »Ich will an deinen weichen, weißen Bauch mich schmiegen, ich will in deinen krossen Knusperarmen liegen, ich will an deinen Salzkristallen lüstern lecken und wilde Leidenschaft in dir erwecken.«

Zweitliebstes Laugengebäck der Stuttgarter ist das Laugenweckle, abgekürzt oft nur »Laugen« genannt. Weitere Laugen-Varianten sind der Ulmer Spatz, ein verschlungener Laugenknoten, und die Laugenstange, die es zudem als Käse-Laugenstange gibt. Bei einer Lesung in Böhmenkirch auf der Schwäbischen Alb hatte das Bibliotheksteam gar Laugenkastanien gebacken, dabei handelt es sich um Miniatur-Laugenweckle, und in Mögglingen bei Schwäbisch Gmünd gab es Laugenmäusle. Ein spanischer Freund probierte bei seinem Besuch an einem Tag warmen Leberkäs und am nächsten eine Käse-Laugenstange. Da er von beidem begeistert war, bat er mich am dritten Tag, beides zu ordern, brach die Laugenstange in der Mitte auseinander und legte den Leberkäs dazwischen. Das Ergebnis versetzte ihn in Entzücken, und er schwärmt noch heute davon. Nicht unbedingt die offizielle Variante und nicht unbedingt ein Diätmenü, aber Sie können's ja mal ausprobieren.

Weil wir gerade bei den Backwaren sind, muss ich an dieser Stelle eine Lanze für den Hefekranz brechen. Den gibt es natürlich nicht nur in Stuttgart, sondern in ganz Schwaben, aber wer von außerhalb kommt, neigt dazu, den Hefekranz zu übersehen, weil er nicht so exponiert und nicht so verbreitet ist wie die Laugenbrezel. Um den Hefekranz zu beschreiben, fällt mir eigentlich nur der italienische Panettone ein. Aber der Hefekranz ist viel, viel fluffiger. Er ist innen goldgelb und mit Rosinen gespickt, die hier oft Sultaninen heißen. Rosinen gibt es auch außendrauf, ebenso Mandelstifte und Hagelzucker. Den Hefekranz gibt's zum Frühstück oder zum Nachmittagskaffee als Kuchenergänzung, und man darf ihn eidonka, sprich: in den Kaffee tunken. Er wird schnell trocken und muss deshalb bald gegessen werden.

Es gibt wirklich nur sehr, sehr wenige Bäcker, die einen guten Hefekranz backen. Mir fällt eigentlich nur der Bäcker Trölsch ein. Den besten Hefekranz auf der Welt backen die Landfrauen und die alten Frauen in den Kirchengemeinden. Deswegen sei an dieser Stelle ein kleiner Ausflug in die Umgebung von Stuttgart erlaubt, wo die Landfrauen für die Stadtfeste noch im Backhäusle Bauernbrot und Hefekranz backen, oder zu den Festen der Kirchengemeinden, wo es beim Gemeindekaffee Hefekranz gibt. Auch bei Begräbnissen gibt es beim sich anschließenden Leichenschmaus oft Hefekranz. Dazu passt übrigens ein Viertele Rotwein. Dann kann man anschließend sagen, 's war a scheene Leich. Damit ist nicht gemeint, dass die Leiche besonders hübsch zurechtgemacht worden ist oder selbst im Tod noch wirklich attraktiv aussieht, sondern dass Beerdigung und Leichenschmaus wirklich gelungen waren, denn hier gilt das schöne schwäbische Motto: »So jong komme mr nemme zamma«, will heißen, so jung kommen wir nicht mehr zusammen.

Weil der schwäbische Dialekt und der schwäbische Humor ziemlich direkt und (furz)trocken sind, folgt an dieser Stelle ein kleiner, sehr bekannter Witz, um die Haltung der Schwaben zum Essen zu illustrieren. Ein Bettler geht von Haus zu Haus, klingelt und bittet um etwas zu essen. Er gerät an eine schwäbische Hausfrau und sagt, um die Dringlichkeit seiner Bitte zu unterstreichen: »I han heit noo gar nix gässa« sprich, er hat heute noch nichts gegessen, worauf die Dame des Hauses kopfschüttelnd antwortet: »Noo musch die halt zwenga«, dann musst du dich eben dazu zwingen, und die Tür zuschlägt.

Außerdem wird behauptet, das höchste Lob, das man einer schwäbischen Köchin zollen könne, sei »Mr kaas essa«, sprich: man kann's essen, was nur noch getoppt wird von »Dr Honger treibt's nei« – wenn man schrecklich hungrig ist, isst man eben alles, was so auf den Tisch kommt. Als höchstes Lob für die Hausfrau allgemein gilt übrigens »Du siehsch abr arg abgschafft aus.«

Nicht-Schwaben (und auch die Schwaben selber) erschauern jedes Mal genüsslich, wenn sie diese Witze hören, vor allem, wenn sie frisch nach Stuttgart gezogen sind, weil die Witze so wunderbar die Klischees vom lustfeindlichen, bruddelnden (unfreundlich brummelnden) Schwaben bedienen, der seine Frau in der Küche schuften lässt und dann nur Gebruddel für sie übrig hat. Aber jedes Klischee hat nun mal einen wahren Kern. Die Klassiker der schwäbischen Küche basieren auf einfachen Zutaten und sind Arme-Leute-Gerichte, die erst mit zunehmendem Wohlstand aufgehübscht wurden. Der traditionelle Schwabe hat ein eher pragmatisches Verhältnis zum Essen. Ein Vier-Gänge-Getütel mit Aperitif, Salätchen und Sorbet überlässt er den französischen Nachbarn. Essen soll möglichst wenig Fremdwörter enthalten, aus heimischen Produkten bestehen, nicht allzu viel kosten, fleischhaltig sein und lang anhaltend satt machen, und wenn es dann noch schmeckt, ist das ein zusätzlicher, aber nicht zwingend notwendiger Pluspunkt. Allzu viel Zeit verdödelt man auch nicht mit genussvollem Essen, weil man ja möglichst schnell weiterschaffa will. Wie gesagt, wir reden hier von den überhaupt nicht globalisierten und irdischen Freuden gänzlich abgeneigten Schwaben, die in Stuttgart vermutlich allmählich aussterben, und überdies von der älteren Generation, die mit Krieg und Hunger aufgewachsen ist.

Aber letztlich ist Stuttgart eben auch in der Essensfrage vom asketischen Pietismus geprägt, in dem Völlerei und sich unter Essen biegende Tische nun mal nicht vorgesehen waren. Gäste sollen bewirtet werden, aber man muss ja das Essen nicht ohne Sinn und Verstand in sie hineinstopfen. Ich erinnere mich an die Erzählung einer spanischen Bekannten, die vor Jahren eine Zeit lang in Stuttgart lebte und bei einer deutschen Familie eingeladen wurde. Aus Spanien war sie es gewohnt, Essen und Trinken erst einmal höflich abzulehnen, was nicht bedeutet, dass man tatsächlich nichts will, es gehört einfach zum guten Ton. Das war der schwäbischen Mutter ihrer deutschen Bekannten offensichtlich nicht klar, und nach dem Motto »Wer net will, hott ghett«, wer nicht will, hat gehabt, wurde sie nur einmal zum Essen und Trinken aufgefordert und ging hungrig nach Hause …

Was ist denn nun außer den Backwaren typisch für die schwäbische Küche? Als Erstes fällt uns natürlich das schwäbische Nationalgericht ein: Linsen, Spätzle und Saitenwürstchen. Meine Freundin Andrea aus dem Rheinland, die lange Jahre in Stuttgart lebte, schüttelte immer wieder den Kopf über diese aus ihrer Sicht seltsame Kombination: »Linsen und Spätzle ist wie Reis und Nudeln.« Das stimmt natürlich gar nicht! Dieses Essen erinnert an die Kindheit und bringt viele Leute zum Schwärmen. Wie so viele typische Gerichte sind Linsen und Spätzle ursprünglich ein nahrhaftes Arme-Leute-Essen einer bäuerlichen Gegend, in der viel körperlich g'schafft wurde. Für Spätzle braucht man schließlich nur Eier, Mehl und Salz. Und nicht etwa Wasser. Echte Spätzle werden auf einem Brett von Hand mit einem Spätzleschaber ins kochende Wasser geschabt. Dadurch werden sie garantiert unregelmäßig, also nicht EU-genormt und besonders lecker.

Wegen des Aufwands und der Tatsache, dass bei Nicht-Profis die Küche anschließend mit Teig überzogen ist, gibt es schon lange die Spätzlepresse, durch die man den Teig durchdrückt, und noch nicht so lange den als revolutionäre Erfindung angepriesenen Spätzle-Shaker, den eine Tübingerin mit ihrem Sohn entwickelt hat. Der Teig wird in eine Plastikflasche gefüllt, zwei kleine Metallkugeln sollen für eine gleichmäßige Durchmischung sorgen. Dann wird der Teig durch Öffnungen direkt ins kochende Wasser gedrückt. Ob diese Hilfsmittel, die dann schließlich gereinigt werden müssen, letztlich die Herstellung der Spätzle vereinfachen, mag jeder für sich entscheiden.

Eine echte schwäbische Hausfrau schabt. Eine unechte schabt im Ausland in Ermangelung eines Spätzleschabers mit dem Schneekratzer vom Auto. Funktioniert garantiert. Was Schwarzwaldforelle und Maultasche schon lange gelungen ist, nämlich von der EU unter Schutz gestellt zu werden, haben Spätzle und Knöpfle nun endlich auch geschafft. Sie sind jetzt »g. g. A.«, sprich: geschützte geografische Angabe. Endlich hat die Spätzle-Fälscherei ein Ende.

Linsen wurden früher auf der Schwäbischen Alb angebaut. Linsen und Spätzle ohne Saiten versorgten die armen Albbauern mit Eiweiß in Zeiten, in denen Fleisch Luxus war. Die Alb-Leisa gerieten in Vergessenheit, werden aber seit 1985 wieder kultiviert und als regionale Delikatesse auch in Stuttgart in der Markthalle und in Bioläden verkauft, und das in Bioland-Qualität. Die neuen alten Linsen sind klein, grün, französischer Herkunft und sehr, sehr lecker.

Die echte, originale Alb-Linse dagegen, die sogenannte Späth'sche Alblinse I und II aus Haigerloch im Zollernalbkreis, wurde fünfzig Jahre nach ihrem Verschwinden nach jahrelanger Suchaktion einiger hartnäckiger Linsenfanatiker 2006 im Wawilow-Institut, einer Genbank in St. Petersburg, wiederentdeckt und wird jetzt wieder versuchsweise auf der Alb angebaut. Allein diese Linsen-Geschichte bietet Stoff für einen ganzen Roman.

Was nun die Würstchen anbelangt: Ordern Sie beim Metzger auf keinen Fall Wienerle! Dann ist nämlich jedem sofort klar, dass Sie fremd in der Stadt sind, Cowboy. Also, die Würstchen heißen Saiten, und sie treten (fast) immer paarweise auf. In seltenen Fällen kann man sich in Gasthäusern oder Weinstuben auch mal nur für ein einzelnes Saitenwürstle entscheiden. Es ist übrigens durchaus gestattet, auf die Linsen, die man manchmal statt mit Saiten mit Bauchspeck bekommt, Essig zu kippen. Das machen die Engländer ja auch, wenn sie Fish and Chips essen.

Es gibt in Stuttgart durchaus Gastronomiebetriebe, die die Spätzle selber machen. Selber machen kann schaben, drücken oder drehen heißen. Geschabt wird beispielsweise in der Heslacher Weinstube am Bihlplatz, im Pfiff in der Bebelstraße im Westen und beim Murrhardter Hof im Bohnenviertel. »Handgemacht« heißt beim Spätzleschwob in der Vogelsangstraße im Westen, die Spätzle werden mit der Spätzlepresse, eben auch »Spätzleschwob« genannt, gemacht. »Da rufen Sie im richtigen Moment an«, meinte der Wirt vom Spätzleschwob, als ich nachfragte, was er unter selbst gemacht versteht. »Ich bin grad am Spätzlemachen.« Und schickte mir dann schwuppdiwupp ein Handyfoto, auf dem goldgelbe Spätzle in einem riesigen Kochtopf dampfen. Über dem Kochtopf sieht man ein mit Teig gefülltes Gerät, das aussieht wie ein gewaltiger Fleischwolf. »Bei großen Mengen wird gedreht, bei kleinen gepresst, im Moment mache ich große Mengen«, erklärte mir der Wirt mit dem schönen schwäbischen Namen Theodosiadis, und tatsächlich sieht man auf dem Foto an der Presse ein gusseisernes Rad mit einem Hebel zum Drücken. Der Wirt ist übrigens griechischer Herkunft, kocht aber seit zwanzig Jahren Maultaschen und Spätzle. Ähnlich verhält es sich mit dem Inhaber des Murrhardter Hofs, der heißt Burhan Sabanoglu und verließ 1969 seine türkische Heimat, um fortan in Deutschland zu kochen. Dass sich Griechen und Türken in Stuttgart auf schwäbische Küche spezialisiert haben, zeigt doch, wie wunderbar hier Integration gelungen ist. Und eine türkische Bekannte erklärte mir, dass Maultaschen mit Knoblauch und Joghurt ganz hervorragend schmecken.

Ein vegetarisches Hauptessen, das in vielen Stuttgarter Gaststätten angeboten wird, sind Kässpätzle, also Spätzle mit Käse und Röstzwiebeln überbacken, dazu gibt es meist gemischten Salat. Nahrhaft und sehr lecker. Wie sich jetzt die Kässpätzle von den Allgäuer Kässpatzen unterscheiden, wie sie zum Beispiel Kommissar Kluftinger liebend gerne verzehrt, war nicht genau herauszufinden. Es gibt dazu allerlei wilde

Theorien über Unterschiede zwischen Käsesorten, Zwiebeln (braun oder bleich), Form der Spätzle (Knopfform oder lang), Zubereitung in Pfanne oder Auflaufform. Ansonsten orientiert sich das schwäbische Essen, abgesehen von vielen köstlichen Süßspeisen wie Ofenschlupfer oder Kirschenmichel, nicht unbedingt an vegetarischen Bedürfnissen. Bestes Beispiel sind Maultaschen. Maultaschen besitzen eine Füllung aus Spinat, eingeweichtem Weckle (Brötchen), Zwiebeln und nicht zuletzt Kalbsbrät, weshalb sie auch »Herrgottsbscheißerle« genannt werden, da sie angeblich von Mönchen erfunden wurden, die in der Fastenzeit das Fleisch vor dem Herrgott verbergen wollten. Alle schwäbischen Gaststätten in Stuttgart haben Maultaschen in verschiedenen Varianten im Angebot: entweder in der Brühe oder geschmälzt (mit in Butter angebratenen Zwiebeln) oder geröstet (klein geschnitten und mit Ei angebraten).

Puristen lehnen die unzähligen weiteren Varianten (überbacken, mit Tomatensoße, vegetarisch, mit Pilzen, mit Lachs, Spargel oder Wild gefüllt) ab. Die Qualitätsunterschiede zwischen Metzgermaultaschen und abgepackten Maultaschen im Supermarkt sind gewaltig. Die besten Maultaschen, die ich kenne, gibt's bei folgenden Adressen: Metzger Kress in Heslach, Klein's Maultaschenhäusle in Gablenberg und in der Maultaschenteigfabrik in der Ludwigstraße im Stuttgarter Westen.

Mittlerweile kann man sogar in New York Maultaschen bekommen, zum Beispiel gibt es bei Schwobs Deli Corp. Schwob's Original Maultaschen. Sie werden definiert als »a kind of Swabian ravioli« und das Wort »Herrgottsbscheißerle« wird mit »God hoodwinker« übersetzt. Man weiß ja nie, wann man es brauchen kann, und passend für die USA empfiehlt Schwob's seine Maultaschen auch für Maultaschen-Burger.

Zu Maultaschen, vor allem in der Brühe, gehört zwingend Kartoffelsalat. Wer nicht aus Schwaben kommt, mag die Vorstellung gruselig finden, den Kartoffelsalat nicht auf einem separaten Teller anzurichten, sondern in die Brühe zu klatschen. Das ist aber üblich. Die schwäbische Küche mag es ja eh gern feucht – Soße gehört zwingend dazu. Ich kann mich an meinen schwäbischen Großvater Gottlieb erinnern, der jedes Fleisch in brauner Bratensoße aus dem Päckle ertränkte, selbst ein knuspriges Schnitzel. Dazu aß er dann »a Heible« (einen Kopf) Salat.

Guten Kartoffelsalat zu bekommen ist auch nicht einfach. Auch hier gilt: Suchen Sie sich einen kleinen Metzger, der den Kartoffelsalat noch selber macht. Die sind am Aussterben, weil Kartoffelsalat aufwendig herzustellen ist. Leider kaufen auch in Stuttgart immer mehr Metzger den fertigen Kartoffelsalat ein. Der schwäbische Kartoffelsalat enthält weder Eier noch saure Gürkchen, noch Mayonnaise. Einen richtig leckeren Kartoffelsalat hinzukriegen ist eine echte Kunst. Zu dieser Kunst gehört, die Kartoffeln noch im warmen Zustand zu schälen und zu schneiden (was eine ziemlich Herausforderung ist, wenn man sich nicht gerne die Finger verbrennt) und den Salat richtig anzumachen. Dafür benötigt man in der Hauptsache warme Fleischbrühe, Zwiebeln, Essig und Öl. Der Kartoffelsalat muss nämlich »schwätzen«, soll heißen, wenn man ihn durchmischt, muss er schmatzende Geräusche von sich geben. Es ist ziemlich schwierig, den Kartoffelsalat so hinzukriegen, dass er weder zu trocken noch zu matschig wird.

Brezeln, Spätzle, Maultaschen, Kartoffelsalat, das sind im Übrigen alles sehr kinderfreundliche Speisen.

Ein echtes Stuttgarter Gericht ist der Gaisburger Marsch. Das ist ein Eintopf, der zusammenbringt, was normalerweise nicht zusammengehört. »... und nicht den Gaisburger Marsch vergessen, für Fortgeschrittene«, schreibt Andrea aus Bonn, und man kann das Entsetzen heraushören: »Soweit ich mich erinnere, werden da Nudeln bzw. Spätzle mit Kartoffeln in EINEN Topf geworfen, ist es nicht so?!« Genau. Nudeln und Spätzle, beide schwimmen mit Rind- oder Kalbfleisch und Gemüse in einer kräftigen Fleischbrühe, die noch dazu mit

Röstzwiebeln bestreut wird. Klingt seltsam? Schmeckt lecker und stammt wie zu erwarten aus dem Stuttgarter Stadtteil Gaisburg. Die Soldaten und Offiziersanwärter in der dortigen Kaserne wurden von ihren Frauen mit dem Gaisburger Marsch bei Kräften gehalten. Einer anderen Legende nach wurde das Gericht in der Gaisburger Gaststätte Bäckerschmiede erfunden. Altbundespräsident Horst Köhler, aufgewachsen in Ludwigsburg, ließ übrigens bei seinem Amtsantritt 2004 den Gaisburger Marsch bei einem »Mahl der Demokratie« tausendzweihundert Gästen servieren. Wenn Sie den echten Gaisburger Marsch probieren wollen, dann gehen Sie zum öffentlichen Gaisburger-Marsch-Essen des Musikvereins Gaisburg im Schulhof der Grundschule Gaisburg, immer im Juli.

Zum Schluss kommen wir zum Thema »Schwäbische Gerichte, die die Menschheit spalten«. Die einen sagen dazu »Nur über meine Leiche«, die anderen »Was gibt's Feineres?«. Die Rede ist von Kutteln und Sauren Nierle. Vor allem an Kutteln scheiden sich die Geister. In einem Internet-Forum zum Thema »Was haltet ihr von Kutteln« steht zu lesen: »Hab mir gerade mal das Rezept angeguckt, das sind ja Füße! Ich dachte immer, das seien Hoden.« Äh – leider beides falsch. Kutteln bestehen aus Rindermagen, man kann sie schon in Streifen geschnitten und vorgekocht beim Metzger kaufen. Saure Nierle dagegen stammen vom Schwein und werden vom Essig sauer.

Ja, und wo kriegt man es denn nun, das echte schwäbische Essen? Zum Probeessen eignen sich zuallererst die schwäbischen Weinstuben. Die gibt es in verschiedenen Kategorien. Am bekanntesten sind sicherlich die gehobenen Weinstuben in Stuttgart, die sich durch gehobenes Preisniveau, gehobenes Einkommen und gehobenen Altersdurchschnitt ihrer Gäste auszeichnen. Ja, es ist erstaunlich, aber es sind nicht irgendwelche Szenekneipen, wo sich Landes- und Lokalpolitiker, Kulturmenschen und Journalisten treffen, sondern es sind gediegene schwäbische Weinstuben. Auf nicht immer bequemen

Bänken muss man sich eng zusammenquetschen und kommt wegen der beengten Raumverhältnisse schnell miteinander ins Gespräch.

Hochburg der Weinstuben ist das Bohnenviertel. Hier liegen die Kiste, der Schellenturm, die Weinstube Fröhlich und das Weinhaus Stetter. Schlecht zu finden und von außen ganz unscheinbar ist die Kiste, nicht zu verwechseln mit der gleichnamigen Jazzkneipe ein paar Hundert Meter weiter. Die Weinstube Zur Kiste liegt in der Kanalstraße am Charlottenplatz, einer engen Sackgasse ohne Kanal neben dem Schriftstellerhaus. Sie ist Stuttgarts älteste Weinstube mit drei übereinanderliegenden, engen Stuben. Das Essen wird in einem uralten Lastenaufzug von der Küche in den Gastraum befördert und besonders die Fleischküchle, anderswo Frikadellen genannt, sind hier legendär. Gehobene schwäbische Küche, eine große Weinauswahl und ein schönes Ambiente im holzgetäfelten Lokal gibt es in der immer ausgebuchten Weinstube Fröhlich zwischen lauter Rotlichtkneipen. Wer auf Politiker, Künstler und Intellektuelle als Tischnachbarn verzichten kann, dem sei das Weinhaus Stetter empfohlen. Es ist wohl die authentischste schwäbische Weinstube im Bohnenviertel – bodenständig, günstig, laut und immer brechend voll. Authentisch ist auch der Becher in der Urbanstraße, dort wurde 1893 der VfB gegründet.

Als Inbegriff des schwäbischen Lokals gilt in Stuttgart zudem die Kochenbas, zu der man sich schon gezielt aufmachen muss, weil sie etwas am Rande des Zentrums liegt. Früher hieß die Wirtin mit Nachnamen Koch, und weil jeder mit jedem verwandt war, ging man zur Base, also zur Kusine zum Viertele trinken. Der Hase in der Schwabenhochburg Gablenberg tut sich mit seinem Namen leichter und ist ebenfalls ein Klassiker für Schwäbisches, zudem war hier Julius Krumm, der Großvater des Schriftstellers Hermann Lenz, Gastwirt. Lenz setzte ihm in seinem Roman »Verlassene Zimmer« ein literarisches Denkmal.

Ein Ausflug nach Cannstatt lohnt ebenfalls, denn die schwäbische Weinstube Klösterle ist gleichzeitig das älteste Wohnhaus Stuttgarts. Es wurde 1463 als Sozialstation erbaut und gehörte den Beginen, einer klosterähnlichen Frauengemeinschaft. Wenn Sie sonntags dorthin gehen, können Sie nach dem Mittagessen gleich noch ins Stadtmuseum Bad Cannstatt, das in der Klösterle-Scheuer untergebracht ist. Oder Sie machen einen Spaziergang zur Grabkapelle auf den Rotenberg und wandern von dort nach Uhlbach zum legendären Ochsen. Wenn Sie auf Kraut stehen, dann müssen Sie im September vor die Tore Stuttgarts auf die Filder, zum legendären Krautfest nach Echterdingen. Das günstigste schwäbische Essen gibt es natürlich in den Besenwirtschaften, die deshalb ein eigenes kleines Kapitel kriegen.

Stuttgart hat Geld, und wo Geld ist, ist gehobene Gastronomie. Sechs Lokale dürfen sich in Stuttgart mit einem Michelin-Stern schmücken, das Avui in Fellbach, also außerhalb der Stadtgrenze, gar mit anderthalb. Damit liegt Stuttgart bundesweit auf Platz vier hinter Berlin, Hamburg und München. Einen Stern haben das Délice, die Zirbelstube im Schlossgartenhotel, die Speisemeisterei in Hohenheim, das Olivo im Hotel Graf Zeppelin, das Top Air am Flughafen und die Wielandshöhe, direkt an der gleichnamigen Zahnradbahn-Haltestelle mit phantastischem Blick auf die Stadt gelegen (nicht, dass irgendjemand zur Ein-Sterne-Gastronomie mit öffentlichen Verkehrsmitteln anreisen würde). Das siebte Stuttgarter Sternelokal, das Breitenbach in Heslach, gibt es seit Kurzem nicht mehr.

Die Wielandshöhe ist vermutlich Stuttgarts bekanntestes Sterne-Restaurant, denn hier kocht »Sitting Küchenbull« Vincent Klink, Stuttgarter Promi und medialer Hans-Dampf-in-allen-Fernsehküchen-und-Stuttgarter-Gassen. Klink mischt internationale Feinschmeckerküche mit lokalen oder regionalen Produkten wie das schwäbisch-hällische Landschwein oder das Alblamm und verachtet dabei auch Klassiker wie Maultaschen nicht. Nun ja, mit Molekularküche würde er seine Stammgäste wohl eher vergraulen. Braves Interieur, gediegenes Essen und biederes Publikum, das offensichtlich auch am Samstagabend vor elf zu Hause sein muss, das ist das Urteil, das *frau* sich nach einmaligem Selbsttest (nach Anreise mit der Zacke) erlauben kann. Klink schreibt Bücher, spielt Basstrompete, hält Lesungen und führt ein Tagebuch auf seiner Homepage. Das hat ihm zwischendurch den Ruf eingetragen, zu wenig am heimischen Herd zu stehen, weshalb er auf seiner Homepage möglichen Unterstellungen zuvorkommt: »Immer wieder die Frage: ›Ist der Chef auch da?‹ Donnerstagmittag mache ich das ARD-Buffet und im Anschluss eine Kochkunst-Sendung. Donnerstagabends bin ich wieder in meiner Küche und im Restaurant. Ich bin also bis auf diesen Mittag immer im Betrieb. Grundsätzlich! Damit mir das auch geglaubt wird, mache ich immer wenigstens einen Rundgang durch die Gästeschar.« Das stimmt, Vincent war da.

Weitaus jünger und origineller dagegen präsentiert sich der (sternelose) Zauberlehrling im Bohnenviertel. Der Zauberlehrling ist Restaurant, kleines Hotel und Kochschule. Nur wenige Tische, eine entspannte, intime Atmosphäre ohne Allüren und innovative Gerichte, die nicht nur den Gaumen, sondern auch die Augen erfreuen – wer sich mal etwas gönnen will, ist hier gut aufgehoben.

Kontrastprogramm zum Edelessen? Die Dönerbuden in der Ostendstraße, rings um den Marienplatz und am Cannstatter Bahnhof. Curry Spezial beim Brunnenwirt im Rotlichtviertel, am Wochenende bis drei Uhr morgens geöffnet – möglichst spät hingehen, um in den vollen Genuss der schrägen Mischung aus Nachtschwärmern, Huren, Freiern und Nachtdienst schiebenden Polizisten zu kommen. Crêpes am legendären Stand am Bahnhof, in der Regel mit langer Warteschlange. Außerdem kommen ein paar Kneipen seit Jahrzehnten ohne Zeitgeist, Coolness und neues Mobiliar aus: Schlampazius, Lehen, Locanda und Andalucía (Casamuu).

Und sonst? Wie überall gibt es auch in Stuttgart sogenannte In-Italiener, die sich meiner Erfahrung nach vor allem
dadurch auszeichnen, dass sie überteuert sind, mittelmäßiges
Essen bieten und Nicht-Stammgäste ohne eindeutig über-
durchschnittliche finanzielle Verhältnisse herablassend behandeln. Sie liegen in der Calwer Straße und verteilt in der Stadtmitte. Bei meinem einzigen Besuch im Oggi, Szene-Italiener
am Schlossplatz, brachte die Bedienung auf einem Tablett fünf
oder sechs verschiedene Rotweine, die wir glasweise bestellt
hatten. Leider wusste sie nicht, welcher Wein in welchem Glas
war, was dann durch gemeinschaftliches Schnüffeln und Probieren ermittelt wurde. Kult ist zudem das Riva im Stuttgarter
Westen. Essenstechnisch ist überhaupt nichts dagegen einzu-
wenden, die Pizza ist riesig, und die Preise sind fair, bloß leider
vermitteln einem die unwirschen Kellner ständig das Gefühl,
sie bei wichtigen Dingen zu stören, wenn man etwas zu essen
bestellt. Viel mehr Italien als mancher Schickimicki-Nudler
bietet beispielsweise das Attimi in einer ruhigen Seitenstraße
im Heusteigviertel, das sich selber Cafeteria und Paninoteca
nennt und leider schon um 18 Uhr schließt. Das Attimi gibt
es seit einem Vierteljahrhundert. Es hat nur wenige Tische
drinnen und noch weniger Tische draußen. Wirtin Rosa ist
herzlich, duzt jeden, scherzt auf Deutsch, gestikuliert wild auf
Italienisch und bietet eine kleine Speisekarte mit Tagesgericht,
Pasta, Pizza, Tramezzini und Salaten. Ebenso eine Institution
ist Loretta, die gibt es zum einen als Trattoria in Stuttgart-
Mitte und zum anderen als Alimentari di Loretta, als Lädchen
mit Mittagstisch in Stuttgart-Süd.

Es ist ja überhaupt ein Glücksfall, dass Stuttgart einen so
hohen Migrantenanteil hat. Davon profitieren alle, die sich
gern durch die Küchen der Welt futtern. Zum Beispiel Afrikanisch, meine Lieblings-Afrikaner sind das Ambiente Afrika
in der Werastraße und das Injeera im Bohnenviertel. Aber
kein Essen in Stuttgart macht mich so glücklich wie das im
Noodle 1 am Wilhelmsplatz. Das eignet sich nicht zum langen

Bleiben, dazu ist der Durchlauf zu hoch, aber das vietnamesische Essen ist einfach grandios, und draußen sitzt es sich trotz des hohen Verkehrsaufkommens erstaunlich gut. Um weitere Freiluftgastronomie kümmern wir uns dann bei den Ausflugszielen. Ach, und am zweitglücklichsten macht mich das Coox & Candy in Cannstatt. Das haben ein paar engagierte Veganer zusammen aufgemacht. Ein bisschen Geduld braucht man dort, aber hier wird man ganz ohne Fleisch, Milch und Ei bekocht, und deswegen wurde das Lokal 2011 gar Sieger in Marcellino's Restaurant Report in der Rubrik »Sexy«.

Jetzt wollen Sie natürlich wissen, wo man in Stuttgart nett Kaffee trinken gehen kann, wenn sich denn tatsächlich mal Besuch hierhergewagt hat. Leider sterben die alten, plüschigen Cafés in Stuttgart, wo nachmittags die alten Damen mit Hut eine Schorle trinken, allmählich aus. Das Café Reinsburg an der Paulinenbrücke beispielsweise musste erst Spielhöllen in seinen Räumen ertragen und ist dann der Abrissbirne zum Opfer gefallen. Ihren alten Charme bewahrt haben sich das Café Kipp in der Schwabstraße und das Café im Königsbau. Im Kipp gibt es freitags Scholle paniert, aber leider nicht mehr lange, weil das Gebäude saniert wird, und im Königsbau Bedienungen mit Blüschen und Schürzchen, reichlich Gäste in Gestalt alter Damen und, wenn man Glück hat und einen Tisch am Fenster ergattert, einen wunderbaren Blick auf den Schlossplatz. Außerdem kann man hier Wibele und Stuagerder Roßbolla (Pralinen in Form von Pferdeäpfeln) als Mitbringsel erstehen.

Im Heusteigviertel ist das Herbert'z in der Immenhofer Straße *die* Café-Institution, ja, für viele im Heusteig sogar das Herz des Viertels. In Stuttgart ist es nicht unbedingt üblich, jeden Morgen vor der Arbeit ins gleiche Café zu gehen, wie in Frankreich oder Spanien, aber im Heusteig irgendwie schon, weil hier alle so szenig und so *in* sind. Es reicht, im Heusteig zu wohnen oder zu arbeiten, um in zu sein. Das Herbert'z hat eine große Stammklientel. Es sieht aus wie ein großes gemütliches Wohnzimmer mit seinen zusammengewürfelten Möbeln, schwarz-weißen Fotos, Sitzecken und bunten Kissen. Der wirklich leckere Kaffee wird in einem kupferglänzenden Kaffeebereiter gemacht. Das Herbert'z ist vermutlich so, wie man sich in Stuttgart den Prenzlauer Berg vorstellt. Alle machen irgendwas mit Medien, duzen sich und sagen »Bis morgen, see you« oder »Tschau«. Im Herbert'z kann man auch essen, Salat oder Bratkartoffeln zum Beispiel, aber es ist mehr Frühstücksbar und kleiner Kaffee zwischendurch als Mittagessen-Treff. Gefrühstückt wird im Heusteig außerdem in der Konditorei Weible mit ihren legendären Brezeln und nur ein paar Meter weiter bei Bäcker Hafendörfer. Weiter unten in der Olgastraße liegt das Hüftengold, auch ein beliebter Ort für einen Kaffee am Morgen. Der Platz am Kamin ist besonders begehrt.

Das italienische Café Controvento in Cannstatt in der Küblergasse in der Fußgängerzone bietet mit den besten Milchkaffee in Stuttgart, und das im schönen Ambiente einer umgebauten Scheune. Aber den allerbesten Kaffee gibt es natürlich im Moulu in der Senefelder Straße im Westen. Im Westen gibt es noch etwas ganz Besonderes, nämlich die klitzekleine Kaffeerösterei Fröhlich in der Gutenbergstraße, wo man im Laden beim Rösten der Kaffeebohnen zugucken kann.

Und wenn Sie mal privat zum Kaffee eingeladen werden? In der S-Bahn belauschte ich einmal ein paar Frauen, die einen unmittelbar bevorstehenden Kaffeeklatsch und in diesem Zusammenhang die optimale Länge einer Kaffee-Einladung (die in der Regel auf halb vier angesetzt ist) diskutierten. »Drei Schdond isch lang gnug fir Kaffee. Doo hosch älles gschwätzt on dr Kaffee isch dronka.« Ja, man soll es nicht übertreiben. Ebenso pragmatisch beantworteten die Damen die Frage, ob sie zur Einladung ein Gastgeschenk mitbringen sollten: »Des fanga mr erschd gar net a!« Vollkommen richtig. Wo kämen wir denn da hin, dann müsste es ja immer Geschenke geben!

Stuttgart wird auch die Stadt der drei Meere genannt: Tags ein Menschenmeer, abends ein Lichtermeer und nachts geht gar nix mehr. Das stimmt natürlich so schon lange nicht mehr. Die Ausgehmeile für das U-dreißig-Publikum liegt auf der Theodor-Heuss-Straße, auch Boulevard Theo oder einfach Theo-Heuss genannt. Hier reiht sich ein Szeneclub an den anderen, und vor allem im Sommer ist nachts draußen die Hölle los, was nicht allen Anwohnern gefällt. Ein paar Meter weiter liegt der Club Zwölfzehn in der Paulinenstraße. Die Macher hatten eine ganz putzige Idee: Nach dem Motto, immer nur Musikhören, Trinken oder Tanzen allein reicht nicht, gibt es dort jeden Mittwoch Mäxle. Mäxle, falls Sie das nicht wissen, heißt, man rennt zu mehreren um eine Tischtennisplatte und versucht dabei, den Ball zu treffen. Das Ganze nennt sich 0711 Ping Pong Disko.

Die weniger Schönen und weniger Jungen gehen in die kleine, feine Bar in der Augustenstraße, die dem Stuttgarter Musiker Ralf Groher gehört. Hier wird Jazz vom Feinsten aufgelegt. Den besten Livejazz gibt es im Club Bix an der Leonhardskirche, hier treten auch die großen Namen auf wie zum Beispiel Till Brönner, und wer nicht den ganzen Abend stehen will, muss sich sehr frühzeitig um Karten an den Tischen kümmern. Nur ein paar Meter weiter an der Hauptstätter Straße gibt es die weitaus intimere, weitaus weniger schicke Kiste, ebenfalls ein Jazzclub und schon sehr viel länger im Geschäft als das Bix. Eine echte Institution, die ursprünglich Roger's Kiste hieß, nach Roger Röger, dem weißen Mann mit der »schwärzesten Stimme Stuttgarts«. Hier schart die koreanische Pianistin Gee Hye Lee beim »Geenius Monday« jeden Montag Musiker zum Jammen um sich. Stuttgart kann eine sehr feine lokale Jazzszene aufbieten, die aus der Musikhochschule mit Nachwuchs gespeist wird. Die hat zum Beispiel die ganz und gar fabelhafte Sängerin Anne Czichowsky hervorgebracht. Bix oder Kiste kombiniert mit Currywurst und Pommes beim Brunnenwirt, und der Abend ist gebongt.

Und wer gern Tango tanzt, dem sei das »Tango Ocho« im leicht schrägen Ambiente der Wagenhallen empfohlen.

Ebenfalls leicht schräg: der Szenetreff für die schwule Community, das Rubens am Hans-im-Glück-Brunnen. Drinnen hängt ein Schild »Ich kenne keinen Stress, höchstens Strass«, und von der Decke baumeln gut aussehende Silberengel. Draußen stehen hier im Sommer an die hundert noch besser aussehende Männer mit Waschbrettbäuchen und Drinks in der Hand und scannen die Menge nach dem Mann fürs Leben ab. Als Frau kann man sich hier wunderbar hineinbegeben und unkomplizierte, garantiert anmachefreie Bekanntschaften schließen. Das hier sind gut situierte, gebildete Männer, Architekten, Ärzte und Psychologen, viele von ihnen geflohen aus der schwäbischen Provinz, wo sie mit ihrem Schwulsein auch heute noch anecken. Nachts gehen die Männer in den Kings Club. Über den herrscht Laura Halding-Hoppenheit, eine sehr patente, nicht mehr ganz junge Dame, besser bekannt als »Schwulenmutter«, weil sie sich seit vielen Jahren für Schwule in Stuttgart engagiert, aber das ist wieder eine ganz andere Geschichte.

Wo der Besen hängt

Zu laut, zu warm, zu gemütlich

Keine Sorge, wir reden nicht schon wieder über die Kehrwoche. Die Besen, um die es jetzt geht, sind Reisigbesen, oft mit bunten Bändern geschmückt. Sie ragen keck von der Hauswand auf die Straße und markieren: Hier ist Besenrevier. Besen könnte man übersetzen mit »saisonale Weinschenke«. Die meisten Besen in der Region Stuttgart liegen in den Außenbezirken wie Unter- und Obertürkheim, Cannstatt, Möhringen oder etwas außerhalb in der Wein-Hochburg Fellbach und im Remstal. Eine Ausnahme macht der City-Besen, der, wie der Name schon sagt, mitten in der Stadt am Rande des Rotlichtviertels am Wilhelmsplatz liegt. Er ist auch deshalb eine echte Entdeckung, weil er sich in einem der wenigen Altstadthäuser befindet, die die massive Bombardierung Stuttgarts im Zweiten Weltkrieg überdauert haben. Man klettert über eine steile Stiege hinunter in den alten Gewölbekeller, der von 1870 stammt. Wegen der Nähe zum Rathaus trifft sich hier gerne die Politprominenz. Der Stadtbesen direkt am Rathaus hingegen ist eine Weinbar, ganzjährig geöffnet und damit kein echter Besen.

»Bei d'r Elsbeth« in Degerloch (gesprochen: Däägrloch) einen Platz zu bekommen ist Glückssache. Dabei muss man schon wissen, wo man hinwill, aber der Besen draußen (gesprochen: Bäsa) weist ja den Weg zu dieser Besenwirtschaft am Rande des Ortskerns. Wir schaffen es zunächst nicht einmal vom Flur in die Garderobe, die gleichzeitig Durchgang zur Küche ist. Dort stehen nämlich schon fünf Leute der Bedienung im Weg und machen uns schwäbisch-energisch klar, dass der nächste freie Tisch ihnen gehört. Davon gibt es nicht allzu viele, die Besenwirtschaft Gohl ist eine Institution und hat nur zweimal im Jahr für ein paar Wochen geöffnet, Anfang Januar bis Mitte März und Anfang September bis Anfang November. So ist das nun mal bei Besenwirtschaften, die woanders Straußen-, Kranz- oder Buschwirtschaften heißen. Sie dürfen maximal vier Monate im Jahr geöffnet haben und verteilen die in der Regel auf Frühjahr und Herbst. Meist erscheint in den lokalen Zeitungen eine gemeinsame Anzeige mit den Öffnungszeiten. Wenig Angebot erhöht die Nachfrage – außerdem ist es »Bei d'r Elsbeth« im Besen zu laut, zu warm und zu gemütlich, was die Verweildauer erhöht. Unsere Tischnachbarn beispielsweise, als wir denn endlich Plätze bekommen, sind schon seit mehr als drei Stunden da. Um in den Besen zu gehen, muss man nicht auf den Abend warten, sie sind schon um halb fünf aus Waldenbuch angereist, um die Zeit bekommt man auf jeden Fall noch einen Platz. Von Waldenbuch nach Stuttgart, um in den Besen zu gehen? Die Dame nickt. »Wir kommen schon seit Jahren. Es ist so gemütlich hier. Der Wein ist gut, das Essen auch.« Gemütlich ist es in der Tat. Ein bisschen wie in einem gutbürgerlichen, behaglichen Wohnzimmer. Ganz anders als in manchen Besen, deren Einrichtung eher karg und provisorisch wirkt. Wieder andere sind kein bisschen improvisiert und von normalen Gaststätten kaum zu unterscheiden. Gerade das macht es spannend, verschiedene Besen auszuprobieren, bis man dann »seinen« Stammbesen gefunden hat. Jeder Besen hat seine eigene Atmosphäre und sein Publikum. Hier zum Beispiel ist es ganz eindeutig nicht jung, was relativ repräsentativ ist.

Wir haben kaum unseren Wein bestellt – Trollinger für Christian, das Viertele zu drei Euro, Cuvée für Claudia und mich, das Viertele zu vier Euro, natürlich nur aus eigenem Anbau, da kriegen wir schon Ärger mit den Nachbarn. »Ihr sen trinkfaul!«, beklagt ein Mann aus der Waldenbucher Truppe und deutet auf unsere Gläser. »Trinket au! Omsatz macha!«

Das schöne schwäbische »ihr« ist eine ganz wunderbare Anrede, die dazu dient, das förmliche »Sie« zu vermeiden, ohne gleich ins allzu Intime »Du« zu verfallen. Das ist typisch für die Besenwirtschaft. Man hockt so dicht aufeinander, dass man einfach miteinander reden muss. Offiziell darf eine Besenwirtschaft nur vierzig Sitzplätze haben, was man flexibel handhaben kann, indem man einfach zusammenrutscht. Passen Sie aber auf, dass Sie nicht zu viel Raum einnehmen. Mir ist es einmal passiert, dass meine Beine unter dem Tisch ins Gewurschtel mit den Beinen des Gegenübers gerieten, worauf der Mann zu mir sagte: »Welled Se de Blatz dausche?« – »Nein, warum?«, fragte ich erstaunt. »Ha, noo kennded Se zu Ihre Fieß sitza.« Die Füße, darauf sei noch einmal hingewiesen, fangen in Schwaben an der Hüfte an. Das Wort Beine ist nicht existent.

Gehen Sie niemals in eine Besenwirtschaft, wenn Sie Zweisamkeit suchen. Im Besen wird der Stuttgarter in geradezu alarmierender Weise jovial, gesprächig und interessiert am Gegenüber. In den Besen geht man entweder mit einer Gruppe von Leuten, mit denen man sich einen Lustigen machen will, wozu der Alkohol in nicht unerheblicher Weise beiträgt, oder zu zweit auf der Suche nach Geselligkeit. Allein fällt man auf. Als turtelndes Paar ebenso. In der Besenwirtschaft sind die Regeln schwäbischer Zurückhaltung aufgehoben, man darf extrovertiert sein, ohne die Sorge zu haben, peinlich aufzufallen. So hebt es am Nachbartisch ungeniert zu singen an, ziemlich laut und ziemlich falsch, was hier im Besen völlig in Ordnung ist. Keine Schwaben, übrigens, sondern eine Gruppe aus dem Rheinland, die sich hier sichtlich wohlfühlt. Ansonsten leiden Rheinländer gerne mal unter der, wie sie beklagen, mangelnden Lebensfreude, Trinkfestigkeit, Spontaneität und allgemeinen Karnevals-Abstinenz der Stuttgarter, weshalb sie sich gern zum Stammtisch zusammenfinden, um diesem Mangel abzuhelfen.

Das Essen kommt. Maultaschen mit Kartoffelsalat und Endiviensalat. Wo kriegt man heutzutage noch Endiviensalat? Nicht mit einem Dressing, sondern mit einer wunderbar sauren Essigsoße. Alles hausgemacht, natürlich. Claudia und Christian essen Fleischküchle, Frikadelle auf Hochdeutsch. Der Kartoffelsalat schwätzt, wie sich das gehört, die Besen-Gäste schwätzen auch, der Lärmpegel ist hoch. Auf der Speisekarte stehen außerdem Ripple, Griebenschmalzbrot und sogar Gsälzbrot. Sie wissen doch hoffentlich, dass ein Gsälzbrot ein Marmeladenbrot ist?

Zu den Regeln im Besen gehört außer den begrenzten Öffnungsperioden, dass nur selbst erzeugter Wein ausgeschenkt werden darf. Im Gegenzug brauchen die Besenwirte dann keine Schankkonzession. Die Speisekarte soll regional, einfach und übersichtlich sein, was dann schon mal zu gerichtlichen Auseinandersetzungen führt, wenn eine Besenwirtschaft beispielsweise Gänse- oder Entenbraten oder Spargel auf die Speisekarte setzt.

Szenenwechsel nach Stuttgart-Feuerbach. Auch die Besenwirtschaft Krug ist eine Institution. Oder ist es ihr Inhaber, den viele nur »Der mit dem roten Schal« nennen? Der mit dem roten Schal ist Jürgen Krug. Eigentlich war er Berufsschullehrer, liebte aber Karl Valentin und träumte von einer Kleinkunstbühne. Über dreißig Jahre ist das jetzt her. Da bot ihm jemand einen Weinberg an, Steillage am Feuerbacher Lemberg. Weinbau? Wie macht man so was? Krug hatte nicht die geringste Ahnung, machte sich in der Landesbibliothek schlau und besaß auf einmal nicht nur einen Weinberg, sondern auch eine Besenwirtschaft samt Kleinkunstbühne. Und zwar nicht nur irgendeine Provinzbühne! Sie waren alle da, bekannte Kabarettisten wie Urban Priol oder Dieter Nuhr und Lokalmatadore wie Uli Keuler und Klaus Birk. Der Komiker Helge Thun, Ernst Konarek vom Staatstheater, das Gesangstrio Honey Pie und die Schwabenrocker Grachmusikoff, allesamt Stuttgarter Publikumslieblinge und normalerweise in deutlich größeren Sälen zu Hause. Beim Krug auftreten, da sagt keiner Nein, das ist wie ein Ritterschlag. Manchmal ruft der SWR an und fragt, ob der Krug nicht einen Geheimtipp hat. Die Gäste wiederum müssen Wochen im Voraus reservieren. Am Nachbartisch hat sich die Belegschaft einer in Stuttgart nicht ganz unbekannten Anwaltskanzlei versammelt, in legerer Freizeitkleidung. Neben uns sitzt eine Frauenclique. Ein Pärchen hat an einem winzigen Tisch Platz gefunden. Freie Plätze gibt es nicht, dabei ist es ein stinknormaler Mittwochabend. Woran das liegt? Am Ambiente nicht unbedingt. Nicht an den harten Bierbänken, an denen man sich mit den anderen Gästen zusammenquetscht, wenn der Krug noch jemanden unterbringen muss. Nicht an den braunen Vorhängen, die nach original Siebzigerjahre und nicht nach Retrolook aussehen. Nicht an der winzigen Bühne, auf der umgedrehte Weinkisten einen Stuhl ersetzen. Oder ist es vielleicht gerade das? Dass alles wie aus der Zeit gefallen wirkt? Oder sind es die lustvoll-lüsternen Bilder an der ansonsten schmucklosen Wand? Vielleicht liegt es auch am Sauerkraut. Am Schweinehals aus dem Backofen. Oder vielleicht daran, dass es praktisch keinen Abstand gibt zwischen Bühne und Publikum. Die Atmosphäre, die da entsteht, ist eine ganz besondere, sehr intensive. Künstler zum Anfassen. Jeden Abend stehen zwei Künstler oder zwei Gruppen immer abwechselnd auf der Bühne. An manchen Abenden gibt sich der Besenwirt selber mit seinem Wrdlbrmpfd-Theater die Ehre und spielt natürlich Karl Valentin. Wir sehen den poetischen Sprachspieler Christof Stählin und Timo Brunke, Pionier und König des Poetry Slam. Er hat der Besenwirtschaft sogar ein Gedicht gewidmet: »Kommt ihr mit? Hab ein paar Plätze vorgemerkt im Besen ›Krug‹, dort im Tingeltangel-Himmel starten wir zu trunk'nem Flug: Leib an Leib wie angepflockt, fliegt man dort, auch wenn man hockt, denn Apoll und Bacchus blitzen dort vereint von ihren Sitzen.«

In der Pause wird auf einem großen Schild Krautkuchen angepriesen. Die Nachfrage ist mau, alle sind satt, wir haben schon Rotweinkuchen zum Nachtisch gegessen, jetzt geht nur noch der Trollinger mit Lemberger. Ich frage die Bedienung, ob sie zur Familie gehört. Sie schüttelt den Kopf. »Wir sind kein Familienbetrieb, das ist hier alles Freundeskreis.« Im engen Gang zwischen Küche und dem, was man anderswo »Künstlergarderobe« nennen würde, erzählt Jürgen Krug gern, viel und begeistert von seinem Besen.

»Hallo, ich bin auch noch da«, protestiert es aus der Küche. Im Sauerkrautrevier steht Karin Turba am Herd, Krugs Partnerin. »Der Krug vergisst mich gern«, sagt sie vorwurfsvoll und rührt weiter im Topf. Der Krug guckt ein bisschen schuldbewusst. Er ist nun mal die Rampensau, die die Gäste unterhält, wenn es gerade niemand auf der Bühne tut.

Jetzt muss er mir doch unbedingt noch erzählen, wie der rote Schal zu seinem Markenzeichen geworden ist: Weil er das Bühnengeschehen immer vom Türrahmen aus verfolgte, stand er ständig im Luftzug und war deshalb permanent erkältet. Da erbarmte sich ein weiblicher Stammgast seiner und strickte ihm einen roten Schal, was dem Besen eine Zeit lang den Spitznamen »Roter Besen« und ihm vier weitere Schals eintrug.

Es ist spät geworden. Der mit dem roten Schal verteilt Jacken, der Abschied fällt laut und herzlich aus. Zu Hause hängt am nächsten Morgen immer noch Sauerkrautduft in der Luft.

Von Bären aller Arten, Wasserfällen mit schwäbischem Understatement und Grünem U

Wohin der Ausflug so gehen kann

Da Stuttgart nicht nur aus politischer, sondern auch aus forstwirtschaftlicher Sicht erstaunlich grün ist und rund ein Viertel der Fläche aus Wald besteht, geht man in Stuttgart am Wochenende in den Wald.

Das beliebteste Naherholungsgebiet der Stuttgarter sind die Bärenseen. Baden oder Bootfahren kann man nicht – hier treffen sich Jogger, Wanderer und Familien mit Kindern zum politisch nicht korrekten Entenfüttern. Der Reiz wird erhöht durch das bewirtschaftete Bärenschlössle, das außer an Weihnachten täglich geöffnet hat. Da die Region Stuttgart nicht gerade reich an Wasser ist, wenn man mal vom Mineralwasser absieht, ist das Bärenschlössle praktisch das einzige am Wasser gelegene Spazierziel, denn mit dem einbetonierten Neckar kann man nicht wirklich etwas anfangen, auch wenn allerlei Projekte – Renaturierungen, Biotope, Spazierwege – den Fluss langfristig aufhübschen sollen. Daneben gibt es noch den kleinen Max-Eyth-See, der ein ganz anderes Publikum anzieht als die Bärenseen, hier treffen sich überwiegend Migrantenfamilien zum Grillen.

Die Seen und das Schlössle sind vor allem am Sonntag völlig überlaufen, was auch daran liegt, dass man ringsum bequem parken kann, vorausgesetzt, die Plätze sind nicht hoffnungslos überfüllt. Der schönste Spazierweg führt von der Wildparkstraße fast schnurgerade zum Bärenschlössle, vorbei an Spiel- und Grillplätzen und mitten durch wunderschönen alten Baumbestand. An der Wegeführung sieht man noch heute deutlich, dass dies einmal das Park- und Jagdgelände des berühmt-berüchtigten Herzogs Carl-Eugen war, der sich in und um Stuttgart in zahlreichen prunkvollen Schlossbauten austobte. Er ließ auch das Bärenschlössle bauen und zwei Gondeln auf dem Bärensee stationieren, nebst waschechten italienischen Gondolieri. Abriss, Kriegszerstörung, Brandstiftung: Das Bärenschlössle durchlief eine wechselvolle Geschichte. In jedem Fall saßen schon Generationen von Kindern auf den bronzenen Bären vor dem Schlössle und wurden von ihren Eltern fotografiert. Ich auch. Die Bärenhöhle ist eigentlich nicht viel mehr als ein aufgeschütteter Steinhaufen, aber für Kinder ein großartiger Kletterplatz.

Nun könnte ich Sie beschwören, bleiben Sie ja weg da, es ist einfach zu schrecklich, aber das wäre ziemlich egoistisch und allein meinem persönlichen Wunsch geschuldet, dass sich nicht noch mehr Menschen am Bärensee knubbeln. Nein, man muss ehrlich sagen, es ist einfach schön dort. Es ist ein schöner Ausflug, um die Parkseen – wie sie offiziell heißen, aber von niemandem genannt werden – auf bequemen, flachen Wegen herumzulaufen und dann am Bärenschlössle einzukehren. Dort gibt es guten Kuchen und auch gutes warmes Essen, und zwar in Selbstbedienung und außerdem straff organisiert, sodass selbst lange Warteschlangen an Sommersonntagen oder Schneetagen schnell abgearbeitet werden. Dann kann man sich aussuchen, ob man lieber an den großen Holztischen mit Blick auf den Wald Platz nehmen oder sich auf einer der Bänke oder Baumstämme mit Blick auf den See niederlassen möchte. Den schöneren Blick hat man hier in jedem

Fall, und außerdem knallt selbst im Winter die Sonne auf den breiten, terrassenartigen Hang.

Wer immer es möglich machen kann, sollte das Bären-schlössle antizyklisch besuchen, sprich: lieber Samstag als Sonntag, noch besser unter der Woche und, wenn man in Ruhe spazieren gehen will, auch nicht frühmorgens oder nach Feierabend, weil dann unzählige Jogger unterwegs sind und sich Jogger und Spaziergänger gegenseitig ziemlich auf die Nerven gehen. Auch sonntagmorgens, man kann so früh kommen, wie man will, ist der Weg schon voller Sportler. Das liegt an der Nähe zur Stadt und der überschaubaren Stre-ckenlänge. Etwa 35 Minuten benötigt man als mittelmäßig Trainierter, um alle drei Seen zu umrunden. Manchmal rennt auch der komplette VfB um den See. Übrigens scheint es ein ungeschriebenes Gesetz zu geben, nach dem praktisch alle Jogger in die gleiche Richtung rennen. Ich habe es einmal gegen den Strom versucht und kam mir total komisch vor, ganz so, als täte ich etwas Verbotenes. Wenn Sie beim Jog-gen Schildkröten sehen, die sich auf den Bäumen im See son-nen, keine Sorge! Sie haben keine Halluzinationen von Ihrem Runner's High. Die nordamerikanischen Schildkröten wur-den ausgesetzt. Der Riesenbiber, den die Polizei in meinem Roman »Brezeltango« am Bärensee jagt, ist dagegen eine Er-findung.

Am schönsten, so finde ich persönlich, ist es, an einem rich-tig heißen Sommerabend unter der Woche mit dem Fahrrad hinauszuradeln, das geht herrlich bequem und ohne Anstieg von der S-Bahn-Haltestelle Universität. Wenn man dann oben auf der Balustrade des Bärenschlössle sitzt, auf den stillen See blickt und das kühle Lüftchen genießt, scheint der schwüle Kessel unendlich weit weg.

Richtig voll wird es, wenn die Seen im Winter zufrieren. Das passiert nicht jedes Jahr und wegen der wärmer werden-den Winter zunehmend seltener, und es braucht schon zwei Wochen mit Frostnächten, damit man sich aufs Eis wagen kann. Aber dann herrscht Volksfeststimmung! Hunderte von Menschen sind dann auf den Seen, und man wundert sich, wie viele Leute unterschiedlichsten Alters Schlittschuhe besitzen. Liegt Schnee auf dem Eis, freuen sich die Spaziergänger, weil sie sich mit aufs Eis wagen können, während die Schlittschuhläufer mit Schaufel und großem Besen den Schnee wegputzen, entweder für den privaten Eishockey-Platz oder ganz sozial für die Allgemeinheit. So entstehen Mini-Eislaufbahnen, Kreisel und Querverbindungen. Ja, es hat eben etwas für sich, in einer Stadt zu leben, deren Bewohner kehrwochenerprobt sind! Dann wird Eishockey gespielt, Mütter und Väter schieben auf Schlittschuhen Kinderwagen vor sich her, man hält Schwätzle auf dem Eis und picknickt auf Schlitten. Weil die Tage mit zugefrorenen Seen und blauem Himmel Glückstage sind und niemand weiß, wie viele Jahre man warten muss, bis das Eis wieder gefriert, liegt auf den Gesichtern der Erwachsenen ein vollkommen idiotisches Lächeln der Glückseligkeit ...

Offiziell ist das Schlittschuhfahren verboten, es wird eigentlich auch selten in der Zeitung erwähnt, um nicht noch mehr Menschen anzulocken. Im Kältefebruar 2012 war das Eis schon nach einer Woche zu. Nicht einmal da konnte sich die Stadt Stuttgart dazu durchringen, die Flächen offiziell freizugeben. Karlsruhe gab Seen frei, Heilbronn gab Seen frei, in Hamburg feierten 1,1 Millionen Menschen eine Winterparty auf der Außenalster. Die Stadt Stuttgart behauptete dagegen steif und fest, das Eis sei nicht dick genug, tödliche Unfälle drohten, obwohl seit Jahren kein einziger Eis-Unfall gemeldet worden ist, schickte den städtischen Vollzugsdienst auf Streife und mir die entsprechende Pressemitteilung zum Thema mit dem hübschen Betreff »Bewegen auf dünnem Eis«.

Ich kann mich erinnern, dass das Eislaufen früher mit dem Argument verboten wurde, die Bärenseen dienten der Trinkwasserversorgung. Seit 1998 gilt das nicht mehr, Bodensee und Donauried liefern das Wasser allein. Tatsächlich sind jedoch alle Parkseen im Laufe der Jahrhunderte künstlich angelegt worden, um dem Wassermangel in Stuttgart abzuhelfen.

Der erste See war der Pfaffensee, entstanden 1566 unter Herzog Christoph aus dem aufgestauten Wasser der Glems. Durch den Herzog-Christoph-Stollen wurde das Wasser Richtung Stadt geleitet und kam an der Heideklinge wieder ans Tageslicht. Hier bildeten sich wegen des starken Gefälles die berühmten Heslacher Wasserfälle – wie, Sie haben noch nie von den Heslacher Wasserfällen gehört? Okay. In diesem Fall ist das Stuttgarter Understatement ausnahmsweise mal berechtigt. Es sind nicht die Niagarafälle. Wenn es nicht kurz zuvor geregnet hat, hält sich die Wassermenge, die hier über mehrere Stufen mehr plätschert als stürzt, in ziemlich überschaubaren Grenzen. Trotzdem ist die enge Klinge lauschig, und für Kinder gibt's ein bisschen Abenteuerfeeling. Ganz einfach zu finden sind die Wasserfälle nicht: Am Parkplatz des Rudolph-Sophien-Stifts an der alten B14 weist eine Wandertafel den Weg die Straße hinauf Richtung Bushaltestelle, unter den Gleisen durch und nach links auf einen schmalen Pfad. Über Treppen steil hinunter, und da sieht man sie schon, die Heslacher Wasserfälle. Von oben her von den Bärenseen ist es auch nicht weit.

Vom gleichen Parkplatz könnten Sie gemütlich zum Waldheim Heslach spazieren, 1908 gegründet als erstes seiner Art. Waldheime sind eine ureigene Stuttgarter Erfindung. Sie entstanden zu Beginn des 20. Jahrhunderts als Erholungs- und Rückzugsorte für die unter der schlechten Luft im Kessel leidende Arbeiterschaft. Im Grünen sollten die Arbeiter ohne den Konsumzwang einer Gastwirtschaft gemeinsamen politischen und kulturellen Interessen nachgehen können und sich zusammen mit ihren Kindern erholen. Wegen ihrer Verankerung in Sozialdemokratie und Kommunismus wurden die Waldheime 1933 verboten, und viele Mitglieder der Stuttgarter Waldheimvereine starben in Konzentrationslagern. Nach dem Krieg lebte die Waldheimbewegung wieder auf.

Bis heute sind die Stuttgarter Waldheime politische und kulturelle Zentren und das ideale Ziel für das Feierabendbier an einem lauen Sommerabend oder den Sonntagsausflug ins Grüne. Biergärten sind im Sommer oft überfüllt. In den Waldheimen dagegen gibt es immer Platz, auch wenn man mit einer größeren Gruppe anrückt. Das Essen ist einfach und deshalb günstig, Kinder können sich auf großzügigen Spielplätzen austoben. Waldheime sind außerdem ein Synonym für günstige Ferienfreizeiten. Über dreißig Ferien- und Waldheime bieten in den Ferien Stadtranderholung für Kinder an. Für viele Stuttgarter Kinder ist das Kult und ein fester Bestandteil ihres Lebens, denn oft werden aus Waldheimkindern ehrenamtliche Waldheimbetreuer.

Meine Lieblingswaldheime sind neben dem Waldheim Heslach mit seiner riesigen Obstwiese das Waldheim Gaisburg mit seiner unschlagbaren Aussicht und der lauschigen Terrassenanlage und das nach seiner Mitbegründerin, der Kommunistin und Frauenrechtlerin Clara Zetkin, benannte Waldheim in Sillenbuch. Für viele Stuttgarter ist es Tradition, am 1. Mai mit Kind und Kegel ins Waldheim zu wandern, denn hier wird der Tag der Arbeit als großes Fest gefeiert.

Wenn Ihnen Wasserfälle und Waldheim schnurz sind, können Sie den Ausflug zum Bärenschlössle noch mit dem Besuch eines zweiten, größeren Schlosses verbinden und weiterwandern zum Schloss Solitude, dem Lustschloss des liederlichen Herzogs Carl-Eugen, der hier 175 uneheliche Kinder gezeugt haben soll, ehe er von Franziska von Hohenheim geläutert wurde. Sprechen Sie das Schloss auf keinen Fall ordentlich französisch aus. Korrekt ist vielmehr »Solidü«. Die Solidü stand bis 1942 auf der Gemarkung meiner Heimatstadt Gerlingen und faszinierte mich als Kind mit ihrem heruntergekommenen Charme. Damals durfte man noch auf ihre Kuppel steigen. Damit ist es vorbei. Die Solitude wurde schmuck renoviert, und heute stehen auf den Freitreppen der Solitude am Wochenende meist strahlende Brautpaare herum, denn wer etwas auf sich hält, fährt mit einem Stuttgarter Mercedes mit weißem Blumenbouquet an, heiratet hier in der Schlosskapelle und speist dann im Ambiente von Spiegeln und Stuck beim Stuttgarter Szene-Gastronom Jörg Mink, dem selbst ernannten »Botschafter der schwäbischen Gastlichkeit«. Vor dem Schloss geht's dagegen eher rustikal zu, steigen auf der großen Wiese Drachen, und es wird gepicknickt. Von hier aus führt ein schnurgerader, dreizehn Kilometer langer Weg zum Ludwigsburger Schloss, denn Carl-Eugen hatte Sinn für Symmetrie. Und fürs Exzentrische: Als Kinder liebten wir die Geschichte des Herzogs, der sich die Steige unterhalb des Schlosses im Sommer mit Salz bestreuen ließ, um Schlitten zu fahren. Zweifelsohne ist der Hang bis heute der beste Schlittenhang in Stuttgart, weil er so schön lang und steil ist.

Über die Solitude ließe sich noch eine Menge erzählen. Schiller besuchte hier fast drei Jahre die Hohe Karlsschule. John Cranko wohnte in einem der Kavaliershäuschen und ist auf dem Solitude-Friedhof begraben. Auf der Solitude-Rennstrecke wurden bis 1965 Auto- und Motorradrennen gefahren. Seit 1990 vergibt die Akademie Schloss Solitude Wohnstipendien an Künstlerinnen und Künstler aus allen Bereichen und aus aller Welt. Sie stellen ihre Arbeit regelmäßig der Öffentlichkeit vor, und es ist durchaus lohnenswert, ein Auge auf das jährliche Sommerfest und die teilweise schrägen Aktionen und Performances der Akademie zu haben.

Interessant ist auch das Gebäude neben der Solitude, nämlich die Dienstvilla der Ministerpräsidenten. Hier wohnte Günther Oettinger von 2005 bis Sommer 2011. Da sein Kurzzeitnachfolger Mappus in Pforzheim geblieben war und keinen Anspruch auf die Dienstvilla angemeldet hatte, hatte Oettinger nach seiner Weglobung nach Brüssel als Energie-Kommissar zunächst die alte Adresse beibehalten, gerüchteweise für etwa dreitausend Euro Kaltmiete im Monat. Auch vor Oettingers Einzug hatte das Objekt lange Zeit leer gestanden. Ursprünglich gebaut worden war die Villa 1968/69 für den damaligen Ministerpräsidenten Filbinger und seine fünf Kinder. Noch Jahre nach Filbinger-Affäre und -Rücktritt genoss dieser das Ambiente auf der Solitude – und ich erinnere mich noch gut, wie wir uns als Kinder vor den bewaffneten Sicherheitskräften gruselten, die die Villa bewachten. Nachfolger Lothar Späth ließ sich sechs Jahre Zeit, bis er 1984 in die Dienstvilla zog. Auf ihn folgte Erwin Teufel, der in Spaichingen wohnen blieb und sich schwäbisch-bescheiden mit einem Zimmer im Marienhospital (!) begnügte, wenn er dann doch einmal in Stuttgart übernachten musste. Dass Ministerpräsident Kretschmann nebst Gattin der Dienstvilla eine Absage erteilte, erstaunte eigentlich niemanden. Kretschmann fand ja auch, dass sein Dienstsitz, die Villa Reitzenstein, zu weit weg von der Innenstadt und vom Geschehen sei, und auf die Solitude traf dies ja noch viel mehr zu. Außerdem war sie ihm mit ihren fünfzehn Zimmern und 450 Quadratmetern zu groß. So steht die Villa erst mal leer. Falls Sie also eine Wohnung zwischen Schloss und Pferden suchen…

Wenn Sie nicht zur Solidü möchten und über die entsprechende Kondition verfügen, können Sie vom Bärenschlössle auch auf dem markierten Wanderweg »Vom Schloß zum Schlößle« in umgekehrter Richtung in die Stadtmitte wandern. Das Schloss ist Carl-Eugens Neues Schloss, und Sie erreichen es nach achtzehn Kilometern, die Sie komplett durchs Grüne führen.

Vom Wald aus gelangen Sie nämlich in das sogenannte Grüne U, einen Grünzug von acht Kilometern Länge, der sich u-förmig vom Höhenpark Killesberg über den Rosensteinpark und die Schlossgartenanlagen bis zum Neuen Schloss erstreckt. Maximal anderthalb Kilometer muss man in Stuttgart zurücklegen, bis wieder ein Park beginnt. Das Grüne U wurde zur Internationalen Gartenbauausstellung (IGA) 1993 vollendet. Der Höhenpark Killesberg befindet sich seit dem Wegzug der Messe Stuttgart hinaus auf die Filder im

Umbruch und Umbau. Davon unberührt sind meine nicht unbedingt geheimen Geheimtipps dort, nämlich die Milchbar als Einkehrtipp, das lauschige Tal der Rosen als Romantiktipp und der wunderbar luftig-leichte Killesbergturm von Jörg Schlaich, der nicht ganz Schwindelfreien die Knie zittern lässt, als Aussichtstipp.

An Killesberg und Wartberg grenzt der Rosensteinpark, wobei dieser umgangssprachlich oft dem Schlosspark einverleibt wird. Der Park, den König Wilhelm I. von 1824 bis 1840 im englischen Landschaftsstil anlegen ließ, gilt als bedeutendster Landschaftspark Südwestdeutschlands und steht unter Denkmalschutz. Im Rosensteinpark liegen die beiden Museen des Staatlichen Museums für Naturkunde. Sie teilen sich auf in das Museum am Löwentor und das Schloss Rosenstein und sind ausgesprochen familientauglich, denn im Museum am Löwentor (Paläontologie) stehen die Dinos und im Schloss Rosenstein (Biologie) die ausgestopften Tiere. Schloss Rosenstein wurde von Giovanni Salucci erbaut und diente König Wilhelm als Sommerresidenz und zum Feschtle-Feiern. Kurioserweise befindet sich direkt unter der Mittelachse des Schlosses der 1846 fertiggestellte, mittlerweile nicht mehr benutzte Rosensteintunnel, der erste Eisenbahntunnel Württembergs, der leider nur noch selten besichtigt werden kann.

Der Treppenaufgang zum Schloss Rosenstein ist im Frühling und Sommer einer meiner absoluten Stuttgart-Lieblingsplätze, vor allem zur Kastanienblüte im Mai. Obwohl man mitten in der Stadt sitzt, nicht weit entfernt von einer der dreckigsten Kreuzungen Deutschlands am Neckartor, atmet alles hier Frieden und Schönheit. Die steinernen Löwen thronen majestätisch links und rechts des Treppenaufgangs, der große runde Brunnen plätschert leise vor sich hin, und zur Linken erstreckt sich eine traumhaft schöne Kastanienallee. Geht man um das Schloss herum Richtung Wilhelma, gibt es einen zweiten wunderschönen Platz, wo man sich zu einem ausgedehnten Lese- oder Knutschstündchen niederlassen kann, den Rosengarten. Das aus roten und weißen Kerzen bestehende Kastanienmeer im Park sieht man ganz besonders schön ein paar Schritte weiter unten an der Haltestelle Mineralbäder. Hier liegen das Mineralbad Leuze und das Mineralbad Berg, die zu Stuttgart gehören wie die Linsen zu den Spätzle, sodass ich Sie Ihnen noch ausführlicher vorstellen möchte.

Direkt neben dem Museum am Löwentor finden Sie eines der am schönsten gelegenen Cafés in Stuttgart. Am Wochenende ist das Café Fossil ein beliebter Treffpunkt von Familien, die nach so viel Dino ein Päuschen brauchen. Die Kinder freuen sich über die große Spielecke im Café und den riesigen Abenteuerspielplatz gut hundert Meter weiter. Unter der Woche ist es hier wunderbar ruhig und besonders im Frühsommer traumhaft schön, weil man von der Terrasse des Cafés aus direkt in den Park mit seinem wunderschönen alten Baumbestand und in die blühenden Wiesen hineinschaut. Der Frieden wird allerhöchstens von den Gärtnern der angrenzenden Wilhelma gestört, die die Wiesen mähen. Das Heu wird an die Wilhelma-Tiere verfüttert, deswegen dürfen die Wiesen nicht betreten werden.

Sagen Sie in Stuttgart bloß nicht, ich gehe in den Zoo. In Stuttgart geht man in die Wilhelma, benannt nach König Wilhelm I. von Württemberg und eben nicht nur Zoo, sondern auch botanischer Garten, der größte zoologisch-botanische Garten Europas und ein Besuchermagnet für die ganze Region. So heißt es bei schönem Wetter regelmäßig im Radio »Die Parkhäuser der Wilhelma sind belegt«, und an den Eingängen bilden sich lange Schlangen.

Wer nur ein bisschen Tiere gucken will, kann vom Café Fossil aus im Rosensteinpark am Zaun entlanglaufen. Ziegen, Kamele, Vogel Strauß und Lamas gibt es auf dem Trampelpfad, der bei Kita-Gruppen beliebt ist, umsonst. Beim Eisbärengehege ist Schluss.

2008 war der Zaungastplatz besonders begehrt, weil Eisbärbaby Wilbär mit Mama Corinna im Becken planschte. Auch
vor Eisbären macht die schwäbische Diskretion nicht halt.
Während Knut in Berlin und Flocke in Nürnberg Schlagzeilen machten, verheimlichte Wilhelma-Chef Dieter Jauch
Wilbärs Geburt im Dezember 2007 und gönnte dem Bären-
baby eine popstarfreie Kindheit, bis es im April der Öffent-
lichkeit präsentiert wurde. Natürlich ging es am Ende doch
nicht ohne Rummel ab, und vor dem Gehege standen die
Bärenfans stundenlang an. Die Wilhelma kam 2008 schließlich auf die Rekord-Besucherzahl von 2,42 Millionen, deutlich weniger als die 3,18 Millionen, die Knut sehen wollten.
Wilbär war eben ein bescheidener schwäbischer Bär, und ihm
war deshalb auch ein glücklicheres Schicksal als Knut beschieden. Er lebt mittlerweile mit Eisbärweibchen Ewa in einem
großen Freigehege im schwedischen Orsa.

Draußen auf dem Zaungastplatz beobachtete ich 2008 eine
Kita-Gruppe. Ein sehr kleines Mädchen deutete auf Wilbär
und sagte zu seiner Betreuerin: »Fisch!«

»Nein, Alissa. Das ist kein Fisch. Das ist ein Eisbär.«

Das Kind klammerte sich an den Zaun, deutete auf das
Wasserbecken und verkündete strahlend: »Gorilla!«

»Nein, Alissa. Das ist kein Gorilla. Das ist ein Eisbärbaby.«

Alissa schwieg andächtig, und ich vermag nicht zu beurteilen, ob sie eingesehen hatte, dass ein Eisbär kein Gorilla ist.

2011 stand ich wieder am Zaun. Wilbär war in Schweden und Eisbärmann Anton wieder bei Corinna eingezogen.
Zwei ältere Damen beäugten die Bären kritisch. »Des isch
doch koi Eisbär meh, der isch ja braun!«, sagte die eine vorwurfsvoll, worauf ihre Begleiterin bestätigte: »Dr Wilbär war
au so a Drecksbiable!« Ja, auch bei Eisbären achtet die Schwä-
bin auf Sauberkeit.

Wahrscheinlich hat früher jedes Kind in und um Stuttgart
als Traumberuf »Tierpfleger in der Wilhelma bei den See-
löwen« angegeben. Die Seelöwenfütterung und der Besuch

beim mittlerweile leider verstorbenen weißen Krokodil waren jedenfalls die Momente im Jahr, auf die wir hinfieberten. Und natürlich die Affenaufzuchtstation: Menschenaffenbabys aus Zoos aus ganz Europa, die von ihren Müttern nicht angenommen wurden, werden hier von Hand aufgepäppelt, und die Affenkinderstube mit ihren in Menschenwindeln steckenden Äffchen gehört zu den umlagertsten Plätzen in der Wilhelma.

Mit das Schönste, was Sie in Stuttgart erleben können, ist die Magnolienblüte in der Wilhelma, meist im April. Dann verwandelt sich Europas größter Magnolienhain in eine weiß-rosarote Wolke von begrenzter Haltbarkeit, mit der es bei plötzlichem Frost ganz schnell vorbei sein kann. Die Magnolienblüte fällt auch nicht unbedingt in die Kategorie Geheimtipp, weil sie von den Medien als wichtiges Ereignis gemeldet wird, worauf sich Heerscharen von Menschen aufmachen in den Maurischen Garten, um zwischen Magnolien und Seerosenteich lustzuwandeln, fachzusimpeln und zu fotografieren, was das Zeug hält – freilich kein Grund, nicht hinzugehen. Ein Geheimtipp ist der Maurische Garten dagegen für ein Lesestündchen an einem Sommerabend unter der Woche, das wunderbar sonnige Café Belvedere oberhalb des Maurischen Gartens nicht zu vergessen. Ein Geheimtipp für graue Wintertage sind auch die ganzjährig angenehm temperierten Gewächshäuser. Für beides lohnt sich eine Jahreskarte, die ist nämlich im Vergleich zum Einzeleintritt richtig günstig.

Zum Schluss noch ein allerletzter Vorschlag für einen kleinen Ausflug: das selten wirklich überlaufene Teehaus im Weißenburgpark, ein im Sommerhalbjahr geöffnetes Café in einem historischen Pavillon mit Deckenmalereien. Von der Stadtbahn-Haltestelle Bopser aus muss man ein Stück zu Fuß hinaufgehen, was manche abschrecken mag, und zufällig stolpert man über den von einem Hügel abgeschirmten Biergarten auch nicht. Geht man die paar Schritte hinauf auf den Hügel, hat man einen der schönsten Stadtblicke in Stuttgart überhaupt, weshalb dieser Tipp genauso gut in das Kapitel über den Kessel gepasst hätte, ebenso wie die Grabkapelle auf dem Württemberg, von der aus man auf dem Höhenweg nach Esslingen wandern und mit der S-Bahn zurückfahren kann.

Falls es Ihnen in Stuttgart nicht grün genug ist: Stuttgart ist geradezu umzingelt von der allerliebsten Landschaft, von Schönbuch, Schwarzwald, Schwäbischer Alb und Schwäbischem Wald, den leider kein Schwein kennt. Vor so viel Grün gibt es kein Entkommen. Und falls es schneit, wird Stuttgart gar zum Wintersportort. Dann spurt der Schiverein Stuttgart-Vaihingen insgesamt zehn Kilometer Langlaufloipen im Rosental.

»Der Name Stuttgart ist ein magischer Name«

Das Ballettwunder

Das Stuttgarter Ballett gehört ohne jeden Zweifel mit zum Glücklichsten, was die Stadt hervorgebracht hat. Und man wundert sich gelegentlich, dass so viele Menschen, die nicht in Stuttgart leben, denen man aber durchaus kulturelles Allgemeinwissen und Kulturbeflissenheit bescheinigen würde, davon noch immer nichts mitgekriegt haben.

Seit 1996 ist der gebürtige Kanadier Reid Anderson Intendant des Stuttgarter Balletts. Anderson und das Ballett, das ist eine Einheit, die untrennbar zusammengehört. Davon kann sich jeder persönlich überzeugen: Anderson schaut sich selber praktisch jede Vorstellung an, er beobachtet seine Tänzer und ihre Entwicklung genau und ist in den Pausen immer am selben Ort zu finden: an einem kleinen Stehtischchen im Foyer im ersten Rang, offen für Gespräche mit Ballettbesuchern, Tänzern, Kollegen oder Journalisten.

Ebenso offen zeigt er sich in seinem Büro in den Räumen des Staatstheaters. Kein Computer auf dem Tisch, nichts lenkt ab vom hoch konzentrierten Gespräch mit der Besucherin. Die hat sich, und sie gibt es unumwunden zu, sofort einwi-

ckeln lassen. Ganz bestimmt nicht von den reichlich heruntergekommenen Räumen. Wahrscheinlich kann sich ein Besucher des prunkvollen Opernhauses nicht wirklich vorstellen,
wie es hier aussieht, es sei denn, man hat an einer der Führungen hinter den Kulissen teilgenommen, was ich nur empfehlen kann, gibt es dabei doch so besondere Orte zu sehen
wie die Bühne mit ihrer faszinierenden Technik, den riesigen
Malsaal, den Kostümfundus, die Schneiderei oder die Schrei-
nerei, denn noch wird an den Staatstheatern Stuttgart, die Ballett, Oper und Schauspiel umfassen, nicht outgesourct, sondern alles selber gemacht. Mit insgesamt 1350 Beschäftigten
ist es ein ausgesprochen wichtiger Arbeitgeber und Ausbil-
dungsbetrieb für Stuttgart.

Nein, es sind nicht die Räume, es ist die knisternde, pul-
sierende Atmosphäre, die hier in den Räumen des Balletts
herrscht, es sind die grazilen Tänzer, die durch die Gänge
eilen, riesige Taschen über den Schultern, es ist die Faszina-
tion des Proberaums, in dem sich alle in farbenfrohem Durcheinander für das Training aufwärmen, der schnelle Blick auf
die Erste Solistin Sue Jin Kang und nicht zuletzt auch die
Herzlichkeit und die Freundlichkeit, die hier deutlich spür-
bar ist in diesen heruntergekommenen, ganz und gar dem
Ballett geweihten Hallen. Nichts anderes scheint hier zu zählen als der Tanz, der Tanz in seiner höchsten Perfektion, und
alle, Compagnie, Verwaltung und Intendant, scheinen sich
dem in absoluter und bedingungsloser Weise verschrieben zu
haben. Zu einem hohen Preis: den Preis geschundener Kör-
per und Verletzungen, endloser Proben, langer Arbeitstage,
anstrengender Tourneen, einer hohen Alltagsdisziplin, verhält-
nismäßig niedrigem Lohn und einem zeitlich sehr limitier-
ten Berufsleben, zumindest als Tänzer. Wer das alles auf sich
nimmt, für den ist der Tanz Lebensinhalt. Danach kommt erst
einmal lange gar nichts. Das ist es, was die Besucherin spürt.

Reid Anderson tanzte von 1969 bis 1985 selber in Stuttgart. »Ich habe nie das Gefühl gehabt, dass die Stuttgarter kühl

waren, obwohl ich, als ich nach Stuttgart kam, kein Wort Deutsch gesprochen habe«, erinnert er sich im Gespräch. »Alle waren immer sehr hilfsbereit. Ich fühlte mich immer gut aufgehoben hier.« Freilich kann er sich auch erinnern, dass dieses Stuttgart in den Sechzigerjahren eine ziemlich verschlafene Stadt war. Und vielleicht, so meint er, konnte man gerade deshalb eines wunderbar in dieser Stadt tun: arbeiten. Und das tat die Compagnie unter John Cranko, und sie erntete die Früchte ihrer Arbeit 1969, bei ihrer legendären Tournee nach New York und ihrem ersten Gastspiel an der MET. Das war der große, internationale Durchbruch.

Mit John Cranko begann die geradezu mythische Zeit des Stuttgarter Balletts. Natürlich wurde in Stuttgart auch schon vor Cranko getanzt. Die Geschichte des Balletts beginnt bereits im 17. Jahrhundert am württembergischen Hof und erreicht ihre erste Blütezeit im 18. Jahrhundert. Von 1759 bis 1766 wirkte hier der große Tanzreformer Jean-Georges Noverre. Er wurde zum Namensgeber der 1958 gegründeten Noverre-Gesellschaft, die jedes Jahr die Veranstaltung »Junge Choreographen« ausrichtet. Viele mittlerweile berühmte Choreografen wie John Neumeier, William Forsythe oder auch Eric Gauthier bekamen hier ihre erste Chance.

1922 erregte das Ballett in Stuttgart erneut Aufsehen, als Oskar Schlemmers experimentelles »Triadisches Ballett« in Stuttgart aufgeführt wurde. Der Bauhaus-Künstler entwickelte achtzehn verschiedene Kostüme, die geometrischen Figuren ähnelten und von denen einige in der Staatsgalerie ausgestellt sind.

»Aber das Stuttgarter Ballett gibt es, seit John hierhergekommen ist, seit 1961«, betont Reid Anderson. Cranko, gebürtiger Südafrikaner, war vom Londoner Sadler's Wells Theatre als Ballettdirektor und Choreograf nach Stuttgart gekommen. Vier Tänzernamen gelten bis heute als Inbegriff der legendären Cranko-Ära: Richard Cragun, Birgit Keil, Marcia Haydée und Egon Madsen. Cranko widmete seinen

Spitzentänzern sogar ein eigenes Ballett und benannte es nach den Anfangsbuchstaben ihrer Vornamen, Initialen R. B. M. E.

Zunächst schuf Cranko seine mittlerweile legendären drei großen Handlungsballette: »Romeo und Julia«, »Onegin« und »Der Widerspenstigen Zähmung«. Zweimal Shakespeare, einmal Puschkin. Mit Onegin im Gepäck reiste die Compagnie 1969 nach New York – und der renommierte Ballettkritiker Clive Barnes prägte daraufhin den Begriff vom »Stuttgart ballett miracle«, vom »Stuttgarter Ballettwunder«. Das *Time Magazine* schrieb am 20. Juni 1969: »Considering the sad record of the past, the idea of a good German ballet troupe might seem as implausible as a Nepalese surfing club. Times have definitely changed. Not long after the curtain lifted at the American debut of the Stuttgart Ballett last week, the audience at Manhattan's Metropolitan Opera House was cheering in disbelief at the light-as-air elegance of a pack of young gazelles from the edge of the Black Forest.« Ein Rudel junger, leichtfüßiger Gazellen, und Stuttgart liegt am Rande des Schwarzwalds – allerliebst, nicht wahr?

Der *Spiegel* wiederum bezeichnete Cranko nach dem MET-Erfolg als »Erfinder eines heimlichen Nationalballetts« und als »Vater des deutschen Ballettwunders«.

Zwei Jahre später kehrte das Stuttgarter Ballett nach New York zurück, tanzte erneut den »Onegin« und feierte mit Marcia Haydée als Tatjana Triumphe. Es sei überaus erstaunlich, schrieb Clive Barnes daraufhin im Mai 1971 im renommierten *Life Magazine*, wie rasant das Stuttgarter Ballett international bekannt geworden sei, und das nur zehn Jahre nachdem John Cranko das Royal Ballet verlassen hatte und nach Stuttgart gekommen war, das man bislang vor allem mit Mercedes Benz verband: »Yet Cranko, working like his own one-man factory, created ballets, and, equally important, dancers, and in this amiable, sleepy German provincial town built a company welcome in the great opera houses in the world.« Putzig, wie Stuttgart damals in den USA wahrgenommen wurde – ein freundliches, verschlafenes Provinzstädtchen, bekannt allein als Heimat von Mercedes, und nun – eben auch des Stuttgarter Balletts. So sieht das auch Reid Anderson: »Da war noch ein Stern am Balletthimmel, und das war das Stuttgarter Ballett.«

Es waren übrigens die amerikanischen Kritiker, die das »Ballett des Württembergischen Staatstheaters« kurzerhand umbenannten in »The Stuttgart Ballet«, weil das weniger kompliziert war. Dabei blieb es dann, von nun an hieß es das Stuttgarter Ballett, selbst wenn es streng genommen beides ist, das Ballett des Landes und das Ballett der Stadt, weil sich beide die Kosten teilen. »Und jetzt ist die Compagnie so berühmt in der ganzen Welt, und wir sind immer noch auf Tournee, und irgendwie sind wir Botschafter für die Stadt Stuttgart«, sagt Anderson, sichtlich stolz.

Dem Triumph in New York folgten Einladungen in die ganze Welt. Umgekehrt schuf Cranko in Stuttgart weitere Choreografien und verpflichtete Gastchoreografen wie Sir Kenneth MacMillan und Sir Peter Wright. Außerdem ermutigte er Tänzer wie John Neumeier und Jiří Kylián, selber zu choreografieren, und legte damit einen weiteren Grundstein für die Arbeit am Stuttgarter Ballett, nämlich die Förderung junger Choreografen.

So hätte es munter weitergehen können, doch dann kam der Schock. John Cranko starb, völlig unerwartet und gerade mal fünfundvierzig Jahre alt, 1973 auf dem Rückflug von einem Gastspiel in den USA. Er war bewusstlos geworden und an Erbrochenem erstickt. Danach verbreiteten sich Gerüchte, Cranko habe Selbstmord begangen – er hatte zwar ein Beruhigungsmittel eingenommen, aber keine Überdosis. Sein Grab ist leider ziemlich schwer zu finden. Es liegt in der Nähe von Schloss Solitude auf dem winzigen Solitude-Friedhof neben dem Grab des Bildhauers Fritz von Graevenitz. Wenn Sie es besuchen möchten, gehen Sie am Graevenitz-Museum und an den Pferdekoppeln vorbei, am Ende der Allee führt ein Fußweg nach links zum ehemaligen Soldatenfriedhof.

»Um wieviel ärmer die deutsche Ballettszene durch seinen Tod geworden ist, wird man wohl erst in zwei, drei Jahren völlig begreifen können. Dann nämlich wird man langsam zu merken beginnen, wieviel schwerer alles für die Ballettschaffenden hierzulande geworden ist«, schrieb die *ZEIT* in ihrem Nachruf auf Cranko.

Das Erbe Crankos trat 1974 der Amerikaner Glen Tetley an, den Cranko kurz vor seinem Tod als Hauschoreografen verpflichtet hatte. Tetley brachte den Modern Dance nach Stuttgart und schuf mit »Le Sacre du Printemps« und »Daphnis and Chloe« zwei der bedeutendsten Werke seiner Karriere. Doch er trug schwer am Erbe. Nach nur zwei Jahren trat er 1976 zurück.

Er reichte den Stab weiter an die Primaballerina und Erste Solistin Marcia Haydée, die das Stuttgarter Ballett von 1976 bis 1996 leitete. Für sie schrieb John Neumeier 1978 »Die Kameliendame« und 1983 »Endstation Sehnsucht«. Haydée selbst inszenierte mit »Dornröschen« ein abendfüllendes Ballett. Neben den drei Cranko-Klassikern sowie »Giselle« und »Schwanensee« gehören »Die Kameliendame« und »Dornröschen« bis heute zu den fast immer ausverkauften Lieblingen des Stuttgarter Publikums.

Mittlerweile ist es zum Glück viel einfacher geworden, Ballettkarten zu bekommen, weil der Vorverkauf deutlich ausgebaut worden ist und man Karten persönlich kaufen und telefonisch, schriftlich oder im Internet bestellen kann. Ich kann mich aber an Zeiten erinnern, da übernachteten manche gar vor dem legendären Kartenhäusle auf dem damaligen oberen Schlossplatz.

Zurück zu Marcia Haydée. Als Crankos Muse und Ausnahmeballerina über jeden Zweifel erhaben und bis heute vom Stuttgarter Publikum verehrt, war sie als Ballettdirektorin nicht unumstritten. Einerseits verpflichtete sie Choreografen wie Maurice Béjart und Hans van Manen und festigte damit den Ruf des Stuttgarter Balletts als künstlerisch spannende Compagnie. Andererseits galt sie manchen als sture und selbstherrliche Persönlichkeit, wurde böse als der »einzig wirkliche Mann im Stuttgarter Staatstheater« beschrieben und dafür kritisiert, dass sie neben ihren Aufgaben in Stuttgart 1994 zusätzlich auch noch die Leitung des Balletts Santiago de Chile übernahm und ernsthaft in Erwägung zog, das Ballett der Deutschen Oper Berlin als dritte Compagnie zu leiten.

Im Sommer 1996 brauste sie nach einer großen »Dornröschen«-Gala mit ihrem Mann auf dem Motorrad von der Bühne und machte den Platz frei für Reid Anderson. Dieser war von 1989 bis 1996 Ballettdirektor des National Ballet of Canada in Toronto. Von dort brachte er vier Erste Solisten mit, Margaret Illmann, Yseult Lendvai, Robert Tewsley und Vladimir Malakhov, sowie Eric Gauthier als Mitglied des Corps de Ballet. Doch bevor Anderson loslegte, fegte er auf Anweisung des Verwaltungsrats erst einmal mit dem großen Besen durch die Compagnie. Monate vor seinem Amtsantritt reiste er immer wieder nach Stuttgart, entließ schließlich langjährige Tänzerinnen und Tänzer, von denen einige schon über fünfzig Jahre alt waren, und ersetzte sie durch einundzwanzig jüngere. Damit machte er sich nicht nur Freunde, doch künstlerisch zahlte sich die Verjüngungskur aus. In der Kritik wurde aus dem »Stuttgart Ballet« das gefeierte »new« Stuttgart Ballet.

Anderson, der ja selbst noch unter Cranko getanzt hatte, stellte sich ganz in dessen Tradition: auf der einen Seite die klassische Ausrichtung und die Pflege des Cranko-Erbes, auf der anderen Seite die Förderung jüngerer und junger Choreografen, die oft aus den eigenen Tänzerreihen kommen. Und nicht zuletzt die Nachwuchsförderung in der John Cranko Schule und der Aufbau von Spitzentänzern in der Compagnie, die das breite Stuttgarter Repertoire abdecken können.

Sonia Santiago, Julia Krämer, Bridget Breiner, Sue Jin Kang, Elizabeth Mason, Alicia Amatriain, Anna Osadcenko, Katja Wünsche, Filip Barankiewicz, Marijn Rademaker, Jason

Reilly oder Friedemann Vogel, das sind Namen von Spitzentänzern, die sich mit Anderson verbinden. Sie stammen entweder aus der Talentschmiede John Cranko Schule oder kommen nach Stuttgart, weil es die »Supernova für Cranko-Ballette« ist, wie Anderson es umschreibt, und weil sie hier wie nirgendwo sonst die Möglichkeit haben, sich nicht nur in den Cranko-Klassikern auszuprobieren, sondern sich aufgrund des vielfältigen Repertoires in den unterschiedlichsten Rollen und Stilen auszutoben. Sie bleiben schließlich, weil sie irgendwann an diesem seltsamen, nach außen hin so unscheinbaren Stuttgart hängen. Aus 23 unterschiedlichen Nationen stammen die 65 Eleven, Gruppentänzer und Solisten. Sie bilden einen internationalen Mikrokosmos, in dem Deutsch und Schwäbisch eine Minderheitensprache ist und die Kehrwoche höchstens als kurioser lokaler Brauch registriert wird. Und sie leben letztlich vom ideellen Lohn, dem Beifall und der Begeisterung des Stuttgarter Publikums.

Beispiel Jason Reilly: Mit siebzehn kam der heutige Startänzer nach Stuttgart, mit dreiundzwanzig wurde er zum ersten Solisten ernannt, und mit neunundzwanzig kündigte er im Januar 2009 an, sein Engagement in Stuttgart im Juli beenden zu wollen und in seine Heimat Toronto zurückzukehren, ans National Ballet of Canada, um näher bei seiner Familie zu sein. Die Presse bezeichnete dies als herben Verlust. Reid Anderson wehklagte, er werde Reilly wie einen Sohn verabschieden müssen. Und die Stuttgarter Ballettwelt schluchzte, weil sie ihren Liebling nicht verlieren wollte, der sie nicht nur als hocherotischer Othello um den Finger gewickelt hatte.

Wenige Tage vor seiner Abschiedsvorstellung am 25. Juli 2009 ließ Reilly die Bombe platzen. Verschämt, weil ihm der Wirbel um seine Person sichtlich peinlich war, verkündete er, sich nun doch nicht von Stuttgart trennen zu können. »Die Heimat ist dort, wo das Herz ist, und mit dem Herzen bin ich hier in Stuttgart.« Als Grund gab er außerdem das vielseitige Repertoire des Stuttgarter Balletts an. Anderson freute sich wie ein Schneekönig, das kanadische Ballett zeigte sich als guter Verlierer, und die »Abschiedsvorstellung«, in der Reilly den Petruchio in »Der Widerspenstigen Zähmung« tanzte, geriet zum Triumph. Reid Anderson trat vor Beginn der Vorstellung vor die Zuschauer, um diejenigen, die es nicht mitgekriegt hatten, darüber zu informieren, dass der Abschied nun doch keiner war, aber da tobte das Publikum schon und ließ ihn gar nicht ausreden. Als Reilly dann auf die Bühne tanzte, über beide Backen grinsend, gab es für das Publikum kein Halten mehr.

Phantastisch ist das Publikum in Stuttgart, das findet (nicht nur) Reid Anderson. »Als ich als Intendant hierhergekommen bin, mit meinen Solisten aus Toronto, da konnten sie es einfach nicht fassen, wie toll das Publikum hier ist. Die klatschen so viel, viel mehr als woanders und fast bei jeder Vorstellung, und wir haben so viele Vorhänge!«

Diese Leidenschaft will irgendwie so gar nicht zum Schwaben-Klischee passen. Wie erklärt sie sich? Anderson nennt als ersten Grund die Treue der Stuttgarter. »Es passiert mir ständig, dass die Leute bei den Vorstellungen auf mich zukommen und sagen: Ich habe Sie tanzen sehen 1971, und jetzt kommen meine Kinder, und ihre Kinder kommen, und wir selbst kommen auch immer noch.« Als zweiten Grund nennt Anderson die Tatsache, dass das Publikum die Karriere der Tänzer mitverfolgt – zunächst als Schüler in der John Cranko Schule, dann im Corps de Ballet und schließlich, wenn es gut läuft, als Halbsolisten und Solisten. Jüngstes Beispiel: Der Brasilianer Daniel Camargo. Entdeckt vom Direktor der John Cranko Schule, Tadeusz Matacz, machte er dort seine Ausbildung, legte eine Blitzkarriere hin und wurde direkt ins Corps de Ballet aufgenommen. Kaum neunzehnjährig, wurde er mit dem »Deutschen Tanzpreis Zukunft« ausgezeichnet und in der Spielzeit 2011/12 zum Halbsolisten befördert. Und der dritte Grund: Die Offenheit und Neugierde des Stuttgarter Publikums. Schließlich werden hier nicht nur »Onegin«, »Kameliendame« oder »Dornröschen« getanzt, Klassiker, mit denen man ohne großes Risiko die Reihen im Theater füllt, sondern auch konsequent der choreografische Nachwuchs gefördert. Eine steile Karriere als Choreograf hat so der aus der John Cranko Schule kommende Christian Spuck hingelegt. Er trat 1996 zum ersten Mal in der Reihe »Junge Choreographen« in Erscheinung, wurde 2001 zum Hauschoreografen ernannt und übernimmt nun zur Spielzeit 2012/2013 die Leitung des Zürcher Balletts.

Mit seinen abendfüllenden Handlungsballetten »Lulu. Eine Monstretragödie«, »Der Sandmann«, »Leonce und Lena« und »Das Fräulein von S.« steht Spuck in der Tradition Crankos und schreibt sie gleichzeitig fort – abstrakter, moderner, aber ungemein dramatisch, sinnlich und ergreifend. Wie Cranko braucht auch er eine große Bühne, auf der er sich choreografisch austoben kann. Das Stuttgarter Publikum lässt sich darauf ein und feiert Spucks Ballette genauso wie die Crankos. Spucks Kollege Marco Goecke, ebenfalls Hauschoreograf in Stuttgart, gilt vielen als der innovativste Choreograf der Gegenwart. In Stuttgart machte er vor allem mit seinem Abendfüller »Orlando« oder seiner rabenschwarzen Version von »Der Nussknacker« von sich reden.

»Die Leute wollen was Neues sehen, das ist das Tollste hier, diese Neugier«, sagt Anderson. In Toronto, erzählt er, musste er aufpassen, wenn er ein dreiteiliges Programm machte. Dort musste das schwierige, neue Stück in die Mitte, damit die Leute nicht nach Hause gingen, und am besten noch irgendwas mit Bühnenbild und Handlung an den Schluss. In Stuttgart dagegen kann Anderson einen Abend mit drei neuen Choreografien auf den Spielplan setzen, ohne sich Sorgen zu machen – das Stuttgarter Publikum kommt. Zur Wiedereröffnung des Schauspielhauses im März 2012 präsentierte das Stuttgarter Ballett drei Uraufführungen von Mauro Bigonzetti, Edward Clug und Hauschoreograf Marco Goecke. »Ich kenne keine andere große Compagnie, die es wagen würde, drei neue Choreografien an einem Abend zu machen. Ich mache das ständig«, freut sich Anderson.

Stuttgart produziert Talente und entlässt sie dann in die Welt. »Mein Traum war, dass Christian eines Tages seine eigene Compagnie hat«, sagt der Intendant. »Ich habe darauf hingearbeitet, dass er mich verlässt.« Ihn verlassen und mit nach Zürich gehen werden auch die Ersten Solisten Katja Wünsche und William Moore, verlassen hat ihn zudem Bridget Breiner, langjährige Erste Solistin und Choreografin, um 2012/13 Ballettdirektorin in Gelsenkirchen zu werden.

Anderson scheint nichts gegen das Bild vom Vater zu haben, der seine Kinder liebt, fördert und irgendwann in die Welt ziehen lässt – schweren Herzens zwar, aber voller Freude über ihren Erfolg. Zu seinen »Kindern« zählt auch Hans-Dampf-in-allen-Gassen Eric Gauthier: »Ich kenne Eric, seit er zehn Jahre alt ist. Jetzt hat er seine Compagnie gegründet, und ich bin fast wie sein Vater.«

Gauthier war 1996 mit Anderson von Kanada nach Stuttgart gereist, 2002 zum Solisten ernannt worden und aufgrund seiner charismatischen Ausstrahlung rasch zum Stuttgarter Publikumsliebling avanciert. Auch als Nachwuchschoreograf erregte er Aufsehen. 2007 verließ er zur allgemeinen Betrübnis das Stuttgarter Ballett – ohne zunächst seine Zukunftspläne zu verraten. Gauthier wechselte von der Innenstadt an den Pragsattel, suchte sich eine kleine, aber feine Schar junger Tänzerinnen und Tänzer zusammen und ging 2008 am Theaterhaus Stuttgart mit seiner eigenen Truppe »Gauthier Dance« an den Start. Das war ein Risiko. Auch finanziell, auch für das Theaterhaus. Das zieht zwar überregional sehr viele Besucher an, war bis dahin aber vor allem als Standort für Musik, Theater und Comedy bekannt. Ob es gelingen würde, dort auf Dauer zeitgenössischen Tanz zu etablieren? Es passte aber zu Tausendsassa Gauthier, der schon in seiner Ballettzeit als Sänger seiner eigenen Rockband von sich reden machte und ganz offensichtlich mit einer grenzenlosen Energie gesegnet ist, das

Risiko einzugehen und den Traum von der eigenen Compagnie mit ungeheurer Verve in die Tat umzusetzen. Unterstützt wurde er dabei von Theaterhauschef Werner Schretzmeier, der die neue Truppe aus den Einnahmen lukrativerer Veranstaltungen querfinanzierte.

Um es kurz zu machen: »Gauthier Dance« schlug ein wie eine Bombe. Geprägt von der Persönlichkeit ihres Chefs sind die Programme der Dance Company komisch, originell, augenzwinkernd, unterhaltsam, federleicht, aber nicht banal und passen damit wunderbar ins Theaterhaus. Der Tanz erhielt eine neue Pilgerstätte in Stuttgart. Auf den Pragsattel wandern mittlerweile bei Weitem nicht nur diejenigen, die sowieso ins Ballett gehen, sondern eben auch Theaterhausbesucher, die bisher mit Tanz nichts am Hut hatten und die sich scheuen, eine Stätte der »Hochkultur« wie das Opernhaus aufzusuchen. Karten für Gauthier Dance zu bekommen, ähnelt mittlerweile sehr stark der Jagd nach Ballettkarten, die Vorstellungen sind in der Regel Wochen im Voraus ausverkauft.

Im Februar 2011 wurde Gauthier mit dem »Deutschen Tanzpreis Zukunft« ausgezeichnet, dem renommiertesten Tanzpreis, der in Deutschland vergeben wird. Das war die gute, die sehr gute Nachricht. Die schlechte war, dass die Finanzierung der Erfolgstruppe nicht auf Dauer vom Theaterhaus und vom Mitfinanzierer Grand Theatre Luxembourg geleistet werden konnte. Gauthier schlug Alarm: 200 000 Euro fehlten allein 2011, 400 000 in der darauffolgenden Spielzeit. Der Kanadier gab an, ein Stuttgarter und am Theaterhaus bleiben zu wollen, immer vorausgesetzt, die Finanzierungsfrage werde gelöst, und machte kein Geheimnis daraus, dass mehrere Staatstheater versuchten, ihn abzuwerben.

Die Stadt musste nun ernsthaft befürchten, ihren Star zu verlieren, dessen Erfolg überregional und international längst Aufsehen erregt hatte und dessen Dance Company immer häufiger zu Gastspielen eingeladen wurde. Das wäre nicht nur ein unbeschreiblicher Verlust, sondern auch mehr als peinlich gewesen, engagiert sich Gauthier Dance doch neben den Auftritten im Theaterhaus auch sozial als »Gauthier Dance Mobil« in Schulen, Krankenhäusern und Altenheimen, in einem bundesweit einzigartigen Projekt.

Im Herbst 2011 verkündeten Stadt Stuttgart und Land Baden-Württemberg endlich, dass die Finanzierung gesichert sei. Den Löwenanteil von etwa 300 000 Euro trägt die Stadt, das Land legt die fehlenden 100 000 Euro drauf. Allgemeines Aufatmen.

Zurück zu Reid Anderson. Der freut sich wie ein Schneekönig über den Erfolg seines Ziehsohnes. »Ich bin so stolz, dass Eric hier in Stuttgart ist, dass wir endlich ein Pendant haben zum Stuttgarter Ballett. Wir sehen uns nicht als Konkurrenz, die Leute kommen zu ihm und zu mir. Zwei wirklich gute Compagnien, und die Compagnien sind total verschieden.«

Und so schließen sich die Kreise. Anderson bringt Gauthier nach Stuttgart mit, wo er sich zum Star entwickelt. Parallel dazu macht sich Spuck einen Namen als Choreograf. Gauthier zieht seine eigene Truppe am Pragsattel auf und feiert dort rauschende Erfolge mit Cranko-Altstar Egon Madsen, in einer Choreografie von, jetzt raten Sie mal, Christian Spuck, und das Ganze, »Don Q.«, ist eine Hommage an wen, richtig, Cranko. Alle hängen mit allen zusammen, die Choreografen mit den Tänzern, die Alten mit den Jungen, und Cranko schwebt in einem Sakko mit Hahnentritt-Muster darüber. Das könnte schiefgehen, verstauben und vermodern, aber in Wahrheit passiert genau das Gegenteil. Gauthier und Madsen in »Don Q.«, das ist saukomisch und ein bisschen melancholisch und hat einen Charme, dem man sich nicht entziehen kann.

Kleine Bemerkung am Rande: Der Kanadier Gauthier scheint sich nicht nur künstlerisch, sondern auch kulinarisch in Stuttgart zu Hause zu fühlen, wenn er mit seiner Band den Spätzlesong singt: »Sometimes I take a Halbe or a Tannenzäpfle, wenn's zu heiß ist ein Radler. Ein Schnitzel ohne Soße, Maultaschen geschmälzt, was ist das denn, ein Schüpf-nüdel. Mein Freundin liebt Fischbrötchen, ich kann nicht das essen, mein perfekter Dinner bleibt Käsespätzle. Ich liebe meine Käsespätzle, yeahyeahyeah.«

Und wie ist es aktuell um das Ballett bestellt? Das Jahr 2011 wurde zum Jubeljahr. Im Februar feierte das Stuttgarter Ballett sein fünfzigjähriges Jubiläum. Fünfzig Jahre war es her, dass Cranko nach Stuttgart gekommen war. In einer rauschenden, fünfeinhalb Stunden dauernden Gala feierte das Ballett den Tanz – und sich selbst. Zum nicht enden wollenden Schluss-applaus schien der Platz auf der Bühne kaum auszureichen. Zum Klassentreffen waren Egon Madsen, Birgit Keil, Richard Cragun, John Neumeier und unzählige weitere Tänzer, Cho-reografen und ehemalige Tänzer und Mitarbeiter des Stutt-garter Balletts (»Alumni«) gekommen. Im August wurde das Stuttgarter Ballett von der Fachzeitschrift *tanz* zur Kompanie des Jahres gewählt. Reid Anderson verlängerte seinen Vertrag bis 2014. Und im Herbst 2011 wurde das vierzigjährige Jubi-läum der John Cranko Schule gefeiert.

Alles eitel Sonnenschein also? Nicht ganz. Vierzig Jahre alt ist nämlich nicht nur die Keimzelle des Tanz-Nachwuchs-ses, sondern auch das Gebäude in der Urbanstraße, in dem sie untergebracht ist, und es befindet sich in einem baulich katastrophalen Zustand. 32 Nachwuchstänzerinnen und -tän-zer leben in winzigen Zweierzimmern, zwölf Kinder teilen sich eine Dusche. »Wenn Tänzer zu uns kommen am ers-ten Schultag, kommen oft die Eltern mit«, erzählt Anderson. »Und dann sagen sie: ›Das ist die Schule? Hier soll ich mein Baby lassen? Das ist die weltberühmte John Cranko Schule?‹«

Acht Jahre kämpfte Cranko um die Einrichtung einer Schule, im Dezember 1971 wurde sie endlich eröffnet. Damit hatte Stuttgart die erste Schule in Westdeutschland, die einen Berufsabschluss als Tänzer ermöglichte. Nach Crankos Tod 1974 in John Cranko Schule umbenannt, füttert sie bis heute das Stuttgarter Ballett mit Nachwuchs. Wer es schafft, in die Schule zu kommen und die knallharte, nahezu freizeitlose Ausbildungszeit zu überstehen, dem stehen die Theatertüren offen, entweder in der Stuttgarter oder einer anderen Compagnie. Reid Anderson jedenfalls veranstaltet schon seit Jahren kein Vortanzen mehr, er vergibt die meisten seiner freien Stellen direkt an Schüler aus der Schule.

Jahrelang rangen Stadt und Land, die sich ja laut Staatstheatervertrag die Kosten für alle Bauvorhaben teilen müssen, um einen Neubau. Erst 25 Millionen, dann dreißig sollte er kosten. Ein Bauplätzle gab es, an einem Hang oberhalb des Urbansplatzes, und damit nur fünf Fußminuten von der Oper entfernt. Ideal also. Ein Architektenwettbewerb wurde im Sommer 2011 ausgeschrieben und im November vom Münchner Architekturbüro Burger und Rudacs für sich entschieden, noch bevor die Finanzierung geklärt war, aber das kommt in Stuttgart ja öfter vor. Die Zusage des Landes war nicht das Problem – der Neubau war Bestandteil des grünroten Koalitionsvertrages. Die Stadt Stuttgart jedoch tat sich schwer. Sie kam auf die originelle Idee, das Ballett möge doch selber fünf Millionen Euro Sponsorengelder eintreiben. Wie das gerne mal passiert, wurden die Kosten mittlerweile mit 35 Millionen veranschlagt. Nach langem Ringen und endlosen Haushaltsberatungen sagte die Stadt im Dezember 2011 schließlich zu, sich an maximal 32 Millionen Gesamtkosten zu beteiligen. Dafür kürzte sie an anderen Stellen im Kulturbereich.

Wenn nun alles gut läuft, dann wird im Frühjahr 2013 mit dem Neubau begonnen, 2016 soll er fertig sein. So besteht also Hoffnung, dass Reid Anderson vielleicht doch noch seine berühmten drei Säulen loswird, so, wie es ihm schon in seinem ersten Vertrag versprochen wurde. Denn nicht nur die Verhältnisse in der John Cranko Schule sind bemitleidenswert, auch die Compagnie selbst probt unter unwürdigen Bedingungen. »Ich möchte eine Probebühne haben, die der

Größe der Bühne entspricht. Wir haben das nicht. Unser ›Großer Saal‹ ist im Verhältnis zu allen anderen großen Compagnien ein kleiner Saal. Wenn ich ›Schwanensee‹ probe und in der Mitte sitze, kann ich nur die Schwäne auf der einen Seite sehen.« Schuld daran sind ebenjene drei Säulen, die die Sicht behindern. Und so soll die neue Schule nicht nur dem Nachwuchs dienen, sondern auch einen großen Probenraum bieten, um Durchläufe zu proben. Sie soll zudem Platz bieten für Massage, Physiotherapie und ärztliche Behandlungen. Man sollte meinen, das ist normal – doch in den Räumen des Balletts gibt es hierfür nur einen einzigen Raum. Der wird, je nach dem, was gerade ansteht, für Fitness, Massage, Physiotherapie und Ruhe genutzt. »Deshalb brauchen wir dieses Probenzentrum«, erklärt Anderson. »Das wissen die meisten Leute nicht. Es hat nicht nur mit der Schule zu tun, es hat mit uns zu tun. Die Schule ist die Compagnie, und die Compagnie ist die Schule.«

Stuttgart und das Ballett, das ist und bleibt eine glückliche, glücklich machende Verbindung, und man kann nur hoffen, dass das hierfür nötige Geld auf Dauer zur Verfügung steht. »Es gibt fast keinen Ort in der Welt, an dem Tanz existiert, der keine Verbindung zu Stuttgart hat. (…) Man könnte sagen, Stuttgart ist eine etwas kleinere Stadt in Süddeutschland, aber in unserer Welt ist Stuttgart eine Riesenstadt in Süddeutschland, riesig, weil Stuttgart unserer Ballettwelt so viel gebracht hat und dadurch so viel für Stuttgart gemacht hat. (…) Der Name Stuttgart ist ein magischer Name, er ist fast ein Mythos geworden«, unterstreicht Reid Anderson.

»Was für eine Lust, in einer Stadt zu leben, die eine solche Ballettkompagnie ihr eigen nennt!«, schrieb Horst Koegler nach Spucks »Lulu«-Premiere im Online-Tanzjournal *Tanznetz*. Dem stimmen wir zu. Und empfehlen Ihnen deshalb: Gehen Sie ins Stuttgarter Ballett. Fangen Sie vielleicht mit einem der opulenten Cranko-Handlungsballette im Opernhaus an. Freuen Sie sich an den aufwendigen Kostümen, an den liebevoll gestalteten Bühnenbildern, an den innigen Pas de deux und den personalintensiven Ensembleszenen – manchmal passiert so viel gleichzeitig auf der Bühne, dass man gar nicht weiß, wo man zuerst hingucken soll. Wenn Sie nicht so viel Geld ausgeben wollen oder können, versuchen Sie, Karten im dritten Rang zu ergattern, aber Achtung, schauen Sie sich vorher den Saalplan an, damit Sie nicht ausgerechnet hinter einer Säule sitzen. Hier oben müssen Sie sich weder besonders schick noch besonders warm anziehen. Wärme steigt bekanntlich nach oben, und jetzt raten Sie mal, warum der dritte Rang im Volksmund als »Zwetschgendörre« bezeichnet wird. Trotzdem können Sie ja in den Pausen hinabsteigen in den ersten Rang, ausgiebig lustwandeln und sich Ihr Programmheft von den Tänzern signieren lassen.

Scheuen Sie sich nicht, Kinder mitzunehmen – Cranko-Ballette sind spannend, die Handlung ist übersichtlich und nachvollziehbar, und sie haben viel Humor, wenn beispielsweise in der »Widerspenstigen Zähmung« zwischen Katharina und Petruchio die Fetzen fliegen. Damit können Sie Kinder wunderbar ans Ballett heranführen. Es gibt sogar Kindereinführungen vor dem Vorstellungsbesuch, oder Sie gehen mit dem Nachwuchs zu einem der speziellen Mini-Tanzworkshops für Kinder.

Bleiben Sie aber nicht bei Cranko stehen. Schauen Sie sich die Spuck-Choreografien an, besuchen Sie die Ballettabende im benachbarten Schauspielhaus und staunen Sie, was der Stuttgarter Choreografie-Nachwuchs zu bieten hat. Und gehen Sie auch ins Theaterhaus zu Eric Gauthier. Blicken Sie aber nicht nur auf die Bühne, sondern auch aufs Stuttgarter Publikum. Lassen Sie sich mitreißen von seiner Begeisterungsfähigkeit und seinem feurigen Temperament…

Mein persönliches Highlight im Ballettjahr ist übrigens die Reihe »Blick hinter die Kulissen« im Kammertheater. An mehreren Abenden im Frühjahr werden hier intime Einblicke in die Arbeit des Balletts gewährt. Im Tanz muss man sich ja in der Regel ohne Erklärungen zufriedengeben – nicht so im Kammertheater. Dass hier Intendant, Tänzer oder Choreografen zu Wort kommen, kann man sich denken. Aber am Gesamtkunstwerk Ballett wirken ja unzählige Beteiligte mit, und so plaudern beim Blick hinter die Kulissen auch Dirigent, Ballettmeister, Kostümschneiderin oder Requisiteurin aus dem Nähkästchen, die Tänzer illustrieren das Gesagte. Hier erlebte ich zwei Wochen vor der Premiere des Ballettabends »Körpersprache« die beiden Choreografen Marco Goecke und Mauro Bigonzetti, die in ihrer Probenarbeit nicht unterschiedlicher sein könnten. Hier der selbstbeherrscht-ironische Goecke, dort der mit reichlich italienischem Charme und Temperament gesegnete Bigonzetti. Man staunte, wie sich Choreografien in der Probenarbeit noch kurz vor der Premiere verändern. Und man sah den Schweiß auf den Körpern der Tänzer, hörte, wie rasch ihr Atem ging, und erlebte hautnah, wie viel Kraft hinter der scheinbaren Leichtigkeit des Tanzes steckt.

Oben bleiben, (r)untergehen

oder: Quo vadis, Stuttgart?

»Was ist eigentlich bei euch in Stuttgart los?« Wo ich auch hinkam in den letzten Jahren, war das die Standardfrage. »Ach, Sie kommen aus Stuttgart?« Im Taxi, im Zug, bei Lesungen: Ich war plötzlich Augenzeugin und Informantin. Freunde und Verwandte kamen zu Besuch, ließen sich den mit Plakaten tapezierten Bauzaun am Nordflügel des Bahnhofes zeigen, besichtigten das Zeltdorf der Parkschützer und die Robin-Wood-Baumhäuser im Park und gingen neugierig mit auf eine Demo. Sie alle interessierten sich plötzlich brennend für meine bisher doch ach so langweilige Heimatstadt. Eine Stadt, die völlig überraschend bundesweit und weit darüber hinaus in die Schlagzeilen geriet – ausgerechnet die Stadt, die in Deutschland am allerwenigsten als skandalträchtig galt: Stuttgart. Nicht Köln, Berlin-Kreuzberg oder das Hamburger Schanzenviertel. Stuttgart, die Spießer- und Autostadt, die Stadt der Häuslesbauer und Vielschaffer, reich, behäbig, selbstzufrieden und politisch tiefschwarz, die Stadt, in der die Gehsteige vermeintlich um acht Uhr abends hochgeklappt wurden. Und ausgerechnet diese Stadt machte Schlagzeilen!

Produzierte Bilder von riesigen Demonstrationen, Menschen-
ketten, Straßenblockaden, massivem Polizeiaufgebot. Schlagzeilen aber vor allem deshalb, weil die Demonstranten nicht
schwarz vermummt waren und Pflastersteine warfen, sondern
zur Montagsdemo im Anzug oder Kostüm kamen und der
Altersdurchschnitt jenseits der fünfzig lag, weil hier einerseits
gemessen an dem, was man gewöhnt war, geradezu anarchi-
sche Zustände herrschten, andererseits hochkarätig besetzte
Streichquartette vor dem Bahnhof vor Tausenden atemlos lau-
schender Demonstranten Schostakowitsch spielten und Roll-
stuhlfahrer, Radler und Fußgänger gemeinsam und wohlge-
ordnet fröhliche Demonstrationszüge zelebrierten. Das alles
löste vor allem Verwunderung aus. Und Verwirrung. Es passte
nun mal nicht in das Bild, das allgemein von Stuttgart fest-
zementiert war. Es passte auch nicht in die Vorstellung von
Demonstrationen, auf die gefälligst junge Menschen mit zot-
teligem Haar und in Jeans zu gehen hatten oder der Steine
werfende schwarze Block, damit das Weltbild nicht ins Wanken geriet. Oft erntete der Bürgerprotest auch Bewunde-
rung, wegen seiner Hartnäckigkeit und Friedfertigkeit. Und
sehr, sehr oft Verständnislosigkeit. Es ist doch bloß ein Bahnhof. Warum regt ihr euch so auf? Der Protest ist doch völlig
überzogen. Es gibt doch wahrlich schreiendere Ungerechtig-
keiten auf dieser Welt. Was ist mit der Finanzkrise? Den hun-
gernden Kindern in Afrika?

Es war und ist schwer zu vermitteln, warum wir uns in
Stuttgart so aufregen. Vor allem jetzt, nach der Volksabstimmung, die das Projekt demokratisch abgesegnet hat. Es ist mir
auch nicht möglich, neutral über dieses Thema zu schreiben,
weil ich Teil ebendieser Protestbewegung bin. Tief- oder
Kopfbahnhof, S 21 oder K 21, dazwischen gibt es nun mal
nichts. Aber es geht in diesem Kapitel nicht nur um einen
Bahnhof, sondern auch darum, wie der Streit um das Projekt Stuttgart in den letzten Jahren verändert hat – und wie
sich dies auf die Politik in ganz Deutschland ausgewirkt hat.

Es war im Sommer 2010, als man in Deutschland plötz-lich feststellte, dass sich in Stuttgart seltsame Dinge zutrugen, und sich Reporter und Kamerateams aufmachten, davon zu berichten. Immer wieder wurde versucht, den Protest mit dem Argument zu erschlagen, er habe viel zu spät begonnen. Warum habt ihr euch nicht früher gewehrt, hieß es. Dabei wurde schon viele Jahre, bevor sich die nationalen und in-ternationalen Medien auf das Thema stürzten, in Stuttgart demonstriert. Gangolf Stocker, eine der Schlüsselfiguren des Bürgerprotestes, gründete, unmittelbar nachdem die Rah-menvereinbarung zu Stuttgart 21 im November 1995 unter-zeichnet worden war, die Initiative »Leben in Stuttgart – kein Stuttgart 21«. Bereits 1996 sammelte die Initiative 13 000 Unterschriften gegen das Projekt. 1999 legte die Bahn S 21 vorübergehend auf Eis. Im Jahr 2000 stellten die Projektgeg-ner erstmals die Alternative zu Stuttgart 21, den modernisier-ten Kopfbahnhof »K 21« vor. Im Herbst 2009 begannen die Montagsdemos, aber schon zwei Jahre zuvor waren unzählige Aktenordner mit 67 000 Unterschriften im Rathaus abgege-ben worden. Gefordert wurde ein Bürgerbegehren über einen Ausstieg aus Stuttgart 21. Der Gemeinderat schmetterte die Forderung jedoch als rechtlich nicht zulässig ab.

Stuttgart 21 war schon so lange diffus durch die Medien gewabert, dass ich wie viele andere nicht geglaubt hatte, dass es jemals konkret werden würde. Erst im Rahmen des Bürger-begehrens 2007 wurde mir klar, welches Damoklesschwert da über Stuttgart schwebte: Der mit S 21 verbundene Komplett-umbau der Innenstadt war vollkommen größenwahnsinnig, das Projekt nicht sauber durchgeplant, die Baurisiken wegen der komplexen Stuttgarter Geologie völlig unkalkulierbar. Der neue Durchgangsbahnhof sollte nur halb so viele Gleise haben wie der alte Kopfbahnhof; Verspätungen waren vorprogram-miert und würden den angeblichen Zeitgewinn auf der Stre-cke nach München zunichtemachen. Wie bei jedem Groß-projekt waren die Kosten viel zu niedrig kalkuliert und durch nichts zu rechtfertigen. Der Mittlere Schlossgarten, ein Volks- und Erholungsgarten mitten im Herzen der Stadt, sollte komplett abgeholzt werden – uralte Platanen, die nicht einmal in der höchsten Kriegsnot angetastet worden waren. Ganz zu schweigen vom Abriss des Nord- und Südflügels des denkmalgeschützten Bonatz-Baus, der vielen alten Stuttgartern als Symbol der Hoffnung und des Überlebens nach dem Zweiten Weltkrieg galt.

Viele wollen an dem Projekt verdienen: Bahn, Banken, Bauunternehmer. Bezahlen dafür werden die Stuttgarter Bürger. Mit einem gewaltigen Verlust an Lebensqualität, Großbaustellen über mehr als ein Jahrzehnt, Verkehrschaos, Lkw-Kolonnen, noch mehr Dreck und Feinstaub. Immer wieder wurde der Stuttgarter Bürgerbewegung vorgeworfen, sie agiere nach dem Nimby-Prinzip »Not in my backyard«, bitte nicht bei uns, blockiere damit den Fortschritt und katapultiere Stuttgart zurück in die Steinzeit. Schließlich gehe es um das große Ganze, die europäische Magistrale Paris–Bratislava. Klar, schließlich will jeder nach Bratislava, und zwar mit dem Zug.

Tatsächlich war der Stuttgarter Kopfbahnhof 2010 der pünktlichste Großstadtbahnhof Deutschlands, und der Protest richtete sich nicht nur gegen die unmittelbare Belastung in Stuttgart, sondern auch massiv gegen die Verschleuderung von Steuergeldern und die zu erwartende Verschlechterung des Zugverkehrs an anderer Stelle, weil S 21 zu viele Ressourcen binden würde. Kurz und gut: Die Liste der Argumente gegen das Projekt war und ist lang, und mich überzeugt sie bis heute. Ich fing an, mich gegen das Projekt zu engagieren. Ich sammelte Unterschriften, betreute Infostände, ging auf Demos. Ich erlebte die hoch konzentrierte Probenarbeit des charismatischen Theaterregisseurs Volker Lösch für den Bürgerchor, der bei den Kundgebungen Sprechchöre skandierte. Mit einem Ableger unseres Jazzchors »VocaLadies« sangen wir bei den Demos immer wieder eine Stuttgarthymne. An vorderster Front stand ich dabei nie. Ich sprach ein-, zweimal auf den Kundgebungen. Letztlich bin ich froh darum. Ich beneide den Schauspieler Walter Sittler nicht um Hassmails, Anfeindungen und öffentliche Diffamierungen. Ich beneide auch die Mitglieder des sogenannten Aktionsbündnisses nicht, für die das Engagement gegen das Projekt zum ehrenamtlichen Vollzeitjob wurde und die dafür teilweise mit Burn-out-ähnlichen Zuständen bezahlten.

Irgendwann vor Weihnachten 2009 gab es in meiner Wochenplanung plötzlich einen neuen Termin: Montagsdemo, 18 Uhr am Nordflügel des Bahnhofs. Schnell entwickelte sich dieser Termin zu einem Fixpunkt in der Woche, der höchste Priorität genoss. Kaum nachvollziehbar, wenn man es nicht selbst erlebt hat. Aber die Montagsdemo war nicht nur die Manifestation des Protests nach außen und ein politisches Forum, wo die neuesten politischen Entwicklungen ohne Manipulation durch die Medien aufgezeigt und analysiert wurden. Sie war auch zunehmend ein soziales Event. Woche für Woche wurden es mehr Demonstranten. Die Montagsdemo explodierte, Hunderte, Tausende, Zehntausende kamen. Neben den Demo-Freunden gab es immer mehr Menschen, die man vom Sehen kannte. Die grünen »Oben bleiben«-Buttons waren Erkennungszeichen und produzierten ein Gemeinschaftsgefühl.

Die Stadt war plötzlich nicht mehr anonym, sie brach auf, geriet in Bewegung, und Dreh- und Angelpunkt waren die Montagsdemos. Dort lauschte eine hoch konzentrierte Menge Vorträgen zu Geologie, Architektur und Stadtplanung und freute sich an den hochkarätigen kulturellen Beiträgen der Künstlerinnen und Künstler aus der Musik-, Theater-, Kabarett- und Literaturszene, die sich gegen Stuttgart 21 engagierten. Natürlich kamen diese überwiegend aus Stuttgart, aber mit Konstantin Wecker, Georg Schramm oder Urban Priol solidarisierten sich bundesweit bekannte Künstler mit dem Protest. So waren die Montagsdemos eben immer auch ein kulturelles Event – und vielen ein Dorn im Auge. Sie behinderten den Verkehr, hieß es, schreckten Einkäufer und gar Touristen ab, die um ihre Sicherheit fürchteten. Dabei strömten nach den Demos Tausende Menschen in Läden, Kinos und Kneipen der Stadt.

Das Stuttgarter Bürgertum, das einen großen Teil der Demonstranten ausmachte, nahm die Demos ernst. Wer sich einmal dafür entschieden hatte, für den war der Montag ein Pflichttermin. So zeichnete die Stuttgarter Bürgerbewegung bei aller Verspieltheit und Kreativität der Demonstranten ein großes Verantwortungsgefühl aus, ein hohes Maß an Verbindlichkeit und Ernsthaftigkeit; sonst hätte dieser Protest niemals so lange funktioniert. Woche für Woche, Monat für Monat strömten Tausende von Bürgern jeden Montag zur Kundgebung, mit Rollstuhl und Rollator, und der Rest der Republik staunte. Bei Schnee, Eis und arktischen Temperaturen, bei strömendem Regen, stechender Sonne und Gewitter, egal, welche Kapriolen das Wetter schlug. Deshalb behaupte ich: Auch wenn dieser Protest überall möglich ist – in dieser Form, in dieser Beharrlichkeit und Friedlichkeit, war und ist es, denn es gibt ihn ja noch, trotz allem ein sehr schwäbisch-stuttgarterischer Protest, ein Protest, verankert in Hartnäckigkeit, Treue, Verantwortungsbewusstsein, einer ordentlichen Portion Sturheit und dem gut schwäbischen Bedürfnis, kein Geld unnötig zum Fenster hinauszuwerfen.

Dabei geht es auch um einen altmodischen Begriff: Heimat. Wem gehört dieses Stuttgart? Wer bestimmt darüber, wie es aussehen soll? Wer koordiniert die Bauprojekte? Blickt man gedanklich von oben auf die Stadt, dann wird hier vor allem gerne abgerissen, und wo's ein Loch gibt, kommt ein Einkaufszentrum hin. Historische Bausubstanz zu erhalten und geschichtsträchtige Orte zu würdigen, das hat keine Tradition, und nur vielen engagierten Bürgern einer Bürgerinitiative ist es zu verdanken, dass nach zähem Ringen das Hotel Silber, die ehemalige Gestapozentrale in der Dorotheenstraße, als Gedenkstätte erhalten bleibt.

Quo vadis, Stuttgart? Wer schaut auf dich als Ganzes und sagt: So sollst du aussehen in zwanzig Jahren? Bauinvestoren und die Bahn? Es ist darum auch die grausige Vorstellung, dass dieses viel gepriesene städtebauliche Wunder Stuttgart, das unter völliger Missachtung des Denkmalschutzes aus Zerstörung und Abriss auferstehen soll wie Phönix aus der Asche, eben kein schöneres, sondern vielmehr ein weniger lebens- und liebenswertes Stuttgart sein könnte, die viele Demonstranten bewegt. Mein eigenes Verhältnis zu Stuttgart hat sich in diesen Jahren des Protests verändert. »Heimat« hat eine neue, auch architektonische Bedeutung bekommen. Was wir nicht verlieren wollten, wuchs uns ans Herz. Zum Beispiel der Nordflügel des Bonatz-Baus, an dem wir uns Woche für Woche zum Demonstrieren trafen.

Im Juli 2010 hatte ich die Idee, dort eine Lesung zu machen. Helga Stöhr-Strauch vom Aktionsbündnis übernahm die Organisation, und daraus wurde am 28. Juli 2010 der 1. Kulturmittwoch mit den Krimiautoren Stefanie Wider-Groth, Wolfgang Schorlau und Heinrich Steinfest, mit mir und dem Schauspieler Walter Sittler. Es sollte die letzte Veranstaltung am Nordflügel sein. Am Abend des 30. Juli wurde unter dem Protest Hunderter wütender Demonstranten vor dem Nordflügel der Bauzaun errichtet. Der Zaun, zunächst ein Symbol der Macht der Bahn, wurde sofort von der Bürgerbewegung vereinnahmt und vollgehängt mit Plakaten, Cartoons, Kehrwochenbesen und Karikaturen. So wurde er umgedeutet zu einem der mächtigsten Symbole des Widerstandes und vor allem der Kreativität und Originalität des Stuttgarter Protests. Bauzauntourismus setzte ein, der Kunsthistoriker Ulrich Weitz bot Führungen an, und mittlerweile steht ein Teil des Bauzauns im Stuttgarter »Haus der Geschichte«.

Im August 2010 fuhr ich weg und kam erst Ende September zurück; den Abriss des Nordflügels erlebte ich nicht mit. Auch nicht, wie die Demos explodierten und Stuttgart 21 plötzlich Thema der Bundespolitik wurde. Am Vormittag des 30. September war ich mich mit meiner Freundin Angelika Farnung zum Spazierengehen verabredet. Spontan verlegten wir den Spaziergang in den Schlossgarten, da die »Parkschützer« eine Alarm-Mail verschickt hatten, dass die ersten Bäume für den Bau des Grundwassermanagements gefällt werden sollten. Im Park schien alles ruhig. Wir spazierten los Richtung Cannstatt – und plötzlich kamen uns mitten im Park zwei Wasserwerfer und mehrere Lastwagen mit Absperrgittern entgegen. Ein paar Polizisten liefen neben den Fahrzeugen her.

»Es geht also los«, sagte ich zu einem der Polizisten.

Er nickte und sah nicht sehr glücklich aus.

»Und wie fühlen Sie sich dabei?«

»Wir sind alle nicht von hier«, antwortete der Polizist. Kein Wunder. Bewusst waren für den Einsatz Einsatzkräfte von außerhalb angefordert worden, weil bis dahin zwischen Stuttgarter Polizei und Demonstranten ein überwiegend freundlicher Ton geherrscht hatte, ein Umgang der friedlichen Koexistenz. Auch das war eine Besonderheit des Stuttgarter Protests. Deshalb wurde befürchtet, dass die Stuttgarter Einsatzkräfte zu stark vorbelastet seien und nicht hart genug durchgreifen würden.

Was nun folgte, ist hinreichend bekannt. Der 30. September ging als »Schwarzer Donnerstag« in die Geschichte ein – wahrlich der schwärzeste Tag in Stuttgart seit vielen, vielen Jahren. Hunderte von Menschen wurden mit Tränengas, Pfefferspray, Wasserwerfern und Schlagstöcken teilweise schwer verletzt, das Bild des blutüberströmten Rentners Dietrich Wagner, der, vom Wasserwerfer getroffen, sein Augenlicht verlor, ging um die Welt. Mein Glauben an die Demokratie erlitt an diesem Tag einen schweren Knacks. Und das Vertrauen, dass meine Heimatstadt ein Ort war, an dem ich mich sicher fühlte. Eine angemeldete Schülerdemo stürmte unangemeldet in den Park, entdeckte Wasserwerfer und Lkws und blockierte sie spontan. Zu diesem Zeitpunkt waren erst wenige Polizisten im Park. Es wäre ein Leichtes gewesen, den

Einsatz abzubrechen, um die Kinder und Jugendlichen nicht zu gefährden. Dass die Polizei jedoch in Kauf nahm, Minderjährige anzugreifen und zu verletzen, und das mit ungeheurer Brutalität, macht mich bis heute fassungslos.

Die Kinder und Jugendlichen waren in keinster Weise auf die Gewalt vorbereitet; sie hielten alles zunächst für einen Riesenspaß. Wir saßen selbst in der Schülerblockade, bis die Polizei mit der Räumung begann. Von vorne drückten die Einsatzkräfte massiv gegen die Menge. »Sitzen bleiben!«, brüllten die einen. »Aufstehen, das ist viel zu gefährlich!« die anderen. Ein Riesentumult brach aus, alle sprangen auf und stolperten durcheinander. Ein beißender Geruch hing in der Luft. Wir kämpften uns hustend aus der Menge, gerade noch rechtzeitig. Doch in der Toilette des Biergartens trafen wir auf Menschen mit knallroten Gesichtern, die verzweifelt versuchten, sich das Pfefferspray aus den Augen zu spülen. Direkt daneben wuschen sich Polizistinnen die Hände. Angelika wurde immer zorniger. »Warum gibt es keine Sanitäter?«, sprach sie eine Polizistin an. Die Polizistin zuckte mit den Schultern und sagte, sie könne uns zwar nicht weiterhelfen, aber zum Einsatzleiter bringen. Sie führte uns zu einer Absperrung, und wir beobachteten, wie sie mit dem Einsatzleiter sprach. Schließlich kam sie zurück und sagte: »Hilfe ist unterwegs.« Doch es dauerte noch unendlich lange, bis endlich ein Krankenwagen im Park auftauchte.

Immer wieder kamen Pfefferspray-Opfer aus den Blockaden. Ein Schüler sagte, ein Polizist habe ihn zwischen die Beine getreten. Ein anderer, er habe geschrien: »Ich will raus«, da habe ihm ein Polizist Pfefferspray direkt ins Auge gesprüht. Wir brachten die Verletzten zu den Sanitätern, die mittlerweile hinter dem Biergarten mit Decken und Planen ein Krankenlager improvisiert hatten. Ich erinnere mich an eine Frau, die dort bis auf die Haut durchweicht lag und leise vor sich hin weinte. Eine andere wirkte völlig apathisch, der Freund hielt sie fest in den Armen. Die Sanitäter spülten den

Opfern die Augen aus. Manche brauchten mehrere Spülungen, sie weinten und schluchzten, dass das Brennen kaum auszuhalten sei.

Mittlerweile hatte die Polizei massiv mit dem Wasserwerfereinsatz begonnen. Sie richtete ihren Strahl auch gezielt auf Demonstranten, die auf Bäumen saßen. Das alles war vollkommen surreal. Ich erinnere mich an die Lokalpolitiker der Grünen, die völlig entsetzt auf dem Rasen standen und die Szenen beobachteten, und an den damaligen katholischen Stadtdekan Michael Brock, dem die Fassungslosigkeit ins Gesicht geschrieben stand.

Ich selbst verließ den Park am Nachmittag. Ich war mit den Nerven am Ende, aber die Schlacht im Park ging noch Stunden weiter. Gewalt von Demonstranten hatte ich keine beobachtet. Die Pflastersteine, die die Schüler angeblich geworfen hatten, entpuppten sich als Kastanien. Nach Mitternacht wurden unter den Buhrufen und Pfiffen der Demonstranten 25 alte Bäume gefällt.

Der 30. September läutete den Anfang vom Ende der Ära Mappus ein. Polizeipräsident Stumpf übernahm die Verantwortung für den Einsatz, ohne sich jedoch jemals bei den Verletzten zu entschuldigen. Wenige Monate später wurde er in den Vorruhestand geschickt. Der Verdacht, dass er von höchster Stelle zum Bauernopfer gemacht wurde, konnte aber nie ganz ausgeräumt werden. Am nächsten Tag erlebte Stuttgart mit geschätzten hunderttausend Teilnehmern die größte Demonstration gegen Stuttgart 21. Dann kam die Schlichtung, dann die Landtagswahl.

Am 27. März 2011 kurz vor 18 Uhr hatten sich Tausende von Stuttgart-21-Gegnern auf dem Schlossplatz versammelt. Die Parkschützer hatten zu einer »Mappschiedsparty« geladen. Als die ersten Hochrechnungen über die Leinwand flimmerten und eine Mehrheit für Grüne und SPD prognostizierten, brach ein ungeheurer Jubel los. Wir fielen uns in die Arme, schrien und lachten. Dass es gelungen war, die Regierung Mappus zu kippen und nach fast 58 Jahren einen Politikwechsel herbeizuführen, war schließlich seit Wochen das erklärte Ziel der Bewegung gewesen, und dafür hatte sie bei Demos, mit Aktionen und Ständen überall in der Landeshauptstadt geworben. Die Wahlanalysen machten deutlich, dass das Thema Stuttgart 21 zwar in Stuttgart eines der die Wahl entscheidenden Themen gewesen war. Doch letztlich waren es, so traurig das ist, die Reaktorunfälle in Japan und der Schlingerkurs der Bundes- und Landesregierung in der Atompolitik, die auf Landesebene die Wähler scharenweise zu den Grünen überlaufen ließen und Nichtwähler mobilisierten. Kombiniert mit einem unbeliebten Ministerpräsidenten, der in Hau-Drauf-Manier regierte und im Alleingang riskante Geschäfte wie den Rückkauf der EnBW-Aktien dealte, war es eigentlich erstaunlich, dass die CDU nicht noch höhere Verluste einfuhr.

Der Wahlabend gab einen Vorgeschmack darauf, wie sich der Politikstil in der Stadt verändern würde. Ich sah mir die verschiedenen Schauplätze an: Auf dem Schlossplatz tanzte das bunte K-21-Völkchen und feierte mit »Resist«-Bier und Limo. Nur ein paar Meter entfernt, im Gebäude des Württembergischen Kunstvereins, fand die offizielle Wahlparty der Grünen statt. Hier musste man wegen Überfüllung anstehen, aber rein durfte jeder. Drinnen tanzten die neuen Landtagsabgeordneten Werner Wölfle, Muhterem Aras und Brigitte Lösch zu lauter Musik, Cem Özdemir gratulierte, und eine bunte Mischung aus Grünen-Anhängern und S-21-Gegnern feierte wild und fröhlich die Kandidaten und sich selbst. Hier Jeans, Buttons und Rockmusik, während im Ratskeller, wo sich traditionell die CDU trifft, Anzüge, Krawatten und Kostüme das Bild bestimmten und nur geladene Gäste zugelassen waren, was mir ein sehr säuerlicher CDU-Mann sehr deutlich vor der Tür mitteilte, als er meinen Oben-Bleiben-Button sah.

Es gab keinen Zweifel: Der Stil der Montagsdemos war in der Politik angekommen. Die, die auf der Straße gekämpft hatten, waren plötzlich die Sieger. Der Protest hatte nun ein Problem: Mappus war weg. Das Feindbild fehlte. An dieser Stelle stiegen viele Demonstranten aus, weil sie der grünen Landesregierung nicht in den Rücken fallen wollten. Schließlich war die Wahl von der Partei gewonnen worden, die sich die Bürgerbewegung gewünscht hatte, nur eben leider in der unliebsamen Kombination mit der SPD, die nie ein Hehl daraus gemacht hatte, dass sie den Bahnhof bauen wollte.

Der große Katzenjammer folgte am 27. November 2011. Die Volksabstimmung in Baden-Württemberg brachte den Projektbefürwortern einen eindeutigen Sieg. Bei einer Wahlbeteiligung von 48,3 Prozent stimmten 41,2 Prozent der Baden-Württemberger für den Ausstieg, 58,8 für die Realisierung von S 21. Der größte Schock für die Projektgegner: Nicht einmal in Stuttgart selbst wurde für den Ausstieg votiert. Zwar mobilisierte das Thema hier mit 67,8 Prozent Wahlbeteiligung die meisten Wähler, aber trotz der jahrelangen Auseinandersetzungen votierten 52,9 Prozent für Stuttgart 21 und 47,1 Prozent für den Ausstieg. Niemand hatte ernsthaft erwartet, dass es über die Volksabstimmung gelingen würde, das Projekt zu kippen. Dass das Ergebnis jedoch so eindeutig ausfallen und ausgerechnet Stuttgart gegen den Ausstieg stimmen würde, war die herbste Niederlage in der Geschichte der Protestbewegung.

Der Abend der Landtagswahl war für die Stuttgart-21-Gegner ein Abend des Triumphs gewesen. Mit dem historischen Sieg der Grünen schien alles möglich geworden, der Ausstieg aus dem Milliardenprojekt zum Greifen nah. Der Abend der Volksabstimmung geriet zum Triumph der Projektbefürworter, die im Ratskeller und im Landtag lautes Siegesgeheul anstimmten, die Projektgegner mit Häme und Spott überzogen und noch vor laufenden Kameras mit den lauten Rufen »Hermann weg« den Rücktritt des Verkehrsministers forderten. Und so herrschte am 28. November unter den Tausenden Demonstranten, die trotz allem zur Montagsdemo gekommen waren, tiefe Ratlosigkeit und Enttäuschung. Wie sollte es jetzt weitergehen?

Der grüne Teil der Landesregierung akzeptierte das Ergebnis der Volksabstimmung als Willen des Volkes, und dem schlossen sich viele Demonstranten an. Die Protestbewegung schrumpfte erneut. Doch nach dem Abriss des Südflügels stand mit der drohenden Rodung des Mittleren Schlossgartens das emotional am meisten aufgeladene Thema im Raum. Ein Treppenwitz der Geschichte, dass nun eine grüne Landesregierung Stuttgart 21 bauen und in einem Park, der Eigentum des Landes Baden-Württemberg ist, die Abholzung von Bäumen dulden musste.

Alle Appelle an die Bahn, mit der Baumfällung bis nach dem Sommer zu warten und den Stuttgartern so lange eine ihrer wichtigsten Erholungsflächen zu lassen, verhallten ungehört, obwohl der Konzern noch gar nicht bauen durfte, weil ein Gerichtsentscheid zur höheren Grundwasserentnahme ausstand. Aber die Bahn wollte Tatsachen schaffen und ihre Macht gegenüber der Protestbewegung demonstrieren. Sie setzte darauf, dass sich die Zahl der Demonstranten nach der Abholzung weiter dezimieren würde.

Der Valentinstag 2012 war kein fröhlicher Tag in Stuttgart. Viele Menschen kamen abends in den verschneiten Park. An den Bäumen standen Kerzen, die Atmosphäre war ruhig und melancholisch, ganz anders als am 30. September. Der Polizeieinsatz in der Nacht verlief friedlich, 2400 Einsatzkräfte räumten Park und Zeltdorf. Am nächsten Tag wurden die ersten Bäume gefällt. Schon wenige Tage später war der Mittlere Schlossgarten komplett kahl geschlagen. Seitdem ist dort nichts passiert.

Stuttgart 21 ist demokratisch legitimiert, ohne Zweifel. Trotzdem macht das »bestgeplante Bahnprojekt aller Zeiten« permanent negative Schlagzeilen. Ein Bagger hat am Südflügel versehentlich abgerissen, was stehen bleiben sollte. Eine Frau wurde von einem Steinbrocken verletzt, brütende Turmfalken, eine streng geschützte Art, wurden beim Abriss eines anderen Gebäudes übersehen. Doch das sind Peanuts in Anbetracht der Tatsache, dass Stuttgart 21 frühestens 2021 und nicht wie geplant 2019 in Betrieb gehen kann, weil der Bahnhof von der 68 Kilometer langen Neubaustrecke nach Ulm abhängt, die in weiten Teilen noch nicht einmal planfestgestellt und finanziert ist.

Überhaupt, die Kosten. Vor der Volksabstimmung wurde der Bau des Tiefbahnhofs mit 4,1 Milliarden Euro veranschlagt. Seit März 2012 spricht Bahn-Technikvorstand Kefer von 4,33 Milliarden. Ende der Fahnenstange? Die Landesregierung schwört seit Amtsantritt Stein und Bein, dass bei 4,5 Milliarden Euro Schluss ist und sie ihren Kostenanteil nicht erhöhen wird. Und wenn der Tiefbahnhof für dieses Geld nur halb gebaut werden kann, was dann? Wie wär's mit vier Gleisen statt acht?

Es gibt also weiterhin viele und gute Gründe, warum die Stuttgarter auf die Straße gehen, auch wenn das Unverständnis für die Demos in gleichem Maße zugenommen hat, wie die Zahl der Demonstranten abgenommen hat. Doch der Streit um den Bahnhof hat seine Spuren hinterlassen. Stuttgart ist heute eine hellwache Stadt, hoch politisiert und sensibilisiert, eine Stadt, in der Bahn und Politik unter ständiger kritischer Beobachtung stehen und die Wahl zum neuen Oberbürgermeister im Oktober 2012 schon Monate vorher zum Politikum wird. Unzählige Stadtteil- und Bürgerinitiativen sind entstanden. Die Trassenführung der Bahngleise auf den Fildern wird in einem Bürgerbeteiligungsverfahren diskutiert, und der Moderator kann sich kaum retten vor eifrigen Teilnehmern. Würde man einmal versuchen, die Stunden zusammenzurechnen, die in das ehrenamtliche Engagement gegen S 21 geflossen sind, man käme auf eine schwindelerregend hohe Zahl. Auch die Kreativität sucht ihresgleichen. Songs, Theaterstücke und Bücher wurden geschrieben, Filme und Ausstellungen gemacht.

Stuttgart ist zum Symbol geworden für Bürger, die sich einmischen und Verantwortung übernehmen für ihre Stadt und ihre Heimat. Das wirkt sich aus, deutschlandweit. Es wird keine Großprojekte mehr ohne Bürgerbeteiligung geben; viel zu groß ist die Angst vor einem zweiten Stuttgart 21. Die Bundesregierung hat ein »Handbuch Bürgerbeteiligung« erarbeitet und plant eine Gesetzesänderung, die vorsieht, Bürger lange vor Planfeststellungsverfahren und Anträgen in Planungen von Großprojekten einzubeziehen.

Am 21. November 2011 sagte Helga Stöhr-Strauch vom Aktionsbündnis gegen Stuttgart 21 anlässlich der hundertsten Montagsdemo: »Wir haben viel bewegt. Wir haben mit unserer nachhaltigen Präsenz, unserer Kreativität und mit der Unerschrockenheit, mit unserer eigenen baden-württembergisch-stuttgarterischen Unerschrockenheit dafür gesorgt, dass ganz Deutschland aufgewacht ist. Unser Protest hat bewirkt, dass der Begriff ›Stuttgart 21‹ als Forderung von mehr Demokratie und Bürgerbeteiligung verstanden wird. Wir haben hier in Stuttgart und in Baden-Württemberg eine Vorreiterfunktion in Sachen ›Mehr Demokratie‹ übernommen, und darauf können wir stolz sein.«

Stuttgart badet in Champagner

Die Mineralbäder

Rein räumlich mögen Leuzeaner und Bergianer in Stuttgart nur ein paar Hundert Meter voneinander entfernt sein, tatsächlich trennen sie jedoch Welten. Leuzeaner, Bergianer? Das sind nicht etwa Vertreter unterschiedlicher Glaubensrichtungen, sondern Stammgäste in Mineralbädern, die einen im Leuze, die anderen im Neuner. So wird das Mineralbad Berg von allen, die sich damit auskennen oder auszukennen glauben, genannt, wobei für viele Bergianer das Bad vielleicht nicht ganz, aber doch fast den Stellenwert einer Religion hat. Zumindest ist das Berg ein Körpergefühl, das sich beim Baden im unvergleichlich prickelnden und deshalb »Champagnerwasser« genannten Mineralwasser einstellt. Es ist aber viel mehr als das, es ist ein Lebensgefühl und eine Lebenseinstellung. Eine sehr spezielle übrigens, was das Berg zu einem sehr speziellen Bad und zu einem sehr speziellen, reichlich kuriosen und ziemlich einzigartigen Ort in Stuttgart macht, den Sie sich als Tourist oder Stuttgart-Neuling zumindest einmal anschauen sollten, um dann zu entscheiden, welche Haltung Sie selbst fortan zum Berg einnehmen wollen. Entweder Sie werden es achselzuckend meiden, weil Sie nicht verstehen, was an dem alten Schuppen, der schon bessere Tage gesehen hat, so besonders sein soll, oder Sie werden begeistert immer wiederkommen.

Wer sich in Stuttgart einmal für ein Bad entschieden hat, wechselt nicht mehr ohne Weiteres die Fronten. Nur in absoluten Not-, sprich: Renovierungs- und Schließzeiten badet man mal woanders, um dann erleichtert in »sein« Bad zurückzukehren. Das dritte Bad, das zur Auswahl steht, ist das Mineralbad Cannstatt.

Dass Stuttgart Autostadt ist, überrascht ja nun niemanden wirklich, aber wer weiß schon, dass Stuttgart nach Budapest das zweitgrößte Mineralwasservorkommen in Europa sein Eigen nennt? Außerhalb der Stadtgrenzen ist Stuttgart nicht unbedingt als Bäder- und Wellness-Ziel berühmt. Das war früher anders. Zwischen 1840 und 1870 war Cannstatt, das schließlich nicht umsonst Bad Cannstatt heißt, ein mondäner Kurort, an dem sich der europäische Hochadel zu Badekuren traf. Im Mineralbad Berg lustwandelte man im prächtigen Park, badete im Fürstenbad, lauschte Konzerten, ging ins Theater und speiste vornehm. Auch die württembergische Königsfamilie war hier regelmäßig zu Gast. Glanz vergangener Zeiten! Heute dürfen sich Cannstatt und Berg mit der Bezeichnung »Heilquellen-Kurbetrieb« schmücken. Aus neunzehn Brunnen, von denen dreizehn als Heilquellen anerkannt sind, fließen täglich unglaubliche 22 Millionen Liter Wasser, das sind 250 Liter pro Sekunde. Insgesamt produzieren die Mineralquellen aber rund das Doppelte, nämlich bis zu 44 Millionen Liter täglich. Diese andere Hälfte, noch mal etwa zweihundertfünfzig Liter pro Sekunde, wird überhaupt nicht genutzt, weil die Quellen nicht gefasst sind. Das Wasser fließt direkt in die Neckaraue und in den Neckar, was man an manchen Stellen an aufsteigenden Kohlensäurebläschen sehen kann. Das Cannstatter und Berger Mineralwasser ist nämlich besonders kohlensäurehaltig, was wiederum den Spitznamen

Champagnerwasser erklärt, wissenschaftlich auch als Säuerling bezeichnet – nicht zu verwechseln mit saurem Sprudel. Den verlangen Sie in der schwäbischen Gaststätte, wenn Sie ein Mineralwasser mit Kohlensäure bestellen und durch besonders korrekten Sprachgebrauch auffallen wollen.

Wenn Sie es nun bedauern, dass Sie von diesem gewaltigen Wasserschatz nichts abbekommen, können Sie am Leuzebrunnen zwischen Mineralbad Berg und Leuze Ihre Flaschen mit Mineralwasser füllen. In Berg und Cannstatt gibt es weitere Trinkbrunnen, zum Beispiel in den Eingangsbereichen der Bäder. Die genauen Standorte finden Sie auf der Homepage der Stadt Stuttgart unter »Öffentliche Mineralwasser-Trinkbrunnen«.

Zapfen Sie aber bei Ihrer Jagd nach dem Champagnerwasser nicht versehentlich einen der zehn großen Berger Sprudler auf ihren künstlichen Hügeln an, die sich um die Stadtbahn-Haltestelle Mineralbäder herum verteilen. Die Betonkegel symbolisieren zwar den Reichtum an Mineralwasser, aus ihnen quillt aber nur gewöhnliches Neckarwasser. Dass Stuttgart so viel prickelndes Badewasser hat, ist mehr als gerecht, finde ich. Max-Eyth-See und Bärenseen fallen zum Baden aus – der eine ist zu schmutzig, die anderen sind Naturschutzgebiet –, der nächste vernünftige Badesee ist der Bodensee, und den Nesenbach, an dem Stuttgart angeblich liegt, hat kaum jemand je gesehen. Im Neckar soll, wenn es nach dem Willen der CDU im Gemeinderat geht, irgendwann wieder gebadet werden, so wie früher. Das hält das Gesundheitsamt jedoch wegen der hohen Belastung durch Salmonellen für unrealistisch, was wiederum bedeutet, dass OB Schuster sein Wahlversprechen nicht einlösen kann, den Neckar noch während seiner Amtszeit zum Baden freizugeben.

Das erste Schwimmbad in Stuttgart, hochmodern mit einem gemauerten Außenbecken, war das Mineralbad Berg. Es entstand aus einer Mühle und einer Baumwollspinnerei. Der Stuttgarter Fabrikant Karl Bockshammer baute 1810 auf dem Gelände der ehemaligen Bachmühle die erste mechanische Baumwollspinnerei Württembergs. Weil der Nesenbach unregelmäßig Wasser führte, ließ Bockshammer nach Wasser bohren und entdeckte fünf Mineralquellen. Sie bilden bis heute die Grundlage des Badebetriebs im Berg. Das »Stuttgarter Mineralbad« eröffnete 1856 auf dem Bockshammerschen Anwesen, errichtet von Werkmeister Karl Heimsch und Hofgärtner Friedrich Neuner. Dieser hatte den Park der benachbarten Villa Berg angelegt. Obwohl das Neuner von 1905 bis 2006 im Besitz der Familie Blankenhorn war, heißt es bis heute im Volksmund nach seinem ersten Besitzer. 2006 verkaufte Ludwig Blankenhorn sein Aktienpaket in Höhe von 70 Prozent an die Stadt, was nicht ohne Folgen blieb.

Auch das Mineralbad Leuze war das Ergebnis industrieller Nutzung. Die Leuzequelle, die dem Tuchfabrikanten Ehrenfried Klotz ab 1833 dazu diente, seine Mühlen eisfrei zu halten, versorgte ab 1842 das Mineralbad Koch, das schließlich 1851 von Ludwig Leuze gekauft wurde. Ein drittes Bad in Berg, das Rikli des Schweizers Arnold Rikli, gibt es heute nicht mehr. Dort wurde sogar nackt gebadet, natürlich strikt nach Geschlechtern getrennt. Und das in Stuttgart! Getrennt gebadet wurde auch im Berg, getrennt sauniert wird dort bis heute.

Das Leuze ist das größte, bekannteste und meistbesuchte Stuttgarter Mineralbad. Die große Stahlskulptur vor dem Eingang stammt vom Stuttgarter Künstler Otto Herbert Hajek, der das Bad Anfang der Achtzigerjahre neu gestaltete. Noch mehr Hajek gibt es übrigens auf der oberen Hälfte der Hasenbergsteige in einem Skulpturenpark neben der ehemaligen Hajek-Villa. Erst in einem der beiden Außenbecken zu schwimmen, dann im warmen Becken von Massagedüse zu Massagedüse zu wandern und anschließend im weitläufigen Park mit Blick auf den Neckar auf einer Liege ein Buch zu lesen steht auf meiner persönlichen Liste, wie man in Stuttgart auf sehr angenehme Weise Zeit verbringt, ganz weit oben. Versuchen Sie allerdings nicht, Ihr übliches Pensum an Bahnen herunterzureißen – Mineralbäder sind Erholungs- und keine Sportbäder, und das Mineralwasser geht ganz schön auf den Kreislauf. Nach dem Schwimmen fühlt man sich angenehm schlapp und erholt, ein bisschen wie nach einem Spaziergang an der Nordsee. Ganz Hartgesottene gehen in die Kaltbadehalle, die ihren Namen zu Recht trägt. Das Wasser hat zwanzig Grad, gefühlt liegt die Wassertemperatur deutlich darunter.

An der Preispolitik im Leuze scheiden sich die Geister. Der Eintritt gilt auch für die Sauna. Männlein und Weiblein saunieren hier grundsätzlich gemeinsam, was viele Männer irgendwie falsch, sprich: als Genehmigung zu verstehen scheinen, Frauen ohne Begleitung ungeniert anglotzen zu dürfen, was die Saunafreuden ziemlich trüben kann. Leider wurde auch im 2010 neu eröffneten Saunatrakt keine reine Frauensauna eingerichtet. Dafür gibt es dort auf den Terrassen äußerst coole Loungemöbel, heiß begehrte Hängematten und einen wunderbaren Blick auf die Weinberge und die Grabkapelle auf dem Württemberg, weshalb man diesen Saunabereich auf den Namen »Winzersauna« taufte. Ein übler Tritt in den Fettnapf. Die ortsansässigen Weinbauern, schwäbisch Wengerter, beklagten fehlenden Lokalpatriotismus und forderten, die Sauna in »Wengertersauna« umzubenennen. Wegen mangelnder Gesamtdeutschlandtauglichkeit des Wortes konnten sie sich damit leider nicht durchsetzen.

Die beste Zeit, um ins Leuze zu gehen, ist natürlich unter der Woche. Wer sich das nicht erlauben kann, dem sei die Mittags- und Nachmittagszeit am Samstag empfohlen, die Sommermonate natürlich ausgenommen. Samstags gehen die einen einkaufen, die anderen zum VfB, und wieder andere waschen ihr Heilix Blechle, sodass es oft erstaunlich leer ist und man draußen richtig viel Platz zum Schwimmen hat.

Im Sommer wird das Leuze zum hoch frequentierten Familienbad. Ich gehe am liebsten ins Leuze, wenn der Herbst dem Sommer die letzten goldenen Tage abtrotzt, Blätter ins Bad wehen und man beim Schwimmen zugucken kann, wie sich auf dem Volksfest am anderen Neckarufer das Riesen-rad dreht. Im Leuze gibt es eine eingeschworene Gruppe von Frühbadern, die sich jeden Morgen um sechs, wenn das Bad öffnet, zum Schwimmen treffen. Die Sechs-Uhr-Bader nen-nen sich Leuzeclub. Zu ihnen gehört die Journalistin Maja Langsdorff: »Wir begrüßen uns mit Handschlag und Namen. Kann einer mal nicht, meldet er sich ab, sonst droht ein Kon-trollanruf. Das Zugehörigkeitsgefühl ist ausgeprägt. Ab Vier-tel vor sechs wartet man vereint im Eingangsbereich, so früh, als könnte einem später das Bad davonlaufen. In drei Reihen wird Neuigkeiten austauschend vor den Drehkreuzen ange-standen. (...) Sechs-Uhr-Bader sind querköpfig und nicht zu vergleichen mit denen vom Berg, die diszipliniert auch vor offenen Türen anstehen – undenkbar im Leuze.«

Auch im Berg hat man bis Anfang 2010 gerne schon um sechs gebadet. Aus Kostengründen verschob die Stadt die Öff-nungszeiten im Sommer auf sieben und im Winter auf acht Uhr, was die Welt der Bergianer nicht zum letzten Mal nach-haltig erschütterte. Während sich nun also im Leuze die Tren-nung zwischen eingeschworener Gemeinschaft und »Sonsti-gen« über die Tageszeit regelt, unterscheiden die Bergianer vor allem eine Sommer- und eine Wintersaison. Der Winter ist den Stammgästen lieber. Kein Wunder, da sind sie unter sich und müssen den Platz im Becken und auf den Liegen nicht mit Leuten teilen, die sie nicht kennen oder die ihnen gar den Stammplatz streitig machen, denn im Berg ist man schleckig, will heißen: wählerisch-eigen.

Die Schönwetterbader im Sommer, die nur gelegentlich auftauchen, suchen aus Sicht der eingefleischten Bergianer eigentlich nur ein Freibad, in dem es nicht so voll ist. Das sehen viele Sommerbader anders, sie kommen, weil sie einen Sinn für den spröden Charme des Berg haben und zudem die unvergleichliche Wasserqualität schätzen. Jeden Tag wird das Wasser komplett ausgetauscht (fünf Millionen Liter!) und be-nötigt weder Chlorung noch Umwälzung. Im Zentrum des

Bades steht das große Außenbecken, in dem man überall stehen kann, was dazu führt, dass viele nicht nur schwimmen, sondern auch im Wasser herumstehen und schwätzen. Familien sind eher die Ausnahme, weil das Berg kein Kinderbecken hat und Kinder unter drei Jahren gar nicht in die normalen Becken dürfen. Sportschwimmer kommen im Berg nicht auf ihre Kosten und sind auch nicht gewollt. Niemand trägt hier Schwimmbrille oder arbeitet seine tausend Meter ab. Nein. Man trägt allenfalls noch Badekappe, ein Überbleibsel aus den Tagen der Badekappenpflicht, deren Einhaltung vom Bademeister streng überwacht wurde.

Im Berg schwimmt man langsam und entspannt, ohne zu kollidieren, auf dem Rücken, und gerne nebeneinander. Man steht ein bisschen im Wasser am Beckenrand herum, begrüßt einen Bekannten, der draußen vorbeischlendert, und schwimmt dann wieder ein bisschen. Wer das nicht will, ist fehl am Platz – ein Spaßbad sieht anders aus. Das Bad ist zudem eingebettet in eine wunderbare Parklandschaft mit alten Bäumen, Skulpturen und Rosensträuchern und deshalb besonders schön zur Rosenblüte. Viel Platz also auf den Wiesen oder auf den Holzliegen beim Außenbecken zum Sehen und Gesehenwerden, was im Berg keine unwichtige Rolle spielt, vor allem auch für die schwule Szene, die sich hier gerne trifft, was niemand übersehen kann und niemanden wirklich zu stören scheint.

Es ist die seltsame Mischung der Leute, die im Sommer ins Berg gehen, die einen großen Teil seines Reizes ausmacht. Seit Jahrzehnten prallen hier die unterschiedlichsten Milieus aufeinander – Stammgäste und Schwule, Schauspieler und Szenegänger. Auch die Nachtarbeiter aus den Kneipen und die Prostituierten aus dem Rotlichtviertel, weshalb man in den Siebzigerjahren von der »Rolex-Meile« der Zuhälter sprach. »Für Lebenskunst, Genuss und urbanen Style gibt es hier absolut genügend Raum«, schreibt Klaus Teichmann in dem Buch »Hier drin ist eine Welt für sich«, einer

Liebeserklärung an das Berg. »Bestens beobachten lässt sich diese ganz spezielle Stuttgarter Stadtkultur eben gerade im Mineralbad Berg: Hier kulminiert die Lebensästhetik der reifen genussfreudigen Stuttgarter mit dem Hedonismus hipper Szenegänger – das Berg ist eine Institution und das Brennglas für die soziale Spezifik der Schwabenmetropole jenseits des Mainstreams.«

Einer der Gründe, warum das Berg nur im Sommer richtig voll ist, ist die Wassertemperatur. Die liegt ganzjährig bei 21 Grad drinnen und bei 22 Grad draußen, was der natürlichen Temperatur des Mineralwassers entspricht. Für das aufgeheizte Bewegungsbad bezahlt man extra. Auch im bitterkalten Winter bei 22 Grad Wassertemperatur draußen zu schwimmen, während das warme Außenbecken im benachbarten Leuze mit dreißig Grad lockt, das muss man wollen. Natürlich haben die hartgesottenen Ganzjahresbergianer damit kein Problem, im Gegenteil, es schweißt sie zusammen. Als das Berg noch morgens um sechs öffnete, kamen im Sommerhalbjahr im Schnitt 31 Frühbader, von denen offensichtlich nur zwei im Winterhalbjahr schwächelten, denn da waren es durchschnittlich 29. Ebenso wie der Leuzeclub gehen Bergianer davon aus, dass der regelmäßige Badbesuch nicht nur abhärtet, sondern auch die Lebensspanne deutlich verlängert. Das glauben übrigens ebenfalls Staffelbewohner, die ganz sicher sind, dass sie seltener zum Doktor müssen. Das längste Leben ist einem in Stuttgart somit beschieden, wenn man täglich Treppen steigt und ins Mineralbad geht. Nur so als Tipp.

Ein zweiter Grund, warum sich am Berg die Geister scheiden, ist die Tatsache, dass das Bad ganz schön in die Jahre gekommen ist. Wer ins Berg geht, egal ob täglich oder nur ab und zu, ist ein Nostalgiker mit Sinn für altmodische Umkleidekabinen, plastikbespannte Liegestühle und Duschen mit Seilzug und stört sich nicht am Moos auf dem Boden des Außenbeckens. Auf die Auszeichnung »Wellness Stars Therme«, die dem Leuze verliehen wurde, darf das Berg nicht hoffen. Es rostet, was echte Bergianer liebevoll zur Kenntnis nehmen, denn sie lieben ihr Bad, so wie es ist, weshalb sie drohenden Veränderungen oder Modernisierungen gegenüber äußerst kritisch eingestellt sind. Dagegen kämpfen sie mit allen Mitteln. Das hat lange Tradition: Hunderttausend Unterschriften verhinderten in den Sechzigerjahren, dass das Bad dem Straßenbau zum Opfer fiel.

Der Bergianer sieht sein Bad von mehreren Gefahren bedroht. Die eine, leicht diffuse, ist die ungewisse Zukunft des dringend sanierungsbedürftigen Bades, und sie liegt in den Händen der Stadt Stuttgart. Die zweite, sehr konkrete und gleichzeitig vollkommen unberechenbare, ist die Gefährdung der Mineralquellen durch den Bau von Stuttgart 21. Im Talkessel herrschen nämlich äußerst komplexe und unberechenbare geologische Verhältnisse. Grundwasser und Mineralwasser stehen in einem sensiblen Gleichgewicht, das durch Tunnelbohrungen und Bahnhofsbau gefährdet ist. 2002 wurde der bis dahin geltende Heilquellenschutz rund um den Bahnhof aufgehoben, um den Weg für den Bahnhofsbau freizumachen. 2005 schrieb das Eisenbahnbundesamt im Planfeststellungsbeschluss zum Thema Mineralquellen: »Es ist nachgewiesen, dass die Mineralwasser führenden Schichten in einer hydraulischen Verbindung zu den oberen Grundwasserschichten stehen und sich damit bei einer Veränderung der oberen Grundwasservorkommen die Zusammensetzung des Mineralwassers verändern kann. Die Nutzung der Heil- und Mineralquellen in den Bädern in Berg und in Bad Cannstatt könnte deshalb durch schadstoffhaltige Baustoffe und verunreinigte Infiltrationswässer qualitativ beeinträchtigt werden. An die der Infiltration vorgeschalteten Reinigungsanlagen sind daher die höchsten Anforderungen zu stellen, die teilweise sogar über den derzeitigen Stand der Technik hinausgehen.«

Kein Wunder, dass Stuttgart 21 in den Bädern zum heiß diskutierten Thema wurde und sich viele Stammgäste dem Protest gegen das Projekt anschlossen.

Die Stadt Stuttgart weiß genau, dass sie die Bergianer mit Samthandschuhen anfassen musst, und ringt deshalb seit Jahren um eine vernünftige Lösung für das marode Bad, in dem seit dem Wiederaufbau nach dem Krieg zumindest renovierungstechnisch nicht besonders viel passiert ist. 2008 beschloss der Bäderausschuss des Gemeinderats, das Berg gründlich zu sanieren. Doch als Kosten in Höhe von 27,3 Millionen Euro im Raum standen, ruderte die Stadt zurück, zumal niemand ernsthaft glaubt, dass das Berg jemals schwarze Zahlen schreiben wird, selbst nach einer Renovierung. Zu groß ist die Konkurrenz der weitaus moderneren Bäder Leuze und Mineralbad Cannstatt. 152 000 Besucher kamen 2011 ins Berg, 670 000 gingen ins Leuze, obwohl dort das große Außenbecken saniert wurde.

Im Gemeinderat wurden Pläne gemacht und wieder verworfen, Gutachten erstellt und diskutiert. Ein modernes Freibad nur für die Sommermonate für sechzehn Millionen Euro sollte her, ein Wellness-Hotel auf dem Nachbargrundstück entstehen. Die Stammgäste fürchteten um »ihr« Bad, bildeten erst eine Arbeitsgruppe und forderten dann eine Schlichtung wie bei Stuttgart 21.

Mittlerweile scheint klar, dass das Berg seinen Charakter behalten und »nur« im Bestand saniert werden soll. Doch auch diese Lösung wird bis zu zwanzig Millionen Euro verschlingen. Die streithaften Bergianer jedenfalls haben ihr Zwischenziel erreicht: Sie dürfen im »Unterausschuss Mineralbäder-Areal« der Stadt Stuttgart mitreden. Was auch immer dabei herauskommt, in nicht allzu ferner Zukunft wird das Berg für eine geraume Weile schließen. Schauen Sie sich also dieses einzigartige Stuttgarter Soziotop an, solange es noch geöffnet hat.

Vielleicht geht es Ihnen dann wie mir, als ich an einem sehr warmen Spätsommertag nach langen Jahren Berg-Abstinenz und mittlerweile aufgehobenem Badekappenzwang die Dame an der Kasse um Orientierungshilfe bat. Worauf diese antwortete: »Doo dirfad Se d'Drepp nuffganga, ond noo dirfad Se end Omkleide, doo brauchad Se abr a Pfandminze, ond noo dirfad Se nonder, doo isch's Bad.« Schöner als mit dem schwäbischen »Dürfen« kann man jemandem nicht sagen, was er tun soll. Auch sprachlich geht's im Berg nun mal stilvoll zu.

Stuttgart Heilix-Blechle-Stadt

Keine vorübergehende Erscheinung

Als ich klein war, wurden fünfzig Prozent aller Autohintern von »Atomkraft – Nein danke«-Aufklebern geziert. Auf den anderen fünfzig Prozent prangte der mittlerweile leider verschollene Bäbber (Aufkleber): »Fahr net auf mei heilix Blechle«. Nun wuchs ich ja in unmittelbarer Nähe von Daimler und Porsche auf, in Gerlingen. 1970 war die Firma Bosch, heute der größte Automobilzulieferer der Welt, aus Platzmangel vom Stuttgarter Westen auf die Gerlinger Schillerhöhe gezogen (worüber man in Stuttgart gar nicht *amused* war) und hat dort noch heute ihre Konzernzentrale. In Gerlingen schaffte daraufhin bald jeder Zweite beim Bosch, was mit einem nicht zu vernachlässigenden sozialen Status einherging (»Halt dei Gosch, i schaff beim Bosch«).

Wer bei Bosch gut verdiente, fuhr Mercedes. Mercedes war sicher, solide und spießig. Porsche war was für neureiche Angeber und bäh. Mir kam überhaupt nicht der Gedanke, dass sich das »heilige Blech« auf irgendetwas anderes beziehen konnte als das Auto, dessen Verbeulung oder Verkratzung durch Fremdeinwirkung das Allerschlimmste war, was man einem Menschen antun konnte – schlimmer noch, als den Menschen selbst zu verbeulen. (Ich bin mal als Schülerin mit dem Rad morgens völlig verpennt gegen ein parkendes Auto gefahren. Ojeojeoje.)

Bei einer Radtour in der Nähe von Stuttgart fuhren wir zu mehreren fröhlich quatschend nebeneinander. An einer unübersichtlichen Stelle kam uns ein Radler entgegen, der so erschrak, dass ihm ein kräftiges »Heilands Blechle« entfuhr. Eine Mitradlerin wusste daraufhin zu berichten, dass es sich bei einem Heilands Blechle ursprünglich um ein Blechschild handelte, das sich arme Menschen im Mittelalter umhängten, um sich damit als legitimierte Bettler auszuweisen. Aus diesem Heilands Blechle wurde ein Ausruf des Erstaunens und erst dann das heilige Autoblechle. Wieder was gelernt.

Stuttgart ist Heilix-Blechle-Stadt. In jeder Hinsicht: Nach dem Krieg wurde die Stadt als automobile Stadt wiederaufgebaut. In den Fünfziger- und Sechzigerjahren wurden die Hauptverkehrsachsen so geplant und gebaut, dass sie sich komplett den Bedürfnissen des rasant zunehmenden Autoverkehrs unterordneten. Bestes Beispiel dafür ist der Charlottenplatz, der in den Sechzigerjahren so umgestaltet wurde, dass sich Verkehr und Stadtbahn auf mehrere Stockwerke verteilen und nicht berühren. Hier wurde 1966 die erste U-Straßenbahnstrecke Westdeutschlands eingeweiht. Was damals als städtebauliche Sensation galt und in der Bauphase Tausende Schaulustiger anzog, gilt heute als komplette, nicht wieder gutzumachende Fehlplanung. Die Stadtautobahn am Charlottenplatz legt ein nur mühsam zu überwindendes Hindernis zwischen Schlossgarten und Staatstheater auf der einen Seite und Staatsgalerie, Kammertheater, Haus der Geschichte und Hauptstaatsarchiv auf der anderen Seite. Fußgänger und Radfahrer waren nicht wirklich vorgesehen, was sich bis heute rächt, weil man sich im tosenden Verkehr über unzählige Ampeln hangeln muss.

Im Stadtmuseum Bad Cannstatt sah ich in der Ausstellung »Die (auto-)mobile Stadt, Stuttgarts Weg zur autogerechten Stadt« ein Foto des Charlottenplatzes vom Anfang des 20. Jahrhunderts. Bäume, Fußgänger, Straßenbahn. Grün, lauschig und heute unvorstellbar.

Stadtplanung und Architektur ist das, was die Stadt äußerlich als Autostadt kenntlich macht und ihr Ende der Siebzigerjahre den wenig schmeichelhaften Namen »Kaputtgart« eingetragen hat. Außerdem wird die Region Stuttgart, dazu gehören neben der Stadt Stuttgart die Landkreise Böblingen, Esslingen, Göppingen, Ludwigsburg und der Rems-Murr-Kreis, von wenigen Autokonzernen – Daimler, Porsche und Audi in Neckarsulm ist auch nicht weit – und etwa vierhundert Autozulieferern dominiert. Und die Tempel der heiligen Blechle, Daimler- und Porsche-Museum, sind in den Augen der Touristen offensichtlich weitaus attraktiver als die hohe Kunst.

Das Kunstmuseum öffnete 2005 seine Pforten und begrüßte 2010 den millionsten Besucher. Im gleichen Jahr feierte das Mercedes-Museum, knapp vier Jahre nach der Eröffnung, bereits den dreimillionsten Besucher, und 2011 lag es mit 701 000 Besuchern in der Beliebtheit weit vor allen anderen Museen. Der unmittelbare Konkurrent Porsche-Museum kam mit 367 000 Besuchern auf etwas mehr als die Hälfte, während das Weißenhofmuseum, für mich eines der allerschönsten Museen in Stuttgart, nur knapp 22 000 Besucher hatte. Da sieht man mal, wie Stuttgart wahrgenommen wird. Auch von den Hauptstadtbewohnern selbst, übrigens. In einer Umfrage der Stadt Stuttgart waren 59 Prozent der Befragten der Meinung, dass es absolut zutrifft, dass Stuttgart eine Automobilstadt ist.

Schön beobachten ließ sich das im Sommer 2011. Da feierte Stuttgart 125 Jahre Automobil euphorisch mit einem großen Automobilsommer. Autos aller Arten wurden ausgestellt, Stuttgart suchte das Superauto, und ein Oldtimer-Korso rollte im Schneckentempo durch die Stadt. Beim Open-Air-Autosalon auf der Königstraße strichen (überwiegend) Männer zärtlich um Karosserien, tätschelten Kühlerhauben, saßen Probe und fachsimpelten. Die Heilix-Blechle-Welt in Stuttgart war in Ordnung.

Auch die Wissenschaft ist technisch dominiert. Mehr als 60 Prozent aller Studierenden an der Universität Stuttgart studieren ein ingenieurwissenschaftliches Fach wie Fahrzeug- und Motorentechnik, Mechatronik oder Maschinenbau, nur knapp vierzehn Prozent entfallen auf Geisteswissenschaften (und seltsamerweise ist nur etwa ein Drittel aller Studierenden weiblich ...). Hier wird für die Branche geforscht, etwa im Institut für Technische Verbrennung, und der begehrte Nachwuchs rekrutiert.

Nicht zuletzt wird das Image der Stadt weitgehend vom Auto beherrscht. Noch mehr als von der Kehrwoche. Zumindest international. Erzählen Sie jemandem im Ausland, woher Sie kommen, dann kann er möglicherweise mit dem Namen »Stuttgart« nichts anfangen, aber sobald Sie »Merceidis« und »Porschie« sagen, dann wissen alle Bescheid, nicken vielsagend mit dem Kopf und schließen automatisch daraus, dass Sie reich sind und selber ein Auto der einen oder der anderen Marke fahren. Weit grüßt der Daimler-Stern, der sich seit 1952 auf dem Bahnhofsturm dreht und damit die enge Verbindung Stuttgarts zu »seinem« Daimler symbolisiert. Wenn Sie dem Stern beim Drehen um sich selbst zugucken wollen, zweimal pro Minute tut er das, fahren Sie einfach mit dem Lift hinauf auf die Aussichtsplattform. Koschd nix.

Wirtschaftsfaktor Auto: Das ist ja nun ein Allgemeinplatz, wird aber richtig spannend, wenn man sich die Zahlen anschaut, auch wenn sie sich nicht so ganz einfach darstellen lassen, weil die Stadt Stuttgart nicht einzeln statistisch erfasst wird. In der Region jedenfalls gehören laut »Strukturbericht der Region Stuttgart« etwa hundertzweiundachtzigtausendfünfhundert von insgesamt 1 054 000 Arbeitsplätzen und damit siebzehn Prozent aller Beschäftigten zum sogenannten Automotive Cluster, das sind alle automobilbezoge-

nen Produktions- und Dienstleistungstätigkeiten, beispielsweise im Metallgewerbe, Elektrotechnik, Maschinenbau
oder Kunststoffgewerbe. Innerhalb des Clusters gibt es einen
sogenannten Clusterkern, der als »Herstellung von Kraft-
wagen und Kraftwagenteilen« definiert wird. Hier arbeiten etwa 102 000 Menschen. Das klingt jetzt vielleicht nicht
dramatisch. Schwindelig wird es einem jedoch, wenn man
sich den Umsatz anschaut, den die Branche erwirtschaftet.
2010 wurden im Clusterkern 39,5 Milliarden Euro umgesetzt. Der Exportanteil daran betrug 28,5 Milliarden. Damit
entfallen 12 Prozent des Gesamtumsatzes im Fahrzeugbau in
Deutschland auf die Region Stuttgart. Und der Trend geht
nach oben: In den Neunzigerjahren erbrachte der Fahrzeugbau etwa 30 Prozent des Gesamtumsatzes des verarbeitenden
Gewerbes der Region Stuttgart, heute sind es fast 50 Prozent, und wenn man den umfassenderen »Automotive Cluster« betrachtet, dann sind es rund zwei Drittel. Das heißt: Die
Produktion des Heilix Blechle mit allem, was drum herum
dazugehört, dominiert nicht nur die Industrielandschaft in der
Region Stuttgart, ihre Bedeutung wächst sogar stetig, trotz
Wirtschaftskrise. Abwrackprämie und Exportrekorde lassen
grüßen. Im bundesweiten Vergleich ist Stuttgart die Stadt mit
den meisten Beschäftigten im produzierenden Gewerbe.

Kein Wunder, dass ein frisch gewählter grüner Ministerpräsident die Autoindustrie das Fürchten lehrte, als er in der
Bild am Sonntag verkündete, dass weniger Autos besser sind
als mehr, Autos grüner werden müssen und sich der Mensch
(theoretisch) auch laufend, Rad oder Zug fahrend vorwärts-
bewegen kann. Ja, ist der denn wahnsinnig? Ein Aufschrei
ging durch die Presse, die CDU in Form ihres Generalsekre-
tärs lief Sturm und wertete Kretschmanns Worte als »Kampf-
ansage an die Automobilindustrie«. Kretschmann hatte auch
angemerkt, dass man nicht gut sitzt in einem Porsche, irgendwie zu tief, womit er sich beim König der Sportwagenherstel-
ler nicht sonderlich beliebt machte, sodass flott ein Antritts-

besuch arrangiert wurde, bei dem dann alle sehr, sehr nett zueinander waren.

Das Auto bringt Jobs und Wohlstand. Einerseits. Andererseits macht es abhängig und verwundbar. Über den Krisen der letzten Jahre hat man vergessen, dass schon Anfang der Neunzigerjahre Umsatz und Produktion in der Automobilindustrie einbrachen, mit massiven Folgen für die Arbeitsplätze in der Region Stuttgart. Noch heute liegt die Beschäftigung unter der von 1992. Dann kam die Weltwirtschaftskrise 2008/2009 und traf die Region Stuttgart besonders heftig.

Die *FAZ* nannte Stuttgart 2009 die »Hauptstadt der Kurzarbeit« und konstatierte: »Nirgendwo in Deutschland leben glücklichere Menschen als in Stuttgart, das hat eine Umfrage im Herbst ergeben, vor dem scharfen Einbruch in der Autoindustrie.«

Also, dass unser Glück in Stuttgart soo sehr am Blechle hängt, kann ich jetzt zwar nicht bestätigen, aber die *FAZ* entwickelt da eine ganz eigene Verschwörungstheorie: »Mühsam haben sich die Schaffer in den vergangenen Jahren etwas Lebensfreude antrainiert, unter tätiger Anleitung der vielen Zugereisten. Daimler, Porsche, Bosch, und wie all die stolzen Firmen heißen, lockten High Potentials mit sagenhaften Gehältern in die Stadt. Die Stimmung stieg, Clubs und Bars öffneten, die Theodor-Heuss-Straße avancierte zur Partymeile. Wirte stellten Tische auf die Straße, ohne zu fragen: Wer kehrt den Dreck weg?« Aha. Jetzt verstehe ich endlich den Zusammenhang zwischen Glück, Autos und Kehrwoche. Alles fügt sich: Eigentlich waren wir in Stuttgart kreuzunglücklich, weil wir zu viel g'schafft und zu viel gekehrt haben. Weil wir aber Autos bauen, sind Leute von außen gekommen, und die haben uns gezeigt, wie man mal so richtig lustig ist, und jetzt können wir endlich lachen, feiern mehr und kehren weniger. Supi!

Die Kurzarbeit in der Krise, die auf ihrem Höhepunkt im Sommer 2009 immerhin 83 000 Beschäftigte in der Region

Stuttgart betraf, war geradezu optisch sichtbar. Zwischen Herbst 2008 und 2009 waren auffallend viele Männer unter der Woche in Stuttgart unterwegs. Männer, die plötzlich ein, zwei Tage die Woche freihatten, am helllichten Tag Kinderwagen schoben oder im Leuze in der Sauna saßen und die Krise diskutierten. Die Kurzarbeit war letztlich die Rettung – als es dann nämlich ganz schnell wieder boomte, waren die Arbeitskräfte und das Know-how da, um auf die Nachfrage zu reagieren. Trotzdem gingen 1618 Stellen zwischen 2008 und 2010 im Fahrzeugbau in Stuttgart verloren.

Wie wird sie sich wohl weiterentwickeln, die hochgradig abhängige und deshalb krisenanfällige Heilix-Blechle-Hochburg? Für die Zukunft wird der Systemwechsel zur Elektromobilität beschworen. Der Elektromotor soll anstelle des Verbrennungsmotors die Zukunft sichern. Doch schwingt dabei die Angst mit, dass die Region zwar in Forschung und Entwicklung führend bleibt, sich die Produktion jedoch woandershin verlagern könnte. »Die Kernfrage ist also: Schafft die Region Stuttgart den Systemwechsel zur Elektromobilität als Technologiestandort *und* als Produktionsstandort?«, fragt der Strukturbericht 2011 und prognostiziert, dass dieser Umbau, selbst wenn er gelingt, langfristig dazu führt, dass es in der Automobilindustrie weniger Arbeitsplätze geben wird, was dann insbesondere die Automotive-Cluster-Region Stuttgart zu spüren bekommen würde. Langfristig heißt in den nächsten zwanzig Jahren. Noch boomt der Laden: Anfang 2012 lag die Arbeitslosigkeit in der Region Stuttgart bei nur 4,2 Prozent, bundesweit waren es 7,3 Prozent.

Zwei Autobauer (und eine Menge Autozulieferer) dominieren die Region Stuttgart. Die Karosserie-Firma Karl Baur, die im Stadtteil Berg unter anderem für BMW und Opel produzierte, wurde 1999 geschlossen. Das eine Auto heißt Daimler, hieß zwischendurch mal für eine kurze Zeit, die aber alle lieber totschweigen, DaimlerChrysler, das andere heißt Porsche. Das eine ist solide, das andere sexy. Im Porsche-Werbespot knöpft eine Frau ihren Ledermantel für den Porsche auf und zeigt sich im Dessous, als sei das Auto ein Liebhaber, den sie verführen will. Im Daimler-Spot tanzen die Tiere im Wald, und ein Schutzengel hat nichts zu tun, weil er auf einen Mercedesfahrer aufpasst. Daimlerfahrer tragen Hut, haben Wackeldackel und umhäkelte Klorollen auf der Ablage und kommen bei Schnee keinen Berg hinauf. Porschebeifahrerinnen tragen wenig, und der Porschefahrer findet, dass Geschwindigkeitsbegrenzungen den einzigen Zweck haben, dass man sie überschreitet. Beide, Daimler und Porsche, wurden in Stuttgart früher gern mal hinter dem Haus geparkt, weil man mit den edlen Karossen nicht angeben wollte, und Daimlerfahrer schraubten aus gepflegtem Understatement auch schon mal das Typenschild ab oder ließen sich den Wagen gleich ohne Schild liefern. »Wer man ist, das sagt man nicht, was man hat, das zeigt man nicht« – diese Zeiten der Bescheidenheit sind heute jedoch vorbei.

»I fahr Daimler, d'Schdroß ghert mir, wer net Platz macht, den nehm i uffs Korn ond ens Visier«, sang einst der Schwabenrocker Wolle Kriwanek, wobei sich sein Daimlerfahrer am Ende als Chauffeur entpuppt. Daimler fahren und beim Daimler schaffen, das sind immer noch Statussymbole, die längst auch schon von den in Stuttgart lebenden Türken übernommen wurden, die beim Hochzeits-Autokorso am Wochenende bevorzugt und sehr cool mit dem Daimler hupen und das Typenschild garantiert nicht abschrauben. Wer beim Daimler schafft, der muss nicht viel erklären, und was für einen Job er genau hat, ist eigentlich egal. Beim Daimler schaffen heißt Status, Sicherheit, gutes Einkommen und Einfamilienhaus in einem Stuttgarter Vorort. Von 1998 bis 2007 schaffte man theoretisch bei DaimlerChrysler und sprach theoretisch nur noch Englisch, was dazu führte, dass die, die nur Schwäbisch konnten, in Firmenkursen Englisch büffeln mussten, damit sie sich nicht blamierten, wenn sie mit der firmeneigenen Airline DC Aviation von Echterdingen nach Detroit flogen.

Das änderte sich 2007 wieder, als Chrysler mit ein paar schlappen Milliarden Verlust wieder abgestoßen wurde, Daimler für zwanzig Millionen Dollar seine Namensrechte zurückkaufen musste und von nun an nur noch Daimler AG hieß, was die Mannheimer erzürnte, weil Carl Benz nun endgültig aus dem Firmennamen herausgekickt worden war und man in Mannheim sowieso nicht beim Daimler, sondern beim Benz schaffte. Das Herz des Automobils begann ja nicht allein in Stuttgart, sondern praktisch zeitgleich in Mannheim bei Carl Benz zu schlagen. Wenn Sie sich in Stuttgart damit näher beschäftigen wollen, dann machen Sie doch mal einen Gottlieb-Daimler-Tag. Die Daimler-Geschichte beginnt in Stuttgart-Bad Cannstatt.

Fahren Sie mit der Stadtbahnlinie U2 nach Cannstatt, vorbei an der Haltestelle Mercedesstraße, und steigen Sie am Daimlerplatz aus. Augsburger Platz oder Kursaal wäre zwar näher, aber es soll ja ein Daimlertag sein. Vom Daimlerplatz, der auf der Daimlerstraße liegt, gehen Sie geradeaus die König-Karl-Straße entlang zum Kurpark und dann rechts in die Taubenheimstraße und hinein in den Park. Nun stoßen Sie auf ein idyllisch gelegenes Gewächshaus, heute die Gottlieb-Daimler-Gedenkstätte, die von 10 bis 16 Uhr besichtigt werden kann. Hier entstand der Stoff, aus dem Legenden sind: 1882 kaufte Gottlieb Daimler, geboren 1834 in Schorndorf, in der Taubenheimstraße am Kurpark eine Villa. Daimler hatte zuvor als Technischer Direktor bei der Gasmotorenfabrik Deutz gearbeitet, das Unternehmen jedoch wegen Streitigkeiten verlassen, gemeinsam mit Wilhelm Maybach. Nun machte er sich selbstständig und begann, mit Maybach im Gartenhaus zu werkeln. Sie verhängten die Glaswände mit Tüchern und verrieten niemandem, dass sie an einem Benzinmotor arbeiteten. Weil es klopfte und hämmerte, wurde Gärtner Weinbuch misstrauisch. Typisch schwäbisch eben, hier wird aufgepasst. Er vermutete, dass in dem Gewächshaus Falschmünzen hergestellt wurden und – holte die Polizei. Die fand dann bei ihrer Razzia aber nur Werkzeuge und Motorteile.

Bis 1883 entwickelten die beiden Ingenieure in ihrem Gewächshaus den ersten schnell laufenden Viertaktmotor der Welt. 1887 eröffnet Daimler auf dem Seelberg in Cannstatt eine Fabrik mit 23 Arbeitern, im gleichen Jahr fährt beim Cannstatter Volksfest zwischen Wilhelmsplatz und Kursaal eine von ihm entwickelte Straßenbahn. 1890 gründet Daimler die »Daimler-Motoren-Gesellschaft« als Aktiengesellschaft, weil er Geld benötigt, verlässt das Unternehmen aber nach nur einem Jahr wegen heftiger Konflikte und kehrt erst 1895 zurück. Er stirbt im Jahr 1900 an einer schweren Herzkrankheit im Alter von nur 66 Jahren. Damit endet zwar sein Leben, doch seine Erfindungen leben weiter – ein Jahr später macht ein von Maybach entwickeltes Auto namens »Mercedes«, benannt nach der Tochter des Geschäftsmannes Emil Jellinek, bei der Rennwoche in Nizza Furore. Den Mercedes-Stern gibt es übrigens seit 1909, er symbolisiert Daimlers Ziel, zu Lande, zu Wasser und in der Luft die Motorisierung voranzutreiben.

1903 zieht die Daimler-Motoren-Gesellschaft nach Untertürkheim – überstürzt, denn die Werksanlagen in Cannstatt fallen am 10. Juni 1903 einem Brand zum Opfer, der die alte Fabrik komplett zerstört. 1904 verlegt die DMG auch ihren Hauptsitz nach Untertürkheim, und nun geht die Geschichte dort weiter. Sie könnten also Ihren Daimlertag in Untertürkheim fortsetzen und das Mercedes-Benz-Museum besuchen. Das Grab Gottlieb Daimlers ist aber noch in Cannstatt zu finden, auf dem Uff-Kirchhof in der Abteilung 11.

Untertürkheim und Daimler: Mit einem kurzen Intermezzo von 1990 bis 2006, als sich die Konzernzentrale in Möhringen befand und von Jürgen Schrempp höchst schmeichelhaft als »Bullshit City« bezeichnet wurde, war und ist Untertürkheim Hauptsitz des Unternehmens, das 1926 mit der Benz & Cie. zur Daimler-Benz-AG fusionierte. Im Krieg produziert Daimler-Benz Rüstungsgüter wie Lastwagen und Flugmotoren. Ein dunkles Kapitel in der Unternehmensgeschichte: Weil die Männer an der Front sind, werden Kriegsgefangene und KZ-Häftlinge als Zwangsarbeiter eingesetzt. Sie machen 1944 fast die Hälfte der Belegschaft aus. Das Werk Untertürkheim wird im Krieg zu etwa 60 Prozent zerstört. 1945 machen sich 1240 Mitarbeiter daran, das Werk wiederaufzubauen. Heute arbeiten etwa 18000 Menschen in Untertürkheim und stellen Motoren, Achsen und Getriebe für Pkws her. Die Industrieanlagen am Neckar einerseits, die idyllisch gelegene, von Weinbergen umgebene Grabkapelle auf dem Württemberg andererseits, beides ist Untertürkheim. Typisch Stuttgart, dieser Kontrast.

Das Mercedes-Benz-Museum am Rande von Untertürkheim wurde im Mai 2006 eröffnet. Natürlich ist es eine gigantische, gar nicht schwäbisch-bescheidene Lobeshymne auf Daimler und eine Prunk- und Protzausstellung vom Oldtimer bis zum Rennwagen, einschließlich Rennsimulator. Das ist ein Gehäuse auf hydraulischen Füßen (schwäbischen Füßen, also in Wahrheit Beinen), in dem man für vier Euro erleben kann, wie sich die Fahrt in einem Mercedes-Rennauto anfühlt, nicht empfohlen für Leute mit Rückenproblemen und Schwangere, aber komischerweise stehen ja sowieso nur Männer an.

Das Museum dokumentiert aber auch ganz allgemein die Geschichte der Fortbewegung und ordnet sie in historische Zusammenhänge ein. 150 Millionen Euro hat es gekostet und streitet sich mit der Sammlung Schlumpf in Mulhouse um den Titel »größtes Automobilmuseum der Welt«. Ist ja letztlich egal – in jedem Fall kann man in dem riesigen Museum bei schlechtem Wetter problemlos ein paar Stündchen verbringen, und dazu muss man nicht einmal ein Autofreak sein. Ich bin keiner, wie Sie vielleicht schon gemerkt haben, ich hab nicht mal eins, deswegen hatte ich bisher auch einen großen Bogen um das Daimler-Museum gemacht, es dann aber brav im Rahmen der Recherchen für die Gebrauchsanweisung besucht – um vollkommen fasziniert von der Architektur (nicht den Autos) des Gebäudes zu sein, das keinen einzigen rechten Winkel aufweist.

Man fährt mit dem Aufzug nach oben und läuft vom achten Stock nach unten – auf treppenlosen, sich nach unten windenden Rampen, denn das Museum hat die Form einer Doppelhelix, also zweier gegenläufiger Spiralen. Man arbeitet sich also schneckennudelmäßig nach unten, hat dabei immer wieder andere Perspektiven von Galerien und Balkonen und passenderweise auch immer wieder die Stadtautobahnen im Blick, die das Museum umtosen. Das ist kein Zufall, denn der nahe gelegene Anschluss der Bundesstraße B14 an die B10 ging in die Grundstruktur des Museums ein, das einem dreiblättrigen Kleeblatt ähnelt.

Irgendwann ist man dann ganz unten im Shop beim Wackeldackel angekommen, der eigentlich ein Dachshund ist und den man sich für schlappe 23,90 Euro zum Wackeln auf die Hutablage stellen kann. Ach ja, Autos gibt es übrigens auch. Das Papamobil hat mir besonders gut gefallen. Und Erklärungen für Kinder auf dem Audioguide, die man sich ebenso als Erwachsener gut anhören kann, wenn man sich mehr für die Anekdoten rund um das Automobil als für die technischen Details interessiert.

Das zweite Aha-Erlebnis in Sachen Auto hatte ich auf der anderen Seite Stuttgarts. Die nicht so schrecklich rühmliche Schlammschlacht zwischen Porsche und VW wollen wir jetzt an dieser Stelle nicht aufwärmen und beschäftigen uns lieber mit dem Museum. Wie auch das Mercedes-Benz-Museum liegt das Porsche-Museum in Zuffenhausen direkt neben dem Porsche-Werk. Es wurde Anfang 2009 eröffnet und sollte natürlich mit dem Mercedes-Museum mithalten können (interessanterweise hatten die beiden Autobauer sogar einmal über ein gemeinsames Museumsprojekt nachgedacht). Am Ende kostete es fünfzig Millionen Euro weniger, die Ausstellung beschränkt sich auf Porsche, und die Ausstellungsfläche ist deutlich kleiner, aber von außen ist das Museum viel spektakulärer. Strudelskulptur, Denkmal der Dosenpfand-Debatte, das waren die Spitznamen, die sich das Mercedes-Museum nach seiner Eröffnung gefallen lassen musste. Das Porsche-Museum wirkt dagegen erstaunlich filigran. Einem Flieger nachempfunden, scheint es auf drei Sockeln gleichsam zu schweben, was natürlich die Dynamik von Porsche symbolisieren soll. Weil das Museum zwischen S-Bahn und Porsche-Werk etwas eingeklemmt ist, ist es schwierig, einen guten Gesamtblick auf das Gebäude zu bekommen. Den besten Blick hat man bei der Anfahrt mit der S-Bahn auf die Haltestelle Neuwirtshaus und schräg gegenüber des Museumseingangs in der Nähe des Werkeingangs.

Im Porsche-Museum konzentriert man sich auf das Wesentliche: Porsche. Achtzig Fahrzeuge sind hier ausgestellt, und hier gibt es zwar keinen Rennsimulator, aber dafür eine Röhre, in der Motorengeräusche simuliert werden. Da stehen dann die Männer drunter, wirken geistig leicht abwesend und murmeln »Carrera GTL Abarth 1960«.

Weil ich dieses Museum schon kannte, nahm ich an einer Werksführung teil. Ursprünglich hatte ich gehofft, dabei sein zu können, wenn jemand persönlich seinen Porsche abholt. Dies wird nämlich auf Wunsch im Rahmen einer feierlichen Zeremonie begangen, die aus Werksführung, Drei-Gänge-Menü, kleiner Aufmerksamkeit aus dem Porsche-Shop und der feierlichen Übergabe des heiligen Blechle durch Spezialisten besteht. »Damit Sie auf dieses Erlebnis noch lange zurückblicken können, halten wir diesen emotionalen Moment für Sie fest.« Das hätte ich doch zu gerne einmal miterlebt, wie jemand angesichts seines fabrikneuen Boxsters von Tränen der Rührung überwältigt wird. Leider teilte mir die Presseabteilung bedauernd mit, das sei bei dieser Klientel nicht möglich, und beteuerte außerdem, es sei absoluter Zufall, dass die Telefonnummern von Porsche mit 911 beginnen. So, so.

Eine andere zuverlässige Porsche-Quelle bestätigte mir jedoch, dass Porsche für die passende Nummer Geld an die Telekom bezahlt hat.

Stattdessen also Werksführung, bei der ich dann das bereits erwähnte Aha-Erlebnis hatte, aber erst nachdem wir Besucher Handys und Kameras ausgehändigt (top secret!) und uns ein Bäbberle »Porsche Besucher-Tour« angeheftet hatten. Wie hätten Sie sich die Produktion von Boxster oder 911er vorgestellt? Ölverschmierte Kerle in Blaumännern mit Schraubenziehern in der Hand, die bei ohrenbetäubendem Klöng-klöng unterm Auto liegen? Von wegen. In der Motorenmontage ist alles blitzsauber, der Lärmpegel erstaunlich niedrig, die Atmosphäre konzentriert, aber nicht hektisch. Fast wie ein Zuschauer im Theater schaut man von einer Galerie hinunter in die Hightech-Halle, in der die Mechatroniker einer Choreografie zu folgen scheinen, die alle im Schlaf beherrschen. Unterstützt von wenigen Robotern, setzen sie an 68 Stationen einen Porsche-Motor zusammen. Drei Minuten Zeit haben sie für ihren jeweiligen Arbeitsschritt, alle müssen alles können, weil sie stündlich den Arbeitsplatz wechseln, und nach sechs Stunden ist der Motor fertig, zusammengepuzzelt aus gelieferten Teilen, weil Porsche seit 1972 keine Teile mehr selber herstellt. Fünfhundert Motoren am Tag, in zwei Schichten von 6 Uhr bis 13.45 Uhr und 13.45 bis 21 Uhr, keine Nachtschicht.

Auf den Gängen und in den Hallen fahren kleine, mit Teilen beladene Wägelchen, wie von Geisterhand gesteuert, so leise, dass Wolfgang Flegel uns immer wieder freundlich auf sie hinweist, damit wir nicht etwa überfahren werden im Porsche-Werk. Flegel wird bei unserem Rundgang an jeder Ecke mit Namen gegrüßt. Er ist ein Porsche-Mann durch und durch, er kannte Ferry Porsche noch persönlich und spricht von »wir«, selbst wenn er seit Jahren pensioniert ist. Er weiß, dass die Engländer innen Holz wollen und die Araber Leder, dass die am häufigsten bestellte Farbe Schwarz ist und Karajan Porsche fuhr, aber niemals schneller als hundert Stunden-kilometer. Er weiß auch, dass Udo Lindenberg regelmäßig vorbeischaut, um sich einen neuen Porsche abzuholen, und dann ein paar Töne in der Betriebskantine singt und dass ganz besonders wichtige Promis auf ganz speziellen Wunsch hin die Hochzeit ihres Wagens miterleben dürfen. Ja, die Hochzeit. Jetzt wird es wieder ganz emotional! Die Hochzeit passiert da, wo Motor und Getriebe von der einen Seite auf dem Band heranrollen, um sich dann mit der Karosserie zu vereinigen, die sich von oben herabsenkt. Und ein paar Meter weiter ist der Porsche dann fertig und verschwindet in die Tiefe, denn weil in Zuffenhausen wenig Platz ist, musste man, statt in die Breite zu gehen, nach oben bauen, und deswegen schwebt hier alles auf Aufzügen und Schienen ständig hinauf und hinunter.

Mehr Platz will Porsche jetzt aber trotzdem und hat auf der anderen Seite der S-Bahn-Gleise ein zehn Hektar großes Gelände gekauft, auf dem dann möglicherweise eines Tages eine dritte Sportwagenreihe zusammengepuzzelt wird, was natürlich alle freut, die auf eine rosige Zukunft der Heilix-Blechle-Stadt hoffen.

Und jetzt mal Spott beiseite: Diese Werksführung ist wirk-lich faszinierend und nach Voranmeldung per Mail zugäng-lich für jedermann. Trotzdem bin ich nach so viel Auto kein Autofreak geworden. Ich gehe in Stuttgart am liebsten zu Fuß, benutze die hervorragende Stadtbahn, die im Gegensatz zur S-Bahn nie verspätet ist, oder fahre Rad.

Kann man denn in der Autostadt Stuttgart überhaupt Fahr-rad fahren? Ja, natürlich kann man das! Überhaupt kein Prob-lem. Vorausgesetzt, man erfüllt ein paar klitzekleine Bedin-gungen: Eine gute Kondition (wegen der Steigungen), ein dickes Fell und starke Nerven. Helm wäre zudem nicht schlecht. Weil Radfahren nicht ganz so populär ist, rechnen Autofahrer grundsätzlich nicht mit Radlern. Das heißt, sie rei-ßen ihre Türen zur Fahrbahn hin auf oder biegen rechts ab, ohne zu gucken. Man muss also immer für die Autos mitden-

ken. Man darf sich auch nicht wundern, wenn Taxis auf Radwegen halten, Autos auf Radwegen parken oder diese, selbst
wenn sie vielversprechend angefangen haben, plötzlich im
Nichts enden, beispielsweise an der viel befahrenen Theodor-
Heuss-Straße, wo man dann zur Freude der Fußgänger auf
den Bürgersteig weitergeleitet wird. Auf die Halbhöhe nach
Degerloch hinaufzukommen ist mit der Zacke kein Problem.
Hinunter dagegen muss man über Waldwege rumpeln. Auch
die Süd-Nord-Verbindung, der sogenannte Tallängsweg quer
durch die Stadt, ist kein Zuckerschlecken.

Die Stadt gelobt Besserung und hat sich vorgenommen,
dass bis 2020 rund zwanzig von hundert Wegen per Rad
zurückgelegt werden können, bisher sind es sieben (und 57
per Auto!). Die Tübinger Straße auf der Nord-Süd-Achse soll
verkehrsberuhigt werden, die Eberhardstraße ist schon Fahr-
radstraße, bloß nimmt das leider kein Autofahrer richtig ernst.
Zwanzig Millionen Euro würde der Ausbau des Radwege-
netzes kosten, bis zum Jahr 2020 könnten 140 Straßenkilo-
meter auf zwölf Hauptrouten durch die Stadt führen, ergänzt
durch zusätzliche hundert Kilometer auf 26 Ergänzungsrou-
ten. So empfiehlt es ein Planungsbüro aus Hannover. Ob die
Planung tatsächlich umgesetzt wird und die Stadt die nötigen
Ressourcen bereitstellt, ist offen. Die Bauarbeiten rund um
Stuttgart 21, so viel steht fest, werden das Radfahren nicht
leichter machen. Immerhin kann man das Rad in den öffentlichen Bahnen mitnehmen und so Engpässe und Steigungen
überwinden. Wer kein eigenes Rad hat, kann sich an einer der
44 über die Stadt verteilten Call-a-bike-Stationen eins leihen,
die erste halbe Stunde kostet nichts. Dort gibt es jetzt sogar
Pedelecs, also E-Bikes – sehr praktisch für die Stadt im Kessel.
Diese sind Teil eines Pilotprojekts »Modellregion Elektromobilität«, für das die Stadt Fördergelder bekommt.

Schön flach Ausflugsradeln lässt es sich dagegen am Neckar
Richtung Heilbronn. Hinter dem Max-Eyth-See beginnt das
Weinbergidyll, und man kann jederzeit in die S-Bahn steigen

und zurückfahren. Mit Erstaunen registriert man hier, dass Stuttgart am Fluss liegt. Das vergisst man schnell mal um die Wilhelma und das Leuze herum, weil der Fluss da so hübsch einbetoniert ist, fast so, als wolle man nichts mit ihm zu tun haben und ihn mit aller Gewalt in die Schranken weisen.

Die Autostadt Stuttgart erlebt man als Radfahrer oder Fußgänger zudem immer wieder eindrucksvoll, wenn man eine große Kreuzung überqueren will, beispielsweise auf der Theodor-Heuss-Straße. Die ist so angelegt, dass zwischen zwei Fußgängerampeln eine Verkehrsinsel liegt. Auf dieser Insel strandet man in der Regel, weil die zweite Ampel, wenn man auf der Insel angekommen ist, noch oder schon wieder Rot zeigt. Man hat also ausführlich Gelegenheit, sich mit anderen Leuten auf einer kleinen Verkehrsinsel zu quetschen, umtost von Verkehr hinten und Verkehr vorne, auf Grün zu warten und sich zu fragen, ob diejenigen, die die Ampelschaltungen vornehmen, wohl möchten, dass man auf halber Strecke ein Päuschen macht, ein Zelt aufschlägt (nein, das wollen sie in Stuttgart sicher nicht) oder sich sonst wie beschäftigt, zum Beispiel mit dem Einatmen der gesunden Luft.

Davon gibt es in Stuttgart reichlich. Wenn man aus dem Kessel herausfährt, allerdings, weswegen Stadtteile wie Degerloch oder Sillenbuch besonders beliebte und teure Wohngebiete sind. In Degerloch gibt es gar einen über hundert Jahre alten Luftbad-Verein. Unten im Kessel sieht es anders aus. Stuttgart gilt als die am stärksten mit Feinstaub belastete Stadt Deutschlands, was nun mal am Verkehr liegt.

So richtig wundern muss man sich darüber nicht. In der Autoregion Stuttgart werden 57,1 Prozent der Wege mit dem Auto zurückgelegt, nur 12,5 Prozent mit öffentlichem Nahverkehr, wenn auch mit steigender Tendenz. Erstaunlicherweise sind nicht die Pendler schuld, die sich jeden Morgen und Abend am Pragsattel, Neckartor oder im Heslacher Tunnel stauen. Nur gut 17 Prozent der Autofahrten sind beruflich bedingt, mehr als 37 Prozent sind Freizeitfahrten.

Ja, es geht ihm gut in Stuttgart, dem heiligen Blech, und so schnell wird sich daran wohl nichts ändern, auch wenn immer mehr Menschen im Kessel Carsharing nutzen. Und jetzt kann ich es Ihnen ja sagen, ich habe gelogen, es stimmt nicht, dass ich kein Auto habe, ich habe 326. Na ja, sie gehören nicht mir, sondern dem Verein Stadtmobil, für den ich jetzt mit gutem Gewissen Werbung mache. Mit Carsharing entfällt nämlich die Parkplatzsuche, die in Stuttgart ein Riesenproblem darstellt. Wer einmal versucht hat, abends beispielsweise im dicht besiedelten, von beliebten Kneipen durchzogenen Stuttgarter Westen einen Parkplatz zu finden, der fühlt sich schnell an Herbert Grönemeyer erinnert: »Ich drehe schon seit Stunden, hier so meine Runden, es trommeln die Motoren, es dröhnt in meinen Ohren, ich finde keinen Parkplatz, ich komm zu spät zu dir, mein Schatz …«

Auch die Einführung des sogenannten Parkraummanagements mit Parkgebühren im Jahre 2011 hat die Situation zumindest abends nur unwesentlich verbessert. Wer im Westen wohnt, überlegt sich dreimal, ob er sein Auto benutzt oder lieber stehen lässt, weil er sonst wieder stundenlang Parkplatz sucht.

Hätte Kaiser Wilhelm II. recht behalten, dann hätte Stuttgart eine andere Entwicklung genommen: »Ich glaube an das Pferd. Das Automobil ist eine vorübergehende Erscheinung.« Aber offensichtlich hatte nicht einmal Gottlieb Daimler eine realistische Vorstellung davon, welchen Weg seine Erfindungen einmal nehmen würden: »Die weltweite Nachfrage nach Kraftfahrzeugen wird eine Million nicht überschreiten – allein schon aus Mangel an verfügbaren Chauffeuren.«

Mit Dieter und Helmut im Stadion

»Hey, hey, hey, hey, hey, hey, VfB ein Leben lang«

Natürlich darf das Thema Fußball in einer Gebrauchsanweisung für Stuttgart nicht fehlen. »Ausgerechnet!«, maile ich Eva. »Ich war noch nie im Stadion, gehst du mit mir hin?«

Eva mailt die Heimspieltermine des VfB zurück. »Sag mir deinen Wunschtermin, ich versuche Karten zu kriegen.« Eva ist VfB-Mitglied. Das hilft, wenn man an Karten rankommen will. Meist legt sie sich ihren Schal um und geht zum Fußballgucken ins Ackermanns, das ist eine legendäre Fußballkneipe im Stuttgarter Westen.

»Das Spiel gegen die Bayern, das wäre doch was«, schreibe ich. »Gewinnen die Bayern nicht immer die Bundesliga? Das wird sicher spannend.«

»Nix Bundesliga, das ist das Viertelfinale vom DFB-Pokal«, antwortet Eva. Bestimmt stöhnt sie. »Du glaubst doch nicht im Ernst, dass es da noch Karten gibt?« Ein paar Tage später: »O Wunder, es gibt tatsächlich noch Karten! 37 Euro, ich kann sie im City-Shop auf der Königstraße besorgen.«

Ich fange an, den Sportteil in der Zeitung zu lesen. Der landet sonst unangetastet im Altpapier. Dem VfB geht es nicht gut, um das zu wissen, muss man kein Fußballfan sein. Hat das nicht noch vor ein paar Jahren ganz anders ausgesehen? »Die ›Jungen Wilden‹ erobern Europa«, jubelte die *Süddeutsche* im Oktober 2003, nachdem der VfB Manchester United zwei zu eins besiegt hatte. »Damit erreicht der Aufstieg der Schwaben seinen vorläufigen Höhepunkt. (…) Stuttgart ist wieder eine feine Adresse im europäischen Fußball und Felix Magath ein Trainer mit einem Namen.« Im Mai 2007 wird der VfB Meister und feiert mit 250 000 Fans auf dem Schlossplatz, und die *FAZ* kommentiert: »Den Fußball versteht jeder, den VfB mag fast jeder, so sympathisch kommen die jungen Meister bei den Fans an. Wie auch ohne Stars und ohne Allüren größte Erfolge mit purem Teamgeist und selbstverständlichem Zusammengehörigkeitsgefühl gefeiert werden können, war eine der positiven Botschaften vom Samstag.« Im Herbst 2010 dagegen machte das hässliche Wort vom Abstiegskampf die Runde. Auf Laternenmasten in Stuttgarter klebte die Botschaft »VfB – Niemals 2. Liga!«. Und jetzt, im Februar 2012, stellt die *Stuttgarter Zeitung* ihre Analyse unter die Überschrift: »Warum es immer mehr Fans schwerfällt, sich mit dem Verein, der Mannschaft und deren Fußball zu identifizieren« und beklagt: »Fast nichts geht nach vorne, und was die Angelegenheit bedenklicher macht, ist, dass die Unterstützung aus der Cannstatter Kurve zwar funktioniert, ein anderer Teil der Anhängerschaft jedoch auf Distanz zu ihren Lieblingen geht…«

Zehn Tage vor dem Spiel kommt Dieter. Dieter ist kalt. Saukalt. Er bringt den kältesten Februar seit Jahrzehnten in die Stadt. Am Tag vor dem Spiel mailt Eva eine Liste von Campingartikeln, die ich mitbringen soll. »Das wird grenzwertig.« Der Tag des Spiels bricht etwas milder an als die vorherigen, für die Nacht werden nur minus zehn Grad vorhergesagt, immerhin fünf Grad mehr als die Nächte zuvor. In der Zeitung kommen Tipps, wie man das Stadion überlebt. Drei Paar Socken, zwei Paar Handschuhe, Styropor-Platte zum Draufstellen, kein Alkohol, ein neues VfB-Trikot, drei Größen zu groß, damit man es über die dicken Klamotten ziehen kann, viel La-Ola-Machen. Mir fällt ein, dass ich La Ola zum ersten Mal in meinem Leben 1986 erlebt habe, bei den wegen ihrer phantastischen Stimmung legendären Leichtathletik-Europameisterschaften. Im Neckarstadion, das von Bahnhofserbauer Paul Bonatz geplant wurde, bei seiner Eröffnung 1933 Adolf-Hitler-Kampfbahn hieß, 1993 in Gottlieb-Daimler-Stadion und 2008 in Mercedes-Benz-Arena umbenannt wurde. Ebenjenes Stadion, das dann bis 2011 zur reinen Fußballarena umgebaut wurde und wo heute Abend gegen die Bayern gekickt wird. Die Aschenbahn, auf der 1986 drei Weltrekorde aufgestellt wurden, ist weg; jetzt läuft man beim Stadtmarathon »Stuttgarter-Zeitung-Lauf« zur fulminanten Schlussrunde ins Stadion ein und lässt sich vom Publikum feiern. 1939 wurde hier nicht gelaufen und auch nicht gekickt, sondern geboxt, Max Schmeling gegen Adolf Heuser, K. o. in 71 Sekunden.

Ich ziehe zwei lange Unterhosen an. Eine Thermohose darüber. Meine wärmsten Skisocken. Wanderstiefel. Meine Daunenjacke, die ich nur alle fünf Jahre brauche und in der ich aussehe wie eine hellblaue Biomüll-Tonne. Ich stopfe Schlafsack, Alu-Isomatte, Kekse in den Rucksack und einen Flachmann in die Tasche der Fleecejacke. Vielleicht werden die Taschen ja kontrolliert? Ich bin spät dran und muss zur Stadtbahn rennen. Mir ist heiß. Sehr heiß. Eva trägt zwei Schals heute, einen VfB-Schal und einen Winterschal. Auf dem S-Bahn-Gleis im Hauptbahnhof drängelt sich eine rotweiße Menge, wo ist Eva? In der Bahn kein Umfallen möglich, irgendwo reckt Eva ihren Arm. Am Neckarpark werden wir von der Masse aus der Bahn gedrückt, Männer pinkeln ungeniert an den Zaun. Wie beim Volksfest!

Wir traben im Pulk zum Stadion, wo wir in der Untertürkheimer Kurve sitzen, gegenüber stehen die VfB-Fans in der Cannstatter Kurve, rechts von uns der Block mit den Bayernfans. Nicht nur dort. Wir sind vom Feind umzingelt. Links von uns zwei Bayernfans. Hinter uns zwei Franzosen, auch Bayernfans, wie ihre gepflegten, sehr französischen Kommentare nahelegen. »O là là, sehr schön gespielt von den Bayern.« Die Schwaben sind nicht gepflegt. Sie halten zwei riesige Banner hoch, auf dem einen steht »Welches Schweinderl hätten Sie denn gern?«, auf dem anderen »Das Bayernschwein!«. Sie werden später »Hurensöhne« brüllen, und natürlich wollen sie den Bayern die Lederhosen ausziehen. Die sind auch nicht gerade kultiviert, brennen Pyrotechnik ab, obwohl das verboten ist, und verhöhnen in der zweiten Halbzeit Bruno Labbadia, als das Spiel für Stuttgart in die Hose geht. Der hat nämlich Geburtstag, den sechsundvierzigsten. »Happy birthday, lieber Bruno!«

Aber jetzt brüllt Stadionsprecher Christian Pitschmann erst einmal die Vornamen der VfB-Spieler. Die Fans machen das Echo und brüllen die Nachnamen. Dann kommt die VfB-Hymne. »Hey, hey, hey, hey, hey, hey, VfB ein Leben lang, hey, hey, hey, hey, hey, hey, wir sind euer zwölfter Mann«, singt die aus Stuttgart stammende Berliner Rockband »Die Fraktion«. Eva hält triumphierend ihre Sitzunterlage hoch. Auf der steht, weiß auf rotem Plastik, »Hier sitzt der 12. Mann«.

Die Mannschaften laufen ein. Die Fankurve lässt die weiß-roten Fahnen wehn und stimmt Schlachtgesänge an. Eva springt auf und schmettert laut mit. »Steht auf, wenn ihr Schwaben seid!« Irgendwie sind wir zu nah am Feld. Kein Überblick, aber es reicht, um zu sehen, dass Philipp Lahm für München rennt wie ein Hase, Shinji Okazaki für Stuttgart ständig umfällt und die Schwaben insgesamt irgendwie zu langsam sind, wenn der Ball auch nur in die gefühlte Nähe des Bayerntors gelangt. Nach einer guten Viertelstunde humpelt Schweini vom Platz, Bänderriss. Nach einer halben Stunde ein Tor, weit weg von uns, direkt vor den Nasen der VfB-Fans. Richtig gesehen haben wir es nicht. Die Bayern toben, und aus ihrem Block steigt wieder eine rosa Rauchwolke auf.

Ein paar Minuten vor Ende der ersten Halbzeit drängeln sich die ersten Zuschauer aus unserer Reihe an uns vorbei. »Die wollen eine gescheite Stadionwurst«, kommentiert Eva. »Weil, die Würste jetzt, die sind richtig durch. Die danach sind außen heiß und innen kalt.« Bezahlt werden kann nur bargeldlos mit Fankarte, was nicht allen Fans gefällt. Halbzeit. Wir hüpfen auf und ab. Die Füße sind kaum mehr zu spüren.

»Sag mal, Eva, was ist eigentlich der DFB-Pokal?«, frage ich.

Eva zischt zurück: »Kannst du solche Fragen bitte leise stellen. Ganz leise?« Immerhin bin ich nicht so schlimm wie ihre Schwester, sagt sie. Die war auch mal mit ihr im Stadion und hat sich beschwert, dass der Mann in Schwarz immer so passiv war. Zu faul, um mitzukicken, selbst wenn ihm der Ball direkt vor die Füße rollte.

Eva schenkt Becherovka in zwei kleine Zinnbecher. »Kein Alkohol«, sage ich und kippe den Schnaps hinunter. Frankreich guckt neidisch. Eva schenkt nach. Stadionwürste und Plastikbecher mit Bier quetschen sich an uns vorbei. Am Spielfeld läuft ein Krokodil mit VfB-Mütze entlang, tätschelt den Fotografen den Rücken und winkt aufmunternd. Das Krokodil hört auf den Namen Fritzle und ist das VfB-Maskottchen. Der Fritzle-Club ist der Kinder-Club des Vereins, der knapp 46 000 erwachsene Mitglieder hat. 1893 wurde der Verein von zwanzig Jugendlichen als »Stuttgarter FV 93« im Becher gegründet. Der Becher ist eine schwäbische Beiz im Gerichtsviertel, die es noch heute gibt. In deren Nähe, auf dem Stöckachplatz, trafen sich die Jugendlichen, um miteinander zu spielen, und zwar zunächst nicht Fußball, sondern ziemlich wilden Rugby und Rugby-Fußball. VfB heißt übrigens Verein für Bewegungsspiele. Nicht zu verwechseln mit dem VfvB, dem »Verein für vielfältige Bewegungskultur«. Das ist ein alternativer Sportverein, der 1987 in Stuttgart gegründet wurde.

Zweite Halbzeit, die Stuttgarter sind geistig noch gar nicht richtig auf dem Platz, da fällt schon das zweite Tor, direkt vor unserer Nase, und ich merke gerade noch rechtzeitig, dass die Mannschaften die Seite gewechselt haben, ehe ich mich vollends blamiere und für den falschen Verein juble.

»Ein seltenes Stück an Schlafmützigkeit«, wird die *Stuttgarter Zeitung* am nächsten Tag das Tor charakterisieren. »Subbr, Helmut! So machsch weider!«, brüllt es hinter uns. Aha, wir sind also doch nicht komplett in Feindeshand. Cacau hat aufs Bayerntor gespielt. Cacau stammt aus Brasilien und heißt eigentlich Claudemir Jeronimo Barreto, hat sich aber als Kind einmal aus Versehen als Cacaudemir bezeichnet, worauf ihn die Mutter fortan Cacau nannte. 2009 hat er sich in Waiblingen im Landratsamt einbürgern lassen. Die Teamkollegen verpassten ihm daraufhin den Namen Helmut. Cacau schätzt Pünktlichkeit und Verlässlichkeit, wohnt in Korb, das ist nicht weit von Stuttgart im Remstal, wird dort »Herr Cacau« genannt und bekam bei der letzten Bürgermeisterwahl sechs Stimmen, ohne kandidiert zu haben.

Cacau rettet das Spiel auch nicht mehr. Das Spiel ist aus. Früher war mehr La Ola. »Auf Wiedersehen«, singt der Bayernblock. Die ersten Stuttgartfans verlassen mit steinernen Gesichtern das Stadion. Die Bayernspieler laufen zu den Bayernfans. Die VfB-Spieler laufen zu den VfB-Fans. Wir laufen aus dem Stadion. Die Polizei überwacht den geregelten Abzug. Das Auftauen der Füße ist schmerzhafter als die eingefrorenen Füße zuvor. Die Sonderlinie U11 transportiert die Fans ab, sie sieht aus wie ein überfüllter rollender Käfig. Wir marschieren zum Cannstatter Bahnhof, Evas iPhone zeigt minus 9 Grad.

Sie flucht. »Wie können die ruhig schlafen heute Nacht. Wenn die Fans bei dieser Eiseskälte kommen, da müssten die doch alles geben. Tun sie aber nicht. Das ist eine Frechheit!« Eva verschickt SMS an die Freunde vor dem Fernseher und flucht ins Handy. »Die haben nicht gekickt, die haben Tennis gespielt!« Das sieht auch Fredi Bobič so, VfB-Manager. »Wir müssen uns bei den Zuschauern entschuldigen. Sie waren geduldig, aber die Mannschaft hat kollektiv versagt«, lässt er verlauten.

Wir stehen auf dem Cannstatter Bahnhof und frieren. Die S-Bahnen bewältigen den Ansturm nicht. Kein Wunder. Über 57 000 Menschen waren im Stadion. Nach einer Weile wird der Bahnsteig leerer. In der S-Bahn ist es mollig warm. Am besten einfach sitzen bleiben. Wir teilen uns das Fläschchen Rum. Eva umarmt mich zum Abschied. »Ich wünschte, du hättest einen Torjubel erlebt. Du kannst dir nicht vorstellen, was da abgeht!«

Kurz vor Mitternacht endlich an der Haustür. Der Himmel ist sternenklar. Der Mond klebt daran, fast rund. Er liegt still, so, wie der Fußball manches Mal an diesem Abend vor den Füßen der VfB-Spieler. Heiße Dusche, heißer Tee.

»Manchmal gibt es eben Tage, an denen gar nichts funktioniert. Man gewinnt zwar an Erfahrung, obwohl man immer nur verliert. Keine Panik, bloß nicht durchdrehn, bitte keine Diskussion, das gehört nun mal zum Leben wie das Bier im Stadion. Kopf hoch, Stuttgart, Kopf hoch, so leicht kriegen sie uns nicht klein, wir holn das Feld von hinten auf, um am Ende wieder vorn zu sein. Kopf hoch, Stuttgart, Kopf hoch, bald schon wendet sich das Blatt, wenn der Rest der ganzen Liga mal wieder keine Chance hat. Hat dein Daimler mal einen Platten, schmeißt du ihn auch nicht sofort weg...«, singt »Die Fraktion«. Drei Tage später besiegt der VfB Hertha BSC. Fünf zu null. Bundesliga, übrigens.

Dank

Ich möchte mich bei den vielen freundlichen Menschen bedanken, die meine Recherchen unterstützt und die Arbeit an diesem Buch erleichtert haben. Dazu zählen insbesondere Reid Anderson und die Pressestelle des Stuttgarter Balletts, Ulrich Gohl vom Museumsverein Ost, der mir die Texte der Ausstellung »Ans Wasser gebaut – eine Ausstellung über den Stadtteil Berg« überlassen hat, Helmuth Haag von der Wirtschaftsförderung Region Stuttgart, Jutta Holl von den Bäderbetrieben Stuttgart, Paul Sandner vom Schmetterling Verlag, Dr. Markus Speidel vom Kulturamt der Stadt Stuttgart, Jürgen Krug und Pablo Wendel.

Mein besonderer Dank gilt Eva Schumm, in ihrer Freizeit hauptberufliche Stuttgart-Liebhaberin, für ihre reichlich sprudelnden Ideen, kritische Lektüre und die Begleitung zum VfB-Spiel.

»Das muss aber unbedingt noch rein!« – Ich danke allen, die mit mir über Klischees und Vorurteile, Hot Spots und Geheimtipps diskutiert und philosophiert haben oder in Sachen »Gebrauchsanweisung« mit mir unterwegs waren:

Frank Baumgärtner, Claudia Constantin, Marco Luz, Christian Petersohn, Barbara Rochlitzer, Johanna Veil und meine Büro-WG im Stuttgarter Westen.

Sehr herzlich danken möchte ich meiner Lektorin Bettina Feldweg für ihren Enthusiasmus, ihr Vertrauen und ihre hilfreichen Anmerkungen, die mir geholfen haben, dieses Buch in die (hoffentlich) richtigen Bahnen zu lenken. Ebenso herzlich danke ich Antje Steinhäuser für ihre ganz fabelhafte Redaktion.

Zum guten Schluss bedanke ich mich bei Stuttgart selbst. Sie hat es mir nicht leicht gemacht, diese widersprüchliche, schwer zu greifende und auf eine seltsame Art liebenswerte Stadt, aber sie ist mir im Zuge der Arbeit an diesem Buch noch mehr ans Herz gewachsen.

Bereits erschienen:
Gebrauchsanweisung für...

01/0004/08/L

01/0005/08/R

01/0006/08/L

PIPER

Anton Hunger

Gebrauchsanweisung für Schwaben

208 Seiten. Gebunden

Willkommen in Schwaben, wo fleißige Bausparer vor sich hin
arbeiten, denen Sinnenfreude suspekt ist und die sich von
Teigtaschen und Hefezopf ernähren. Aber das Schwabenland
ist viel mehr: Es ist der immerwährende Konjunkturzünder
Deutschlands, Heimat der Dichter, Philosophen und Kunst-
förderer, der Designer-Outlets und Pfarrhäuser. Der gefei-
erten Sterneköche und prämierten Rotweine, der Fußballhel-
den und scharfzüngigen TV-Entertainer. Der grünen Land-
schaften und Weinberge, der Barockstraße und des Neckar.
Und mittendrin Stuttgart mit seiner einzigartigen Hügel-
lage – lange unterschätzt und jetzt auf dem Sprung zur hippen
Kulturmetropole. Anton Hunger zeigt den ganzen Charme
Schwabens zwischen Tübingen und Überlingen, Baiersbronn
und Marbach, Bietigheim und Metzingen, ergründet die
berüchtigtste Mundart und die letzten Geheimnisse der Maul-
taschen-Connection.

01/1739/01/R

PIPER

Jens Schäfer

Gebrauchsanweisung für Freiburg und den Schwarzwald

224 Seiten mit 1 Karte. Gebunden

Tiefe Wälder, sanfte Hügel, verwunschene Wasserfälle: Der Schwarzwald ist einer der großen Sehnsuchtsorte, nicht nur der Deutschen. Und das, obwohl niemand so genau weiß, wo er beginnt und ob zum Beispiel Karlsruhe noch dazugehört. Sicher jedenfalls ist er die Heimat der Kuckucksuhren und der fast schon mythischen Bollenhüte. In seinem Herzen liegt das ebenso schöne wie eigensinnige Freiburg: Unistadt, Grünen-Hochburg, kulturelles Zentrum, überragt vom Münster und seinem »schönsten Turm der Christenheit«. Mit einem Augenzwinkern erzählt Jens Schäfer, wo Sie besser Grumbeere und Schleck sagen, wenn Sie Kartoffeln und Marmelade möchten, und auf welchem Kirchweihfest es noch einen echten Hammel zu gewinnen gibt.

01/1851/01/L

PIPER

Heinrich Steinfest
Gebrauchsanweisung für Österreich

192 Seiten. Gebunden

Österreich, das Land, das sich als Riese schlafen legte und als
Zwerg wieder aufwachte, eingeschlossen in das Innere
einer Mozartkugel. Wiener Schnitzel und Schwedenbombe,
dramatische Bergkulissen und pompöse Architekturen,
Zwölftonmusik und Alpenjodler, Burgtheater und Kasperl-
theater – Österreich hat viele Seiten, und Heinrich Steinfest
kennt sie alle. Der preisgekrönte Krimiautor und leidenschaft-
liche Österreicher nimmt uns mit auf seine Tauchfahrt in
die k.u.k-Seele, weist uns ein in die verborgenen Riten, führt
uns zum Heurigen, in die Unterwelten, Schneewelten und
Scheinwelten und weiht uns ein in das süße Geheimnis der
Mehlspeisen und das dunkle Geheimnis des österrei-
chischen Fußballs. Ein Vademekum für Ihre Reise auf die ab-
gründige »Insel der Seligen«.

01/1712/01/R